本书获得中共江苏省委党校（江苏行政学院）资助出版

江苏党的建设理论与实践创新研究院、江苏党的建设研究基地研究成果

从入城到返乡

20 世纪 60 年代北京市精简城镇人口的历史与启示

王 瑾 著

人民出版社

目　录

绪　论

20 世纪的中国翻天覆地，波澜壮阔。20 世纪五六十年代探索建设社会主义道路的历史更是交织着成功与挫折、经验与教训，充分展现了历史的复杂性与多面性。面对"大跃进"造成的严重困难局面，中国共产党采取了一系列政策和措施恢复和发展国民经济，而精简城镇人口就是重要措施之一。2000 多万人的大迁徙，城市农村人口的大流动，工农业生产布局的大调整，并没有引起社会的不稳定，也没有产生特别严重的社会问题，这是一个令人难以置信的"奇迹"，因而也是一个值得研究的重大课题。本书以北京市为研究对象，对精简城镇人口的背景、过程、安置以及取得的成效进行总结分析，探求其历史经验与启示。

一、精简城镇人口研究的重大意义

在中国这样的东方大国建设社会主义，是十分艰巨的重大课题。在探索建设社会主义道路的过程中，广大人民为了社会主义现代化建设，作出了巨大努力与牺牲。其中，在人民公社化运动和"大跃进"遭遇挫折、国民经济面临严重困难的情况下，2000 余万人经历了从城市到乡村的大迁徙，为缓解经济困难，快速恢复生产，作出了巨大贡献，这是值得研究，也是值得铭记的。今天，在我们朝着全面建成小康社会、实现中华民族伟大复兴目标努力奋进的时候，研究这段历史，总结经验教训，有着特殊重要的理论与现实意义。

（一）为实现城镇化提供镜鉴

习近平总书记指出，城镇化是现代化的必由之路，既是经济发展的结果，又是经济发展的动力。[①] 推进城镇化是解决"三农"问题的重要途径，对全面建成小康社会、加快推进社会主义现代化具有重大现实意义和深远历史意义。城镇化并不意味着简单地把农村人口引入城市，而是一个系统工程。它不仅需要消除制约城乡发展一体化的制度机制，也离不开农业现代化的发展。历史是最好的教科书。在探索建设社会主义道路的过程中，中国既有城镇化快速发展的成功经验，也遭遇过挫折。国民经济调整时期的精简城镇人口和"文化大革命"时期大规模知识青年上山下乡是城镇化进程中的重大挫折。目前，学术界关于"文化大革命"时期大规模知识青年上山下乡运动的研究成果比较丰富，但对于国民经济调整时期精简城镇人口的研究还比较薄弱。

1958 年以"超英赶美"为目标的"大跃进"运动掀起"大招工"的狂潮，大批农村劳动力涌向城镇，致使城镇人口激增。同时，农业生产"大跃进"出现"浮夸风"现象，虚报粮食产量，国家甚至产生担心粮食吃不完的心理，导致更多的农村劳动力转移到大炼钢铁上，忽略了农业生产。城镇人口迅速膨胀，农业产量却严重下降，这使得城市物资供应出现极度紧张状态，国民经济的比例也严重失调。为缓解紧张的局面，中共中央不得不作出精简城镇人口的决定。精简城镇人口是"大跃进"带来的必然结果，是不得已、但又十分必要的举措。虽然精简城镇人口对

---

① 中共中央宣传部编：《习近平总书记系列重要讲话读本》，学习出版社、人民出版社 2016 年版，第 160 页。

国民经济好转发挥了重要作用，但也产生了一些负面影响，有些影响甚至到现在都难以消弭。这段历史值得我们反思。被迫精简城镇人口的教训告诉我们，城镇化进程必须遵循人口迁徙和经济发展的规律，从实际情况出发，统筹兼顾城乡发展，否则将适得其反。

（二）为平衡改革发展稳定提供借鉴

20 世纪 60 年代初的城镇人口精简，共压缩城镇人口约 2600 万人，相当于世界上一个中等国家搬家。中央在决定精简城镇人口时，并非有十足的把握。周恩来指出："时间紧迫，不应该犹豫了。可是另一方面，今天的情况又是千头万绪，动一根头发就要牵动全身，稍一不慎就会出乱子，我们应该有准备。"① 刘少奇也有同样的担心：要先保证"大城市不闹大事，尽可能不出乱子，少出乱子，不出大乱子。但是我们也还要准备出乱子"，"在精神上、组织上还得有点准备，准备他出大乱子"②。但事实证明，精简城镇人口不仅没有出乱子，而且还保持了社会的平稳。毛泽东对此赞扬道："我们的中国人民、我们的广大干部，好啊！叫做两千万人呼之则来，挥之则去。"③ 周恩来也曾发出同样的感慨："拆这么多'庙'，精简这么多人。这件事情，在中国，没有哪个政权能够这样做。"④ 中共是怎样保证城镇人口顺利精简的，这是值得探讨的问题。众所周知，由于城乡二元结构的存在，城市和农村的经济发展水平和人民生活水平存在很大的差异，城市人口更是享有农村人口享受不到的国家待遇。能够进城工作，拥有城镇户口，是很多农民梦寐以求的事情。60 年代初的城镇人口精简则把刚进城的农民再次精简回乡，甚至

① 《周恩来选集》下卷，人民出版社 1984 年版，第 408 页。
② 薄一波：《若干重大决策与事件的回顾》（下），中共党史出版社 2008 年版，第 744—745 页。
③ 丛进：《中国曲折发展的岁月》，人民出版社 2009 年版，第 338 页。
④ 《周恩来选集》下卷，人民出版社 1984 年版，第 407 页。

把原本就在城市生活的城镇人口精简下去。面对国家的精简政策，民众的心理十分复杂，要顺利推进相当困难。面临重大政策和利益的调整，中共在精简城镇人口工作中采取了什么政策、进行了怎样的社会动员、通过怎样的善后措施，保持了社会的稳定和群众的支持，对于我们今天的改革大业，具有重要的借鉴意义。当前，中国改革已进入攻坚期、深水区，触及深层次矛盾和重大利益调整，面临极严峻的考验。对于如何正确处理改革、发展和稳定的关系，如何把顶层设计与基层实践更好地结合起来，以实现改革的新突破，这是重大的历史课题。

（三）有一定的研究基础，但并不深入

早在 20 世纪 80 年代，柳随年等经济学家在研究调整时期的国民经济时，对精简城镇人口的原因、过程和结果作了阐述。随后有部分通史类的著作涉及精简城镇人口问题。目前，罗平汉的《大迁徙——1961—1963 年的城镇人口精简》一书对精简城镇人口问题作了专题研究，提供了很多史料；各地地方志、党史著作和资料汇编，也披露了一些精简城镇人口的材料和进行了简要论述；约有 30 篇学术论文对精简城镇人口作了初步研究。另外，也有部分文章从人口学和社会学的角度对精简城镇人口有所涉及。这些研究成果有很大的参考价值，为本书的写作奠定了一定的基础。

（四）北京市具有重要性和特殊性

20 世纪 60 年代初期的北京城镇人口数量庞大，给经济造成了不小的压力。中共中央出台精简城镇人口的政策后，北京市及时响应号召，积极贯彻落实中央政策，配合中央工作。到 1963 年，北京市精简掉大约 35 万城镇人口，成效显著，具有一定的典型性。而且北京市作为首都和政治中心，精简城镇人口的压力更大，其贯彻中央政策的力度和做法都会对其他省、区和直辖市起到表率作用，具有一定的代表性。另外，北京市在精简城镇人口的过程中，根据中央的政策，结合本地的实际制定了一些精简措施，做到了普遍性与特殊性的结合，得到了中央肯定。以北京市为考察中心，用"自下而上"的研究视角更有利于还原精简城镇人口这段历史的原貌，也有利于弥补中央档案不足的研究短板。

二、精简城镇人口问题研究述评

20 世纪五六十年代探索建设社会主义道路成绩很大，积累了很多成功的经验；道路曲折，留下了不少深刻的教训。由于"大跃进"和人民公社化运动遭遇挫折，国民经济出现严重困难。为缓解经济困境，快速恢复生产，中共中央作出大规模精简城镇人口的决策。80 年代以来，这一问题引起学术界广泛关注，围绕精简城镇人口的原因、过程、影响、安置等问题进行了研究，并取得一定的成果。

（一）20 世纪 60 年代初精简城镇人口研究概况

"文化大革命"期间，教育文化领域正常的学术活动遭到破坏。"文化大革命"结束后，随着拨乱反正的进行，学术研究也逐步恢复正常。广大研究者解放思想、突破禁区，将一些被颠倒了的历史颠倒过来。关于 20 世纪 60 年代初精简城镇人口的研究，正是在 80 年代初开始进入学术研究的视野。1982 年，经济学家柳随年等编著的《六十年代国民经济调整的回顾》，就对 60 年代初精简城镇人口进行了初步的梳理，在 1984 年编著的《"大跃进"和调整时期的国民经济》一书中又进一步展开了论述。

80 年代初期，邓小平等领导人指出，我国社会科学研究方面的资料工作是落后的。[①] 为了总结我国社会主义革命和建设正反两面的历史

---

① 　吴家珣：《〈当代中国〉丛书编辑出版工作的回顾》，《当代中国史研究》1999 年第 4 期。

经验，阐述有中国特色的社会主义，展示新中国成立以来所取得的伟大成就，1982 年胡乔木倡议对新中国成立以来各条战线的历史经验，分门别类作出有科学价值的总结，编写若干专著。这就是后来影响巨大的《当代中国》丛书。60 年代初精简城镇人口研究，是当代中国的人口、劳动力管理等专题的重要内容。如 1988 年何光主编的《当代中国的劳动力管理》对 60 年代初精简城镇人口政策的来龙去脉交代比较清楚。

80 年代研究 60 年代初精简城镇人口问题的主体主要是经济学家，内容上着重从国家政策层面上对精简城镇人口的背景、过程、影响等方面做总体性介绍。这一时期的研究优缺点明显：一方面，研究者对这段历史有切身的感受和更直接的观察，很多当事人健在，具有后面研究者所不具备的优势；另一方面，80 年代距离精简城镇人口的 60 年代时间跨度很小，这段历史尚未经过长时间的沉淀，档案资料和史料的挖掘方面都存在很大的难度，而且研究者的思想也不可避免具有历史局限，难以客观冷静地研究，这也是明显的缺点。

90 年代以后，关于 60 年代初精简城镇人口的研究进一步发展，并逐步走向深入。学术界运用历史学、经济学、政治学、社会学等多种方法，从不同角度对 60 年代初精简城镇人口进行研究，取得了较多的成果。

到目前为止，罗平汉的《大迁徙——1961—1963 年的城镇人口精简》是唯一一本专门研究 60 年代初精简城镇人口问题的专著。该书以国家的政策为脉络，对精简城镇人口的背景、过程和结果作了详细的考察，并辅之以地方精简案例，使得研究更加细化。另外，很多研究 60 年代初期历史的著作，对精简城镇人口问题进行了研究。通史类的专著主要有中共中央党史研究室的《中国共产党历史》第二卷（1949—1978），罗平汉、何蓬的《中华人民共和国史（1956—1965）》，罗平汉等的《中国共产党执政历程》第二卷（1949—1976），郭德宏的《中国共产党的历程》（第二卷），郭德宏、王海光、韩钢的《中华人民共和国专题史稿》第二卷（曲折探索），当代中国研究所的《中华人民共和国史稿》（第二卷）等。其他的专著，也对 60 年代初精简城镇人口问题进行了研究，主要有中共中央党史研究室编著的《〈中国共产党历史〉第二卷注释集》、薄一波的《若干重大决策与事件的回顾（上、下）》、张静如的《中国当代社会史》第二卷（1956—1966）、苏星的《新中国经济史》、武力的《中华人民共和国经济史》（增订版）、董辅礽的《中华人民共和国经济史》、张素华的《变局：七千人大会始末》、丛进的《曲折发展的岁月（1949—1976 年的中国）》、汪海波的《中华人民共和国工业经济史》以及杨胜群、田松年的《共和国重大决策的来龙去脉》。一些研究者在香港出版的相关专著中，也涉及 60 年代初精简城镇人口问题研究，比如香港中文大学中国文化研究所出版的林蕴辉的《乌托邦运动——从"大跃进"到大饥荒（1958—1961）》和钱庠理的《历史的变局——从挽救危机到反修防修（1962—1965）》。

此外，还有一些地方主要领导人的传记涉及 60 年代初精简城镇人口，比如《江华传》《林铁传记与年谱》等，这些传记对研究地方如何贯彻中央的精简政策有不少史料披露。

60 年代初精简城镇人口问题也引起了国外学者的关注，在一些著作中或多或少进行了论述，典型的有麦克法夸尔、费正清编的《剑桥中华人民共和国史》（上卷），莫里斯·迈斯纳的《毛泽东的中国及其发展——中华人民共和国史》。

除了上述著作，一些论文对 60 年代初精简城镇人口进行了专门的研究，代表性的有罗平汉的《国民经济调整时期的职工精简》、陈建兰的《1961—1963 年中国城镇人口精简浅析》、陈理的《60 年代初精减职工、动员城市人口下乡决策的研究》、李若建的《困难时期的精简职工与下放城镇居民》《大跃进时期的城镇化高潮与衰退》、姜长青的《20世纪 60 年代初期精简城镇人口对中国经济影响探析》等。

此外，需要特别指出的是，主要当事人和亲历者的回忆和口述能揭示决策背后的故事和细节，弥补档案文献资料的不足。一些历史当事人对 60 年代初精简城镇人口的回忆，披露了不少难见的史料，提出了一些很有见地和分量的观点和评述。如《杨尚昆回忆录》《杨尚昆谈新中国若干历史问题》《大跃进亲历记》《姚依林百夕谈》《历史风云中的余秋里》等著作，以及苏维民的《杨尚昆与三年困难时期精减城镇人口》、邓力群的《关于西楼会议的回忆》和《七千人大会到西楼会议》等回忆文章，对厘清 60 年代初精简城镇人口政策出台的来龙去脉和深刻背景有着十分重要的史料价值。

（二）关于 60 年代初精简城镇人口若干问题的研究

学术界对 20 世纪 60 年代初精简城镇人口的研究内容比较广泛，概括起来，主要围绕精简城镇人口的背景与原因、过程、影响、安置及取得成功的原因等方面展开。

1.60 年代初精简城镇人口的背景与原因

关于 60 年代初精简城镇人口的背景与原因问题，学术界的意见基本一致。研究者大都认为"大跃进"时期，工业生产大招工，全民大炼钢铁，导致城镇人口迅速膨胀，国家经济出现困难局面，因此必须精简城镇人口。[①] 陈理指出：由于"大跃进"、人民公社化和"反右倾"的失误，

---

① 参见罗平汉：《国民经济调整时期的职工精简》，《史学月刊》2007 年第 7 期；刘松林：《浅析 1957 至 1963 年国家职工人数波动的原因及其历史经验教训》，《党史纵横》2003 年第 1 期；陈理：《60 年代初精减职工、动员城市人口下乡决策的研究》，《当代中国史研究》1996 年第 6 期。

1959 年至 1961 年我国国民经济发生严重困难，国家和人民遭受重大损失。为渡过难关，中共中央作出了精简城镇人口的决策。只有精简城镇人口，才能从总体上压低粮食销量、有效地缓解全国性的粮食危机，才能顺利地贯彻执行"八字"方针，改善由"大跃进"导致的农、轻、重比例严重失调的局面，实现国民经济的调整。① 除此之外，聂福如、阮雅芳认为三年困难时期粮食产量下降，国民经济出现严重的比例失调也是原因之一。② 郑美霞还认为盲目建校招生也导致了城镇人口膨胀。她指出："按我国当时的政策规定，高校学生和中专学生都吃商品粮，由国家统一分配，盲目扩大招生的结果使得大量的人口涌入城市。"③

2. 60 年代初精简城镇人口的阶段划分

根据历史发展的内在逻辑对其进行阶段划分是研究历史的重要内容。关于 60 年代初精简城镇人口的过程，有些研究者按大的历史脉络进行划分，根据中共八届九中全会、七千人大会、西楼会议和中央工作会议等一系列重要会议来说明精简工作在全国的进度。但也有一些研究者作了具体细致的划分。陈理把全国精简城镇人口分三个阶段：酝酿阶段（1959 年 1 月—1960 年 12 月）、正式提出与全面实施阶段（1961 年 1 月—1962 年 10 月）、收尾阶段（1962 年 10 月—1963 年 7 月）。④ 朱珏则将其分为四个阶段：启动阶段（1960 年 5 月—1960 年年底）、初步开展阶段（1961 年 1 月—1961 年 12 月）、全面铺开阶段（1962 年 1 月—

---

① 陈理：《60 年代初精减职工、动员城市人口下乡决策的研究》，《当代中国史研究》1996 年第 6 期。

② 聂福如：《六十年代初精简职工工作的经验与启示》，《北京党史》1998 年第 6 期；阮雅芳：《困难时期北京工业系统的人员精简工作》，《北京党史》2002 年第 2 期。

③ 郑美霞：《试论困难时期的职工精简与城镇居民压缩》，《怀化学院学报》2007 年第 2 期。

④ 陈理：《60 年代初精减职工、动员城市人口下乡决策的研究》，《当代中国史研究》1996 年第 6 期。

1963 年 6 月)、收尾阶段（1963 年 7 月—1964 年 6 月）。①

此外，中央精简城镇人口的政策，各地区根据不同的情况，贯彻落实有各自的特点，阶段性也并不整齐划一。一些研究者在研究地域性的精简工作时，根据地方贯彻落实的内在逻辑，对地方精简工作的阶段进行了不同的划分。柳森把江苏省的精简工作划分四个阶段：第一阶段（1959 年 1 月—1959 年夏庐山会议）、第二阶段（1960 年下半年）、第三阶段（1961 年）、第四阶段（1962—1963 年），并指出第四阶段是高潮阶段。② 赵淑杰把北京市的精简工作划分四个阶段：开始精简并初见成效阶段（1961 年 7 月—1961 年 12 月），精简深入推进、全面展开阶段（1962 年 1 月—1962 年 6 月），精简进入高潮阶段（1962 年 6 月—1962 年 12 月），精简完成阶段（1963 年 1 月—1963 年 8 月）。③

从上述阶段划分可以看出，对于 20 世纪 60 年代初精简城镇人口的结束时间，除了朱珏将收尾阶段划到 1964 年 6 月外，研究者基本上一致划到 1963 年，不过月份上略有出入。不同研究者的不同划分，是因为各有其划分标准，如罗平汉等认为全国精简城镇人口的工作于 1963 年 7 月结束，理由是："1963 年 7 月 6 日，中央精简小组向中共中央报送了《关于精简任务完成情况和结束精简工作的意见的报告》，提出：'根据目前精减任务完成的情况，同时，考虑到各地区、各部门和各单位急需集中力量在城市开展增产节约和'五反'运动，在农村进行社会主义教育和四清运动，八月份又要调整工资，我们认为，这一次全国性

---

① 朱珏：《20 世纪 60 年代初浙江省精简城镇人口问题研究》，博士学位论文，浙江大学人文学院，2012 年。

② 柳森：《1961—1963 年江苏省国民经济调整中的职工和城镇人口精减》，《当代中国史研究》2009 年第 2 期。

③ 赵淑杰：《1961—1963 年北京市精简职工政策的回顾与思考》，硕士学位论文，中共中央党校党史教研部，2013 年。

的减人工作，现在可以宣布基本结束。'7月31日，中共中央批转了这个报告，并同意了中央精简小组的建议，要求各地做好结束精简的工作。至此，全国性的精简职工和减少城镇人口的工作基本结束。"① 由于地域的差异，不同地方精简工作结束的时间也并不十分一致，比如北京市于1963年8月结束精简工作，"8月份以前集中力量精简职工支援农业，下半年进行调整职工工资工作"，这标志着精简职工告一段落。② 对于精简工作开始时间的划分，时间差距则比较大。如陈理、柳森等认为，中央1959年1月5日发出的《中共中央关于立即停止招收新职工和固定临时工的通知》是精简城镇人口的开始。而朱珏、赵淑杰则根据浙江省和北京市的情况把精简工作开始的时间分别划为1960年和1961年。朱珏认为1960年8月浙江省根据中央精简工作的要求对整顿城镇人口的工作作出安排，9月浙江各地开始查人口、查工种定量、查漏洞，精简工作从此拉开序幕。赵淑杰把中共北京市委于1961年7月5日下发的《关于动员回乡生产、支援农业的宣传提纲》作为北京市精简工作的开始。

3.60年代初精简城镇人口的影响

城镇人口的精简使2000多万人从城镇迁移到乡村，不仅对精简者个人及家庭的命运，而且对农村和城市两方面都产生了重大的影响，如对农村经济发展、城市的城镇化进程的影响。这些影响是积极的还是消极的，是利大于弊还是弊大于利，学术界有不少争议。

一是对农业生产的影响，学术界存在着截然相反的看法。大多数研究者认为精简城镇人口下乡促进了农业生产的发展，比如罗平汉、柳

---

① 罗平汉：《国民经济调整时期的职工精简》，《史学月刊》2007年第7期。
② 赵淑杰：《1961—1963年北京市精简职工政策的回顾与思考》，硕士学位论文，中共中央党校党史教研部，2013年。

森、邱国盛等都持类似观点。罗平汉认为，1960 年前后的粮食歉收，主要原因当然在于"左"倾错误，但农村劳动力的大幅度减少也是其中一个原因，城镇人口精简下乡，城镇人口的减少，农村相应地增加了劳动力，促进了农业生产的恢复和发展。[①] 柳森认为，大批职工和城镇人口回到农村以后，加强了农业战线，初步调整了城乡人口比例，解决了农村劳动力严重不足的局面，提高了农民生产的积极性，提高了农业生产。[②] 邱国盛则指出："在当时中国农业机械化水平还相当低的情况下，单位劳动力的增加确实有利于提高农业产量，而城市在救济、医疗等方面的救济与补助，也在一定程度上改善了农村的生产、生活条件。"另外，"由于回乡、下乡人员在知识水平上普遍比乡村居民高，他们的加入'改变了不少生产队落后面貌'。其在农村参与生产队管理或发展二、三产业等都'对巩固集体经济，发展农业生产，具有深远意义'"[③]。少数人则认为精简城镇人口对农业发展并无促进作用。陈建兰认为，在国民经济调整时期，在政府采取了一些措施（如停办公社企业及其他地方企业、停止大规模兴修农田水利等）之后，农村用于第一线的劳动力数量增加了不少，此时的农村并不缺乏劳动力，并不需要这精简下来的 2600 万人去"加强"农业生产。他还进一步指出精简人员与农民之间的矛盾："农民们觉得城里人下乡是和他们争地，从他们碗里抢饭吃，而且城里人大多不会种地，所以不少地方不愿接收这些下乡的城里人。一些工人也认识到，农村的问题不在于缺少劳动力，而在于农民的积极性没有被调动起来"，"政府想通过精简城市人口来加强农

① 罗平汉：《国民经济调整时期的职工精简》，《史学月刊》2007 年第 7 期。

② 柳森：《1961—1963 年江苏省国民经济调整中的职工和城镇人口精减》，《当代中国史研究》2009 年第 2 期。

③ 邱国盛：《职工精简与 20 世纪 60 年代前期的上海城乡冲突及其协调》，《安徽史学》2011 年第 6 期。

业战线，结果这一预期是无效的"①。姜长青也认为农村并不缺乏劳动力，不需要城镇人口下乡充实劳动力，这反而制约了农村经济体制改革的发展。②

二是对国家财政经济状况的影响，学术界意见比较一致。柳森、陈建兰、陈理等认为，精简城镇人口减少了粮食销量，缓解了粮食紧缺造成的困难局面和日趋严重的城乡关系。城镇人口的压缩减少了国家工资开支，缓解了通胀压力，提高了企业的劳动生产，有助于国家财政经济状况的好转。③

三是对城镇化的影响，研究者也持有不同的态度。绝大多数研究者认为精简城镇人口对中国的城镇化进程起了消极作用。姜长青认为精简城镇人口延缓了中国城市化进程。他指出，经过国家对经济的调整政策，"需要国家供应粮食的人口数有所减少，但也限制了城市化的发展"，"经过精简之后的长达 20 年的时间，中国城市化率始终徘徊在 17%—19% 之间，到 1980 年仍只有 19.39%。还不及 1960 年的发展水平。这等于说，国家城市化在 20 年时间停滞不前，这和整个国家的社会经济发展很不相称"④。贺永泰认为，精简城镇人口是中国城市化进程中的一次大倒退，它开始了新中国成立后的反城市化进程，直接导致了城市化进程的迟滞。⑤ 与精简城镇人口是城镇化的倒退观点相反，赵淑

---

①　陈建兰：《1961—1963 年中国城镇人口精简浅析》，《兰州学刊》2006 年第 6 期。

②　姜长青：《20 世纪 60 年代初期精简城镇人口对中国经济影响探析》，《古今农业》2011 年第 3 期。

③　陈建兰：《1961—1963 年中国城镇人口精简浅析》，《兰州学刊》2006 年第 6 期；柳森：《1961—1963 年江苏省国民经济调整中的职工和城镇人口精减》，《当代中国史研究》2009 年第 2 期；陈理：《60 年代初精减职工、动员城市人口下乡决策的研究》，《当代中国史研究》1996 年第 6 期。

④　姜长青：《20 世纪 60 年代初期精简城镇人口对中国经济影响探析》，《古今农业》2011 年第 3 期。

⑤　贺永泰：《20 世纪 60 年代初上海市精简职工论析》，《东华大学学报》2010 年第 3 期。

杰则认为精简城镇人口是用行政手段恢复了城镇化的正常速度。赵淑杰以北京市为例，指出 1957 年和 1958 年的北京市城镇化率是稳步上升的，1959 年和 1960 年由于"大跃进"导致的大招工，城镇化率急速上升，达到 62.2%，甚至超过了 1985 年的北京城镇化率。1961—1963 年的三年调整，使得北京市城镇化率降到 57.9%。如果按 1957 年、1958 年城镇化的发展速度，北京市的城镇化率在 1963 年也可能达到 58% 左右的水平。因此他认为精简职工的政策恢复了北京城镇化的正常进度，这种调整是对城镇化过度发展的一种积极行政调节。[①]

另外，研究者还对 60 年代初精简城镇人口造成的社会问题、对教育的影响等作了研究。郑美霞认为大批社会青年没有能够回到农村去，滞留在城市，造成了严重的社会问题；离婚成为普遍现象，造成社会的不稳定。[②] 朱珏认为，精简工作带来的负面影响即被精简人员在被精简后，其生活发生了巨大变化，这种变化导致被精简人员的生活出现困难，而这些困难至今尚未解决，比如被精简人员的生活普遍困难，被精简人员的养老问题突出，被精简人员子女的教育、就业受影响。[③] 赵淑杰认为教育的精简影响了科技文化的发展。[④] 郑美霞指出："教育投资的削减给经济文化的发展造成了不可弥补的损失。"另外，她还认为，国家在经济有所恢复之后，一部分人并没有按照预期能够返回城市，这也为"文化大革命"的内乱埋下伏笔。[⑤]

[①] 赵淑杰：《1961—1963 年北京市精简职工政策的回顾与思考》，硕士学位论文，中共中央党校党史教研部，2013 年。

[②] 郑美霞：《试论困难时期的职工精简与城镇居民压缩》，《怀化学院学报》2007 年第 2 期。

[③] 朱珏：《20 世纪 60 年代初浙江省精简城镇人口问题研究》，博士学位论文，浙江大学人文学院，2012 年。

[④] 赵淑杰：《1961—1963 年北京市精简职工政策的回顾与思考》，硕士学位论文，中共中央党校党史教研部，2013 年。

[⑤] 郑美霞：《试论困难时期的职工精简与城镇居民压缩》，《怀化学院学报》2007 年第 2 期。

4. 被精简人员的安置问题

精简工作中的安置问题比较复杂。被精简人员不仅仅只是省内安置，有一部分还被安置到省外，这部分人的档案资料散见于各省市各单位，梳理和研究起来比较困难，这也是目前研究的难点和薄弱点之一，不少研究者把安置问题一笔带过，粗略论述国家的安置政策，没能深入下去。但一些区域性精简工作研究，对此也有相对较细的论述，如柳森和朱珏分别以江苏省和浙江省为例，比较详细地论述了地方的安置问题。柳森对江苏省下乡人员安置的计划实施、措施、结果及存在的问题作了探讨。他指出江苏省的安置方式比较多样化，有全民所有制转为集体所有制、顶替、插队、插场和直接组建农场等多种安置方式。但安置也存在问题，比如下乡人员的住房问题难解决，单位拒绝接收，以及一些被迫接收下乡人员的单位为下乡人员返城提供各种方便等。[1]

5. 精简工作取得成功的原因

60 年代初的城镇人口精简共压缩城镇人口约 2600 万人，相当于世界上一个中等国家搬家。周恩来曾发出感慨："拆这么多'庙'，精简这么多人。这件事情，在中国，没有哪个政权能够这样做。"[2] 这么大规模的人口迁徙不仅没有出乱子，而且还保持了社会的平稳，有着怎样的深刻原因？这引起了学术界的关注。

罗平汉认为 60 年代初的城镇人口精简之所以成功，主要基于三点原因：进行了细致的宣传与组织动员；政策具体明确，尽可能地为精简人员解决实际困难；广大人民群众对党的信任，有比较健全的社会控

---

[1] 柳森：《1962—1965 年江苏下乡人员安置问题述论》，《苏州科技学院学报（社会科学版）》2014 年第 3 期。

[2] 《周恩来选集》下卷，人民出版社 1984 年版，第 407 页。

制体制。[①] 聂福如认为群众支持、领导有力、措施得当是成功的原因。[②] 李若建认为有四点原因："第一，当时的社会控制体制比较健全，政府的权力大，个人很难违背政府的意愿；第二，被压缩回农村的大部分是刚刚从农村到城镇一两年的农民，和农村保持着紧密的关系而在城市里尚未建立足够的社会网络来保证其生存；第三，在困难时期城市里的粮食和副食品供应紧缺，而一些农村的粮食供应相对好一些，事实上，有些人是自愿回到农村老家的；第四，政府对被下放的人给予比较合理的经济赔偿，有的措施还比较优惠。"[③] 朱珏则从更深层的制度、心理等方面作了学理性分析，他认为成功的原因基于社会动员、国家体制、城乡差异和社会心理四个方面。[④] 张昭国、李妮从国家软权力建设角度分析了成功精简的原因，指出："精简的成功与新中国成立后中国共产党建构起来的党和政府公信力、社会主义制度的吸引力、意识形态的凝聚力、政策安排的认同力及民主建政激发的创造力等软权力因素密不可分。"[⑤] 柳森在分析江苏省精简工作取得成功的原因时则主要从政策角度进行了阐释，认为江苏省精简小组办公室贯彻了"先安后放"的精神，解除了被精简人员的后顾之忧；在精简步骤上采取了"以多减少"、先易后难的办法；安置形式比较多样化。[⑥]

除上述主要研究之外，还有一些不同角度的研究。有些研究者对领

① 罗平汉：《大迁徙：1961—1963年的城镇人口精简》，广西人民出版社2003年版，第260—261页。
② 聂福如：《六十年代初精简职工工作的经验与启示》，《北京党史》1998年第6期。
③ 李若建：《困难时期的精简职工与下放城镇居民》，《社会学研究》2001年第6期。
④ 朱珏：《20世纪60年代初浙江省精简城镇人口问题研究》，博士学位论文，浙江大学人文学院，2012年。
⑤ 张昭国、李妮：《软权力建设与20世纪60年代初的城镇人口精简》，《郑州航空工业管理学院学报》2015年第4期。
⑥ 柳森：《1961—1963年江苏省国民经济调整中的职工和城镇人口精减》，《当代中国史研究》2009年第2期。

导人与精简工作的关系作了专门论述，如洪松的《陈云关于精简职工和城镇人口的对策》、尚长风的《陈云与 20 世纪 50—60 年代的压缩城镇人口工作》都突出了陈云在国民经济调整时期所发挥的重要作用。他们认为，陈云是经济调整的主要谋划者、组织者和领导者，他较早注意到城镇人口增长过快所带来的负面影响，但他的意见并没受到重视。在领导经济调整工作中，陈云提出了一系列压缩城镇人口的主张，并取得了一定的成效，为克服经济困难作出了突出贡献。① 洪松对精简城镇人口数字作了专门研究。他以《中国共产党历史》第二卷、《〈中国共产党历史〉第二卷注释集》和中国社会科学院当代中国研究所撰写的《中华人民共和国史稿》第二卷三本权威著作所记述的 1961 年精简职工人数的不同数字为例，分析了各数字的得出依据，最后洪松指出 1961 年精简职工"1000 万人左右"和"约为 873 万人"或"873 万人左右"的表述比较恰当。②

还有一些研究虽然没有对精简城镇人口问题做直接研究，但提供了一些详实的可供参考的数据。如黄兢、黄海英按城市化趋向把 1957—1965 年广东省城乡人口迁移分三个阶段：1957—1960 年呈现城市化趋向，1960—1963 年逆城市化趋向，1963—1965 年城乡人口迁移相对停滞状态。③ 李若建从人口学的角度，对大跃进和困难时期的人口迁徙问题作了探讨。④

① 洪松：《陈云关于精简职工和城镇人口的对策》，《党史文汇》2014 年第 7 期；尚长风：《陈云与 20 世纪 50—60 年代的压缩城镇人口工作》，《红广角》2015 年第 5 期。
② 洪松：《1961 年精简职工和减少城镇人口人数问题探究》，《中国统计》2013 年第 8 期。
③ 黄兢、黄海英：《1957—1965 年广东省城乡人口迁移流动状况与特征》，《当代中国史研究》2008 年第 4 期。
④ 李若建：《困难时期的精简职工与下放城镇居民》，《社会学研究》2001 年第 6 期。

（三）关于 60 年代初精简城镇人口研究存在的不足

综上所述，学术界关于精简城镇人口问题的研究取得了一定的成果，但有些问题、有些方面还值得进一步深化。

一是有些问题的研究还很薄弱。20 世纪 60 年代初精简城镇人口涉及 2000 多万人的大迁徙，既有国家政策方面的复杂问题，也涉及城镇职工就业和安置问题，并且最终落脚于农村，涉及国家、省市县、乡镇各级政府的政策制定与贯彻，涉及千万人命运变化，问题复杂，涉及面广，当前的研究主要停留在国家政策层面，仅有少数对地方的贯彻落实做了初步梳理。即使是国家层面的研究，也存在不少薄弱环节，比如对 1959 年的城镇人口精简工作就不够重视。现有的研究成果大都对 1959 年的城镇人口精简工作一笔带过，缺乏深入分析，有的甚至忽略了这次精简工作。在学术文章方面，只有王凛然对 1959 年全国整顿劳动组织运动中的精简工作问题作了研究，但只是从国家建设能力的角度分析了这次精简工作取得一定成果的原因。① 实际上 1959 年的精简工作可以说是整个精简工作的预演和探路，它的经验和教训对后来的精简工作影响甚大。

二是实证性研究少。研究者大都从宏观上对精简城镇人口问题进行考察，即对中央精简城镇人口原因、过程、政策等做一梳理，而很少从微观层面上，即以地方的城镇人口精简为视角来考察 60 年代初的精简工作，没有很好地做到"以小见大"，没有能够很好地展现出历史的复杂性和多样性。

三是理论分析不够深入。60 年代初的精简城镇人口，涉及国家制度、社会心理、历史文化方方面面的深刻问题。但是，目前从社会动

---

① 王凛然：《1962 年天津市精简城镇职工工作的社会史考察》，《党史研究与教学》2016 年第 5 期。

员、国家机制、城镇化视角的研究并不多见，也还不够深刻深入。比如对于精简城镇人口政策的成功实施，只有为数不多的研究成果就其原因进行了分析，但不深入，有的甚至只是从政策层面分析了原因。另外，有些研究者的观点也值得商榷。比如，李若建和赵淑杰认为有些城镇人口自愿回到老家和政府给予被精简人员合理的经济补偿是成功精简的重要原因之一。但整体而言，即使国家给予被精简人员一定的补贴，但绝大多数人对回乡仍是持观望态度，甚至是抗拒的，自愿回乡的只是一小部分人。国家在精简工作过程中是如何把对回乡犹豫不决和抵抗的这部分人成功精简回乡的，才是问题关键之所在。

三、精简城镇人口研究的可行性

关于城镇人口的精简，有着丰富的一手资料，给这一问题的研究提供了可行性。

本书主要运用以下几类资料：

第一，档案资料。中央作出精简城镇人口的决策后，关键还是在于地方的贯彻落实，因此，北京市的档案资料对于本书的研究至关重要，是本书的核心材料。这些档案资料主要包括：一是有关精简城镇人口的政策，包括各种通知、意见、规定、指示等；二是有关精简情况的报告，包括各个单位、各个部门有关精简工作的检查报告、调查报告、工作总结等；三是各单位各部门的精简资料，包括北京市劳动局、教育局、人事局、工商局、粮食部门等的精简资料；四是精简工作的相关简报；五是有关精简工作的批复、来往文书等。

第二，统计资料。统计资料既包括全国性的人口统计资料，也包括北京市的人口统计资料。全国性的统计资料包括《中国人口统计年鉴》《中国统计年鉴》，以及《当代人口丛书》编纂委员会所编各省《人口分册》

等。北京市的统计资料包括《北京市统计年鉴》《中国人口·北京分册》《北京市人口统计资料汇编（1949—1987)》等。

第三，文献著作资料。包括《建国以来重要文献选编》《中共中央文件选集》《北京市重要文献选编》《周恩来经济文选》《陈云文选》《刘少奇年谱(1898—1969)》《周恩来年谱(1949—1976)》《陈云年谱(1905—1995)》《朱德年谱（1986—1976)》（修订本)、《毛泽东年谱（1949—1976)》《毛泽东经济年谱》《彭真年谱（1902—1997)》等。另外，还有一些领导人的传记及回忆口述史料。

第四，地方志。地方志以北京为主，包括《北京志·政务卷·人事志》《北京志·综合经济管理卷·劳动志》《北京志·综合经济管理卷·统计志》《北京志·综合经济管理卷·物资志》《北京志·综合卷·人口志》等，以及北京各区县的地方志。

本书的研究大致分为以下四个部分：

第一章主要探讨精简城镇人口的背景问题。随着三大改造的完成、社会主义制度的建立和第一个五年计划的超额完成，党和人民取得了极大的胜利，建设社会主义的积极性逐步高涨。然而，由于不顾实际情况而过分追求高速度，党提出"超英赶美"的目标，发动了"大跃进"运动，走上了"左"的道路。第一部分主要探讨工业等系统的"大跃进"，直接结果就是导致城镇人口迅速膨胀。第二部分主要探讨 1959 年初次精简由于"大跃进"而激增的城镇人口。这次精简从 1959 年年初持续到 1959 年夏的庐山会议，取得了一定的成效。但成果只是暂时性的，这次精简工作由于庐山会议的反右倾而中断。第三部分主要探讨庐山会议后"大跃进"的再次高涨，造成城市物资供应紧张，国民经济比例严重失调，而且城市闲置劳动力过多。因此，中共中央作出精简城镇人口的决策。

第二章主要探讨精简城镇人口工作的开展过程。新一轮的跃进掀起后，城镇人口再度膨胀，从 1960 年开始，北京市根据中共中央指示，再次着手精简城镇人口的工作。北京市的精简城镇人口经历了酝酿、初步开展、高潮和扫尾四个阶段。每个阶段根据精简中出现的问题，采取了针对性措施，展现出不同特点。

第三章主要探讨被精简城镇人口的安置问题。被精简人口主要包括城镇的职工和其他城镇人口，其安置主要以市内安置为主。第一部分主要讨论城镇职工的安置措施，第二部分主要讨论其他城镇人口的安置措施，第三部分分析安置的成效、经验以及安置工作中的不足。

第四章主要是对精简城镇人口的评价与启示。这部分包括对成功精简城镇人口的原因分析、精简城镇人口的影响和启示。成功的原因主要从精简政策、社会动员以及经济和制度手段三个方面来考察。影响包括积极影响和消极影响。另外，精简城镇人口对现阶段我国的发展有很大的启示：城镇化进程要与国力民情相匹配，避免出现大的政策波动；要大力实施乡村振兴战略，增强农村的"涵蓄"能力；要重视战略物资安全，确保国家粮食安全；城市人口调整和移民安置，要注重制度化和安置保障；借助产业结构调整的契机，控制城镇人口规模；要继承和发扬传统体制优势，改革不能以牺牲原有体制优势为代价。

四、精简城镇人口的相关概念界定

（一）城镇人口

所谓城镇人口，传统的定义是指在城市和建制镇居住的非农业劳动者及其亲属。非农业劳动者也就是吃商品粮的人。在本书中，城镇人口主要分为：一是企业事业单位的职工，包括全民所有制企业与集体所有制企业的职工。二是职工家属。这类群体是跟着具有职工身份的父母或配偶从农村来到城镇。三是高等院校与大中专院校的老师和学生。按照国家的政策规定，这类学生是由国家统一分配，也是吃商品粮的人。四是城市中的待业人员。这部分人也可称为社会闲散劳动力，他们具有劳动能力，但并无工作可做，也是被精简的对象。五是商业人员，包括工业企业小业主、资产阶级工商业者和小商小贩。六是机关、企业、事业单位的干部。

（二）城镇化

国家标准《城市规划术语标准》GB/T50280—98 对城市化的定义是：人类生产和生活方式由乡村型向城镇型转化的历史过程，表现为乡村人口向城镇人口转化以及城市不断发展和完善的过程。又称城镇化、都市化。

（三）社会动员

社会动员一般是指为了实现特定目的，通过各种形式的高强度的宣传、发动、组织工作，以促使特定对象形成或改变一定的价值观念、态度与期望，从而产生持续性的参与行为或其他预期行为的过程。

与社会动员相关的概念还有政治动员。政治动员是指特定政治领导者或领导群以某种系统的价值观或信仰，说服、诱导或强制本政治团体成员或其他社会成员，获得他们的认同和支持，引导他们自愿服从和主动配合，以实现特定目标、任务的行为过程。①

在中国特殊的语境下，社会动员与政治动员的含义是基本一致的，二者可以通用。而龙太江对社会动员又进行了细分。他从社会动员主体的角度把社会动员分"对社会的动员"和"由社会进行的动员"两大类。前者主要是政治体系利用政治方式对社会进行的动员，在中国传统的动

---

① 施雪华：《政治科学原理》，中山大学出版社 2001 年版，第 740 页。

员政治模式下，对社会的动员其实就是政治动员；后者主要是社会自主进行的动员，即社会凭借自身力量主动进行的、调动社会各方面资源应对危机的动员，具体来说就是社会组织、个体通过宣传、发动和组织人民群众以及各方面力量，形成群众运动或者组织起群众的有效参与，调动社会各方面积极性，依靠人民群众和社会各方面的力量，克服危机、恢复社会正常秩序的行为方式与过程。① 本书统一使用"社会动员"一词。

（四）"精简"与"精减"

二者含义相同。一般用"精简"，但部分档案和文件中使用"精减"。为了统一，本书除了引用的文献资料中用"精减"外，其他的都使用"精简"一词。

---

① 龙太江：《从"对社会动员"到"由社会动员"——危机管理中的动员问题》，《政治与法律》2005 年第 2 期。

第一章
1958 年城镇人口膨胀及措施

1958 年"大跃进"开展起来以后，为了完成工业生产特别是钢铁生产的高指标，各地盲目招工，导致农村人口向城市大规模迁徙，城镇人口急剧膨胀。面对城镇人口膨胀带来的问题，从 1958 年年底到 1959 年年初，中共北京市委根据中共中央的指示精神，就开始有意识地控制农村人口大规模盲目流向城市，并逐渐采取措施精简城镇人口。但是，当庐山会议发生"转向"，初见成效的精简城镇人口工作随之中断，城镇人口又膨胀起来，继而出现粮食紧缺的问题，随着经济情况的日益严重，精简城镇人口成为解决经济困难的一个不得已而为之的现实选择。

第一节　1958 年城镇人口膨胀

1956 年年底，基本完成社会主义三大改造、建立社会主义制度后，中共开始探索中国自己的发展道路。但是，面对复杂的国内形势，1957 年发生了反右派斗争严重扩大化的错误，再加上国际上掀起社会主义阵营赶超资本主义阵营的浪潮，导致中共八大确定的"稳步前进，综合平衡"的方针被改变。在国内外多重因素合力下，"大跃进"运动逐渐兴起。

一、城镇人口膨胀的历史背景

1957 年 10 月 27 日和 11 月 13 日，《人民日报》相继发表社论，要求"有关农业和农村的各方面工作在十二年内都按照必要和可能，实现一个巨大的跃进"[①]，号召批判右倾保守思想，在生产战线上来个"大跃进"。随后，各省、自治区、直辖市相继召开党代表大会，贯彻中央精神，落实中央指示，并开展大规模的农田水利建设和积肥运动，拉开农业"大跃进"的序幕。1957 年 10 月 28 日中共北京市委召开二届二次全会，传达中央精神，会议要求在全郊区开展一个声势浩大的以兴修水利和积肥为中心的冬季大生产运动，争取 1958 年更大的丰收。随后，市委召开第二次农村工作会议，提出 1958 年郊区农业增产的计划指标。当时，虽然个别指标过高，但大都还是符合实际情况，通过努力基本可以实现。

1958 年年初，中共中央先后召开南宁会议和成都会议，进一步批评"反冒进"，为"大跃进"的发动提供了理论准备。成都会议后，各地迅速刮起盲目蛮干、攀比赶超之风。此时的北京并未跟风而上，各领域虽召开了誓师跃进大会，但并没有提出不切实际的口号和过高的目标。市委领导不仅保持了相对冷静的头脑，而且注重生产效率，不提倡蛮干。1958 年 3 月，市委对市工会党组关于在生产"大跃进"等运动中少数单位忽视工人身体健康状况情况的调查报告作出批示，要求全面认识苦战、苦干的含义，"在各项工作中贯彻党的群众路线，开动脑筋出主意，想办法，用革命干劲克服一切困难，来乘风破浪，力争上游。不能简单地理解为只拼体力来完成任务"[②]。

---

① 《建国以来重要文献选编》第十册，中央文献出版社 2011 年版，第 582 页。
② 《中国共产党北京历史》第二卷，北京出版社 2011 年版，第 212 页。

但是，此后经过上半年的酝酿，中共中央于 5 月召开八大二次会议。会后，"大跃进"运动在全国范围内开展起来并逐渐升温进入高潮。在这种大背景下，北京各领域的跃进调子也高了起来。5 月 31 日，北京市委批复市体委党组关于全民体育跃进月的报告；6 月 2 日，批复市民政局、市兵役局党组关于本市发动复员转业军人"大跃进"工作的报告；7 月 5 日，批复市委财政部关于认真学习贯彻总路线，把思想革命搞深搞透的报告；7 月 14 日，市委和市人民委员会（以下简称"人委"）下发《关于开展群众性的支援工业大跃进运动月的决定》。各行各业热火朝天地进行"大跃进"运动，随意招工的现象开始泛滥，城镇人口迅速膨胀。其中，工业和教育两个领域的人口膨胀比较典型。

二、工业领域城镇人口急剧膨胀

工业生产的"大跃进"与"超英赶美"战略的提出密切相关。1957 年年底，毛泽东在莫斯科共产党和工人党代表会议上提出，在钢铁方面，15 年后中国可能赶上或者超过英国。1958 年元旦，《人民日报》发表题为《乘风破浪》的社论，提出"超英赶美"的战略任务。社论指出，要在 15 年的时间内，在钢铁和其他重要工业品产量方面赶上和超过英国，在这以后，准备再用 20 年到 30 年的时间在经济上赶上并且超过美国，以便逐步地由社会主义社会过渡到共产主义社会。[①] 1958 年 5 月，中共八大二次会议正式提出了党的工作重点转移的问题，通过了"鼓足干劲、力争上游、多快好省地建设社会主义"的总路线以及争取在 15 年或者更短的时间内，在主要工业产品产量

---

① 周一兴主编：《当代北京大事记（1949—2003）》，当代中国出版社 2003 年版，第 117 页。

方面赶上和超过英国的口号，并制定了工农业生产的高指标。会后，全国兴起大办工业的热潮。1958 年 9 月 1 日，《人民日报》发表题为《立即行动起来，完成把钢产量翻一番的伟大任务》的社论，提出 1958 年的钢产量要比 1957 年翻一番，即要从 535 万吨跃至 1070 万吨。[①] 从 1958 年"大跃进"以来，全国"小土群"和"小洋群"工业极速发展。到 1959 年年底，全国共有"小土群"和"小洋群"工业企业 31.4 万个，占当年全部工业企业 31.8 万个的 99%；"小土群"和"小洋群"工业共有职工 2082 万人，占当年全部工业职工（包括工业企业、城市手工业、人民公社工业的职工）3009 万人的 69%。[②] 为了调动地方积极性，实现赶超目标，中央放松了招收新工人的审批管理，把劳动力的安排工作交给各省、自治区、直辖市负责管理，1958 年的招工计划由各省、自治区、直辖市确定后就可执行，不必经中央批准。由于中央权力的下放，各级地方组织和劳动群众大大提高了办工业的积极性。随着基本建设规模和以大炼钢铁为中心的全民大办工业的迅速发展，各行各业都在大招工。一些单位看到劳动力紧张，生怕往后招不到人，因而在招工时宁多毋少，甚至私招乱挖在职工人。因此，大招工和乱招工导致 1958 年中国职工人数急速增加。1958 年年末全国国营、公私合营企业、事业和国家机关的职工总数为 4532 万人，比 1957 年年末增加了 2082 万人。新增加的职工中，从社会上招收的 1661 万人（其中，从农村招收 1104 万人，从城市招收的 557 万人）；由手工业、小商贩转化来 327 万人；由国家分配的复员军人和毕

---

① 《1958—1965 中华人民共和国经济档案资料选编（工业卷）》，中国财政经济出版社 2011 年版，第 6 页。

② 《1958—1965 中华人民共和国经济档案资料选编（工业卷）》，中国财政经济出版社 2011 年版，第 75 页。

业学生 93 万人。① 可见，新增的职工中，农民占了绝大多数，农民外流情况严重。

北京市各领域的"大跃进"也逐步开展起来。1958 年 5 月 30 日，北京市人民委员会举行第九次会议。会议提出要彻底破除迷信，解放思想，进一步推动全市"大跃进"，争取在短期内把首都建设成为一个现代化的工业基地。第二天，北京市 7 万多人组成宣传大军，采用多种形式宣传"鼓足干劲、力争上游、多快好省地建设社会主义"的总路线。②6 月 1 日，北京市厂矿企业先进生产者和先进集体代表会召开，提出争取在 5 年内把北京建成现代化工业基地。6 月 12 日，北京市委召开现场会议，要求在全市掀起一个全民支援工业建设运动。中共北京市委向中共中央报送关于北京工业建设问题的报告，并附《苦战三年，大干五年，把首都建设成一个现代化的工业基地》的规划纲要。虽然"大跃进"的宣传进行得如火如荼，但北京市委当时比较务实，并没有制定经济上的高指标，反而针对个别区县出现修建小高炉和小炼钢炉热的问题下发紧急通知，要求制止小高炉和小炼钢炉的盲目发展。

在全国范围内"大跃进"的高潮下，北京市格格不入的做法遭致批评。7 月，中央批评北京市农业跟不上全国形势，并对北京郊区农业的跃进提出了具体要求。在中共中央的指示下，北京市委从 8 月中旬开始，陆续召开多个动员会，推动工业"大跃进"运动。8 月 16 日，北京市举行全市厂矿企业干部大会，号召迅速掀起工业"大跃进"新高潮。8 月 17 日，北京市委在天坛公园举行有市、区、乡、社 1.5 万名干部参加的农业跃进誓师大会，批判存在于各级领导中的"右倾保守思想"，

① 《1958—1965 中华人民共和国经济档案资料选编（劳动就业和收入分配卷）》，中国财政经济出版社 2011 年版，第 33—34 页。

② 周一兴主编：《当代北京大事记（1949—2003）》，当代中国出版社 2003 年版，第 127 页。

开展群众鸣放。8 月 20 日，市委召开有 5 万余人参加的全市建筑企业跃进誓师大会，大会号召首都广大职工对当年生产计划执行情况进行大检查、大整改，制订新的跃进计划，进一步掀起"大跃进"的高潮。[①]8 月 21 日，北京市委召开全市有 5 万人参加的工业交通运输业跃进誓师大会。8 月 23 日，北京市委召开土法炼铁现场会，发出全党动员、全民动员、大抓钢铁工业的号召，要求全市动员，以小、土为主，走群众路线，城乡结合，用最快速度建成一批小高炉。为响应中央各部门为钢铁生产"停车让路"的号召，北京市从 10 月上旬开始进行小土群炼钢运动。10 月 26 日，北京市动员 70 多万人，利用星期天参加炼钢，出现了群众性炼钢运动的高潮。[②] 这一年，北京市的劳动力迅速增长。1958 年年底北京市国民经济各部门职工（包括手工业）135.3 万人，比 1957 年的 105.6 万人增加了 29.7 万人，增长 28%，其中从本市社会上招收的有 18.7 万人，占了新增人口的一多半。[③]

三、教育领域城镇人口大幅增长

伴随着工农业"大跃进"的迅猛发展，教育领域的"大跃进"也开展起来。疯狂建校、盲目招生，使教职工队伍和学生数量迅速增加，大量农村青年涌入城市。

新中国成立初期，我国的教育管理体制呈现高度集中统一的特点，实行中央统一领导。但这种管理体制的弊端很快显露出来，地方办学积极性不高，限制了教育事业的发展。1958 年教育领域掀起"大跃进"，

---

① 《彭真年谱》第三卷，中央文献出版社 2012 年版，第 330 页。
② 《北京市重要文献选编（1958）》，中国档案出版社 2003 年版，第 844 页。
③ 《劳动党组关于 1959 年劳动力安排的意见》，1959 年 3 月 25 日，北京市档案馆藏，档案号：110–001–00984。

进行"教育大革命"，对群众办学进行大肆宣扬、鼓励，导致浮夸风盛行。为了提高地方办学的积极性，中央作出下放教育管理权限的决定。1958 年 4 月，中共中央发出《关于高等学校和中等技术学校下放问题的意见》，决定除了少数综合大学、某些专业学院和某些中等技术学校仍旧由教育部或中央有关部门直接领导以外，其他的高等学校和中等技术学校都可以下放，归各省、自治区、直辖市领导。根据中央规定，教育部把大量高等学校和中等技术学校先后下放归地方领导。8 月，中共中央又发出《关于教育事业管理权力下放的规定》，强调要改革过去条条为主的管理体制，加强地方对教育事业的领导管理。其实，中央早已察觉教育管理体制的弊端，但如何进行改革，并没有一套系统成熟的方法。但在"大跃进"浪潮的推动下，中央盲目地把教育管理权限统统下放，从一个极端走向另一个极端。教育管理权限的下放致使各地疯狂建校，扩大招生规模，再加上当时的学生都是吃商品粮，而且高等学校和中专学校的学生都由国家统一分配，这样就吸引更多的农村学生涌入城市。

1958 年 5 月 30 日，北京市人委第九次会议提出，争取在本年内全市普及小学、初中教育，两年扫除文盲。7 月，北京市委召开教育工作会议，提出要在五年内把北京建设成为先进的共产主义教育基地的目标。在这一思想的指导下，《北京日报》刊载招生通知，原有技工学校扩大规模大量招生，很快消息传遍全国，吸引大批外省市农村青年赶赴北京报考。各报名点对报名学生来者不拒，总共招收了 3 万余人，技工学校留下 1.4 万余人，其余的转给工厂当学徒。[1] 北京市普通院校、新建的部属、市属院校都扩大了招生规模，1958 年是学生人数增长最快

---

① 北京市地方志编纂委员会：《北京志·综合经济管理·劳动志》，北京出版社 1999 年版，第 89 页。

的一年。1957 年学生总数为 82.7 万人，其中高等学校学生约 8.09 万人，中等学校学生约 20.19 万人，小学生约 46.85 万人，幼儿园幼儿约 6.61 万人。仅隔一年时间，到 1959 年 4 月，学生总数增加 156 万人，其中，高等学校学生 9.8 万多人，中等学校学生 26.5 万多人，小学生 82 万多人，幼儿园幼儿 37 万多人。学生人数约占全市人口的四分之一，也就是说，每 4 个人中就有 1 个是在学学生。这种教育规模的发展是惊人的。以 1949 年为例，当时高等学校学生才 1.42 万多人，中等学校学生 4.32 万多人，小学生 14.23 万多人，幼儿园幼儿 2200 多人，总数是 20.2 万人。这与当时人口比较，10 个人中只有 1 个是在学学生。[1]

扩大招生规模随之而来的是盲目建校。1957 年高等学校 31 所，中等专业学校 33 所，1958 年分别增至 57 所和 52 所[2]；民办小学由 1 所猛增至 121 所，在校学生人数由 1000 余人猛增至 8 万余人[3]。

除了工业、教育领域城镇人口的膨胀外，其他领域城镇人口也是水涨船高。仅 1958 年，北京全市工矿、交通、建筑等单位共增加职工 25 万人左右，街道居民有 14 万人参加生产，11 万河北民工参加修建密云水库工程，再加上流动人口增加 10 万人，以上共计 60 万人。[4]

第二节　1959 年精简城镇人口的提出及措施

面对城镇人口的急剧增长，中共中央和北京市采取紧急措施控制农村人口大规模流向城市，并处理私招乱雇人员、整顿劳动组织，初步精

---

[1]　《北京市重要文献选编（1959）》，中国档案出版社 2004 年版，第 255—256 页。
[2]　北京市统计局编：《北京 50 年》，中国统计出版社 1999 年版，第 303 页。
[3]　《中国共产党北京历史》第二卷，北京出版社 2011 年版，第 218 页。
[4]　《北京市重要文献选编（1959）》，中国档案出版社 2004 年版，第 13 页。

简城镇人口。

一、精简城镇人口的提出

城镇人口的急剧膨胀带来两方面问题：一方面，城镇人口的生活消费量大增，给粮食等方面带来了极大压力；另一方面，在人口总数不变的情况下，城镇人口的急剧增长，意味着农村劳动力锐减，这就给农业生产带来了负面影响。消费增加和生产受损的双重因素给市场供应造成的压力短时间内就暴露出来。从 1958 年上半年开始，北京市粮食和副食品供应就开始吃紧，而且愈演愈烈。

一方面，随着城镇人口的增加，城市居民消费量和购买力迅速增长。1958 年全市各类商品的消费量大部分比 1957 年有了不同程度的增加，如食糖增加 43.9%，棉布增加 49%，毛巾增加 81%，肥皂增加 86%，胶鞋增加 64%，蔬菜增加 15% 等。[1] 随着各方面的跃进，企业、机关、学校等购买力也增加很多，如文化、体育等领域"大跃进"以后，文教用品和体育用品的需求量大大增加，市场供应紧张。1958 年 12 月，北京一市民给北京市委书记万里写信反映：现在仅"吃"一项，真是遇到了空前未有的困难，今年人民的生活水平比去年下降了。人民买不到白菜，白薯多半已腐烂，花 10 斤的钱落不到 5 斤可以吃的。与 1957 年相比，1958 年每个月至少减少十几元的收入，而物价却在无形中上涨不少。[2] 为了保障市民对副食品的基本需要，北京市副食品商业系统除了派出大批采购人员深入产区组织货源外，还按照中央和北京市委的指示对人民生活必需的副食品实行凭证（票）按人（户）定量供应。猪肉

---

[1] 《北京市重要文献选编（1959）》，中国档案出版社 2004 年版，第 12 页。

[2] 《1958—1965 中华人民共和国经济档案资料选编（综合卷）》，中央财政经济出版社 2011 年版，第 312 页。

从 1959 年 1 月起，城近郊 8 个区的居民，由按户凭证限量不限次，改为按人凭票定量供应。食糖从 1 月 21 日起，实行凭证定量供应，城近郊居民每户每月 1 斤。肉票开始月发 3 张，5 月改为 2 张，根据货源供应 1.5—3 两。鲜蛋从 1958 年 1 月开始限量不限次供应，售完为止。粉丝、粉条在节日（中秋节、国庆节）对居民 5 口人以下每户凭证供应 1 斤，6 口人以上供应 1 斤半，平日不供应。[①] 然而，这些举措对缓解市场供应紧张的作用仍然有限。

另一方面，大批农民进城务工，从事农业生产的劳动力减少，北京市农村劳动力由 1957 年的 110.5 万人减少到 1958 年的 107.7 万人[②]，农业生产受到较大影响，甚至出现粮食成熟却烂在地里无人收割的现象。再加上农业的虚报高产和瞎指挥，农业产量严重下滑。为了保证正常的粮食供应，北京市不得不依靠中央调拨粮食，但形势依然不容乐观。1958 年 1—7 月，中央下达调给北京的粮食计划为 8.4 亿斤，而销售计划却为 10 亿斤，实际只调入了 6.5 亿斤，完成计划的 78%。到 7 月，完成得更差，全月调入计划为 1.7 亿斤，仅完成 0.72 亿斤，完成计划的 42%，市粮食局库存量已降低到历年最低水平。到了 8 月，北京市各条战线的"大跃进"运动逐步发展，城镇人口继续增加，粮食不足的现象愈演愈烈。8 月调入计划为 1.4 亿斤，上旬只调入粮食 1900 万斤，占全月计划的 13.6%。[③] 照这样下去，北京市的粮食供应根本无法保证。副食品也是如此。1958 年上半年，猪、牛、羊、鸡蛋等副食品也未完成调入计划。1958 年下半年以后，副食品市场供应更加紧张，甚至日用

---

① 中共北京市委党史研究室编：《社会主义时期中共北京党史纪事》第四辑，人民出版社 1998 年版，第 6 页。
② 北京市统计局编：《北京 50 年》，中国统计出版社 1999 年版，第 132 页。
③ 《北京市重要文献选编（1958）》，中国档案出版社 2003 年版，第 658 页。

品中的食糖、碱面、肥皂、煤油等和某些小电料、小五金等也都供应不足。

市场的供应不足在一定程度上造成了群众的紧张心理。在买东西时，部分群众往往是需要少的多买，不需要的也买。有的人甚至见到有人排队，不打听是卖什么的，就去排队。这种心理状态也助长了市场供应情况的紧张。

农村人口大规模流入城镇引发的紧张状态，在 1958 年年底就引起了中共中央的警觉。1958 年 10 月 13 日，中共中央下发了《劳动部、内务部关于制止从农村私招人员的联合通报》，强调要制止在农村中私招乱雇人员的行为，对企业、基本建设单位需要补充的劳动力应力求从企业内部和城市中挖掘潜力、解放妇女来解决，一般不要从农村中招收。对于已招入的农民的去留，由其县、乡（人民公社）决定，县、乡（人民公社）同意的可以继续留用，不同意的，招人单位负责把被招农民送回原地，但对于没有证明文件的农民，一律动员其返乡。11 月 29日，劳动部党组就私招农民和挖用在职工人的问题向中央作了报告，并提出解决问题的办法。12 月 18 日，中共中央转发这个报告，表示劳动部党组所提意见基本可行，希望各地参照办理，必须立即制止这种现象。1959 年 1 月，中共中央再次下发《中共中央关于立即停止招收新职工和固定临时工的通知》，要求各企业事业单位立即停止招收新职工和临时工，严格制止私招乱挖在职工人的错误做法。这些文件提出了缓解城镇人口膨胀的问题，虽然没有明确提出精简城镇人口，但是已经从源头上开始处理农村人口大规模涌入城市的问题。

二、处理私招乱雇人员

1953 年至 1957 年，北京市实行了比较严格的限制外来劳动力的政策。虽然一些单位需要大量劳动力，但一般通过内部调配解决，并没有增加人员。但随着经济发展的需要，劳动力的管理、调配和供应问题日益突出，1957 年年底北京市在调查中发现一些单位私自招用工人的情况屡禁不止。针对 1958 年"大跃进"期间大肆招收工人、私招乱雇严重现象，在 1958 年 12 月 18 日中共中央转发劳动部党组报告要求各地参照办理前一天，北京市劳动局党组就向市委作了报告，并提出解决办法：在劳动力调配管理工作上，各单位企业要政治挂帅，发动现有职工，结合技术革命，掀起一个调整劳动组织、挖掘劳动潜力的群众运动，做到 1959 年少从或不从社会上招工，确实需要招工的单位，必须报市委批准，由劳动部门统一调配供应，任何单位均不得私招。同时，各单位对本单位未经批准自行招用人员的情况要进行一次检查，对于从其他单位私招来的工人，原则上送回原单位。未经劳动部门批准招收郊区和外地农民，如持有外出工作的证明文件，原地区不要回的可以继续留用，但需签订劳动合同。①12 月 25 日，北京市委批转劳动局党组的报告给各单位执行，要求所有企业事业单位一律停止招收新工人。

　　1959 年 1 月，《中共中央关于立即停止招收新职工和固定临时工的通知》发出后，北京市绝大多数的企事业单位都贯彻了指示，停止私招和挖用在职工人。但也有少数机关、企业、事业单位继续私招工人。"大跃进"是一种群众运动式的发展思路，群众一旦发动起来，就不易控制。中央连续三个文件的下发，虽然对农村人口盲目流入城市进行了降温，但是这一现象依然突出。针对这一情况，1959 年 2 月 4 日下发的《中共中央关于制止农村劳动力流动的指示》，要求各企业、事业、机关一律不得再招用流入城市的农民，已经使用的，应即进行一次性清理，已

---

① 《北京市重要文献选编（1958）》，中国档案出版社 2003 年版，第 972 页。

有固定工作确实不能离开的，必须补签劳动合同。其余的职工，在做好政治思想工作以后，一律遣送回乡。中央在 1958 年下发的制止私招的文件中，只要求把挖用别单位的在职工人和没有文件证明的农民遣送回原地，其他的可以继续留用，不必遣回。而 1959 年的这个指示，则提出两个"一律"。从这份文件可看出，针对农民盲目流动得不到遏制的情况，中央前所未有地加大政策力度。

但是，迫于生计，外地来京农民逐渐增多。据不完全统计，1959 年 2 月 15 日，在前门、永定门、丰台、西直门四个车站露宿的外地农民就有 2000 多人，前门车站的人日益增多。① 这些人背着行李在街上乱转，有的在饭铺吃饭不给钱，有的到居民家要饭，有的在大街上要钱，有的偷窃行骗，有的还准备到国务院请愿。为了解决盲流问题，北京市委于 2 月 16 日决定取缔北京当时存在的 8 个外流农民集中等待招工的"人市"。根据 2 月 4 日中共中央关于制止农村劳动力流动的指示精神和市委 1958 年 12 月 25 日关于严格制止企业、事业单位私招工人及解决农民流动现象的指示精神，由市劳动局副局长赵化达、公安局局长安林、民政局局长李恕成立领导小组，下设"北京市动员农民还乡办公室"，在市劳动局办公。四个城区和朝阳、丰台、海淀、通州也成立相应的机构和收容点，负责具体收容、动员、遣送工作。② 在有关省、县的大力协助下，北京市委和有关部门对外地流京农民进行耐心动员和劝说，遣送工作取得一定的成效，但私招工人的现象仍未完全绝迹。

为了彻底解决农民返乡的问题，北京市劳动局党组进一步提出解决

① 《北京市重要文献选编（1959）》，中国档案出版社 2004 年版，第 82 页。

② 北京市劳动志编纂委员会编：《北京劳动大事记（1948—1990）》，中国工人出版社 1993 年版，第 109 页。

办法：一是做好宣传工作，动员各领域干部和职工给家属和亲友写信，广泛宣传党和政府制止农村劳动力盲目外流的方针，劝告在乡农民安心生产；二是做好动员工作，组织专人对盲目流入城市的农民进行耐心的说服教育，动员他们返回原籍；三是做好安置工作，对于遣送回乡的农民，郊区人民公社要妥善安排其工作和生活，对于返乡的农民一律不许斗争、责罚或歧视；四是各机关、企业、事业单位和大专学校，要对私招农民和乱拉职工的错误行为进行必要的处理；五是为了彻底取缔劳动力的自由市场，必须对各部门以及城市居民所需要的各种临时工加以妥善安排解决；六是加强对社员的教育，进一步安排好其生产和生活，今后公社不得随便给外流人员开证明信件以及转移粮食供给证明和户口；七是进一步加强户口和粮食管理工作，堵塞粮食统销工作和户口管理工作中的一切漏洞；八是由市人民委员会办公厅和市劳动局组成检查组，负责督察政策执行情况。①3月31日，中共北京市委同意市劳动局党组的意见，并再次强调各企业事业单位坚决停止继续雇用临时工。至5月底，农民来京找工作的现象已基本上停止。除城乡间正常来往如探亲、治病的外，专为找工作而来寄居在亲友家或小店的农民绝大多数已还乡。至此，北京市动员农民还乡办公室的工作结束。②

三、整顿劳动组织

1959年3月13日，《人民日报》发表社论《充分挖掘企业内部劳动力潜力》，强调国民经济的跃进不能再靠从农村抽调大量劳动力进行，这样会妨碍农业发展，而是要挖掘劳动力潜力，尽量做到增产减人。这

---

① 《北京市重要文献选编（1959）》，中国档案出版社2004年版，第195—197页。
② 《北京市劳动局关于结束本市动员农民返乡工作的报告和所需经费的请示》，1959年7月20日，北京市档案馆藏，档案号：002-011-00039。

就发出了企业将要精简职工的信号。4 月，面对市场供应紧张的局面，陈云在给中央财经小组的信中指出："对去年过多地招收了的一千多万工人，必须认真地加以精减，安置到农村去。"①5 月，中央调整了 3 月制订的精简 509 万人的计划，要求 1959 年全国要减少职工 800 万人，精简对象主要是来自农村的临时工、合同工和多余的学徒工，县办企业和一些停工、窝工的企业应该多减先减。② 对于北京市，中央要求减少 2 万人。③6 月，中央再次提高了职工压缩指标，指出："全国县以上企业职工人数，必须在去年职工增加过多的基础上，减少八百万到一千万"，"能够减到一千万以上更好"④。根据中央指示，北京市整顿劳动组织的工作开展起来。

面对"大跃进"造成的严重后果，中共中央从 1958 年 11 月郑州会议到 1959 年 7 月庐山会议前期逐渐纠"左"，降低各种生产指标。随着工农业指标的降低，北京市对工人的需求量也大大减少，一度出现了闲置劳动力，劳动组织混乱的问题逐渐凸显，北京市采取了多种措施进行了整顿。

一是整顿劳动力安排中的问题。这主要包括两个方面：首先是解决不计算定员的问题。以钢厂为例，按冶金部定员编制标准，每套 6 吨转炉定员为 320 人，北京钢厂实际用了 392 人，特殊钢厂为 506 人。特殊钢厂第一炼钢车间开 2 套转炉，由于技术设备条件差，每套转炉需要 506 人，加上必要的辅助人员，需要 1044 人，但钢厂却配备工人1220 人，仍然多出 176 人。如果按冶金部定员标准，则现有人员开 3 套

① 《建国以来重要文献选编》第十二册，中央文献出版社 2011 年版，第 249 页。

② 《建国以来重要文献选编》第十二册，中央文献出版社 2011 年版，第 318 页。

③ 《关于 1958 年劳动工资的基本情况和 1959 年劳动工资安排意见的报告》，1959 年 6 月24 日，北京市档案馆藏，档案号：110-001-00984。

④ 《建国以来重要文献选编》第十二册，中央文献出版社 2011 年版，第 330 页。

有余。[1] 这种不计算定员的现象在各企业单位普遍存在，造成大量劳动力闲置，不利于劳动生产率的提高。其次是整顿业务分工等问题。为完成高指标，不少企业只顾招人，却忽略了合理安排劳动力问题。以北京钢厂为例，厂内的装卸运输工作占用 182 人，运输公司每天还派 13 部马车。该厂经过初步核算，只要在业务分工上稍加调整，在劳动组织上稍加整顿，人员就可节省一半。[2]

二是"卫星厂"和附属企业占用劳动力问题。在"大跃进"过程中，由于某些原材料供应不足或生产协作关系中断，为了维持生产，很多部门搞了一些"卫星厂"或附属企业。这些"卫星厂"或附属企业都是在"多种经营"指导思想下搞起来的，很多与本部门的生产无直接关系，却占用了大量劳动力。如建筑工程局曾有附属企业 142 个，职工 21000 多人，比 1957 年增加 16000 余人，其中很多企业工厂进行的是与建筑施工无直接关系的纯商品性生产，这些工厂如果停办或移交工业部门，职工人数至少可减少四分之一。[3]

针对上述劳动力使用上的不合理现象，北京市各单位采取多种措施进行整顿，主要有：开展以改进劳动组织、开展技术革命、提高劳动生产率、降低成本为内容的群众运动，对职工进行思想教育，发动群众大鸣大放，把挖掘劳动潜力和技术革命、改善经营管理结合起来，切实核定需要人数；加强劳动力管理工作，健全组织机构，在较大的厂矿或企业设立专管机构或由专人综合掌握企业职工人数及其变动情况；加强技工培训工作，制定培训计划指标，提高后备人员的质量，以满足生产建

---

[1]　《劳动力的情况和问题》，1959 年 2 月 2 日，北京市档案馆藏，档案号：110-001-01067。

[2]　《关于 1958 年劳动工资的基本情况和 1959 年劳动工资安排意见的报告》，1959 年 6 月 24 日，北京市档案馆藏，档案号：110-001-00984。

[3]　《关于 1958 年劳动工资的基本情况和 1959 年劳动工资安排意见的报告》，1959 年 6 月 24 日，北京市档案馆藏，档案号：110-001-00984。

设的需要。①

四、成效与评价

1959 年七八月间召开的庐山会议，原本是纠正"大跃进"以来的"左"的错误，但后来发生了从纠"左"到反右的逆转。"反右倾"斗争在总体上打断了第一次郑州会议以来纠"左"的进程，国内政治经济形势也因此发生了大的波折。在鼓足干劲、继续国民经济"大跃进"的口号下，新的跃进高潮和"共产风"等"左"倾错误再度泛滥起来。在此背景下，1959 年的精简被迫中断，精简城镇人口的任务不仅未能完成，还在 1959 年、1960 年再次增加，加剧了国民经济的困难，也给后来大规模精简城镇人口增加了负担。

刘少奇指出："1958 年管理权力下放以后，当年全国各方面就新增加职工二千零八十二万人。1959 年国家要求精减职工八百万人，但是到年底，反而增加了职工二十九万人。"②北京市也是如此。不论是对私招人员的处理还是对劳动组织的整顿，北京市都坚决贯彻了中央的精简政策。由于被精简人员主要是 1958 年以后来自农村的临时工、合同工和学徒等，他们刚来城市不久，精简难度相对较小，再加上合理的政策，所以精简工作进行得比较顺利，到 1959 年 9 月底就精简了 53700人。但后来因为政策逆转，加上复员军人等"刚性"人口流入，使得城镇人口最终反而增加了 33800 人。如果仅从最终的结果来看，1959 年精简城镇人口的目的没有实现、没能发挥出应有历史作用。但是，我们必须认识到，如果没有这场精简，1959 年北京市城镇人口不可能只增

---

① 《劳动局党组关于 1959 年劳动力安排的意见》，1959 年 3 月 25 日，北京市档案馆藏，档案号：110–001–00984。

② 《建国以来重要文献选编》第十五册，中央文献出版社 2011 年版，第 37 页。

加 33800 人，很可能就是几十万人。而且 1959 年的精简为 60 年代初的城镇人口大精简作了预演。60 年代初大规模的精简城镇人口工作为什么能够平稳实施，1959 年的预演无疑发挥了探索和总结经验的重要作用。

（一）农村人口盲目流入城市现象基本得到控制

虽然中央和北京市连续下发一系列文件，也未能完全杜绝私招工人的现象，但各企业单位私招乱雇到 1959 年 3 月即已得到基本控制。1959 年 3 月，为了贯彻中央《关于制止农村劳动力盲目外流的紧急通知》，市劳动局选取了北京市化工厂等 6 个单位对私招工人的情况进行检查。据统计，6 个单位自"大跃进"以来到 1959 年 3 月擅自招收工人共 980 人，其中本市人员 500 人，外地盲目流入城市的农民 480 人。从私招的时间来看，1958 年 12 月 25 日以前私招 704 人，其中本市人员 216 人，外地盲目流入城市的农民 488 人。1958 年 12 月 25 日（中央和市委发出关于停止从社会上招收人员的指示后）至 1959 年 3 月，私招下降到 276 人，其中本市人员 74 人，外地盲目流入城市的农民 202 人。[1] 同时，到 3 月 10 日止，各区共收容流京农民 7100 多人，其中已经动员遣送回乡的有 5170 人，收容后自己走了的 1867 人，坚决不愿回乡只有 68 人。[2] 这些数字表明，私招工人的现象和农村人口大规模盲目涌入城市得到了有效控制。

（二）精简城镇人口一度成效显著

从 1958 年年底开始，北京市委就根据中央指示，对招收新职工进行严格控制，并处理一批私招人员，并对中央分配北京市减少 2 万人的任务作了具体部署。据统计，北京市 1959 年 1—5 月共私招 2963 人，

---

① 《向万副市长的报告》，1959 年 3 月 30 日，北京市档案馆藏，档案号：110–001–01062。

② 《北京市重要文献选编（1959）》，中国档案出版社 2004 年版，第 194 页。

其中盲目流入城市的农民 1894 人，占私招总人数的 64%。经过精简，到 5 月底，除已经掌握一定技术或生产上确实需要的工人没有被辞退外，各单位已动员还乡或辞退 1202 人，其他人员正在处理中。①

职工的精简也取得明显成效。1959 年 1—9 月，全市各行各业，主要是工矿建筑企业，共减少 53700 人。其中，回农村参加农业生产和回街道参加生产和家务劳动的有 34800 人，退职退休、服兵役、清洗、死亡等共 18900 人。从精简的人口数来看，北京已超额完成中央下达的减少 2 万人的任务。遗憾的是，在精简职工的同时又吸收了大量新增人员。1959 年 1—9 月，全市各行业共总增加 87500 人，其中复员军人 33700 人，从城市和农村招收 29200 人，大学和中等专业学校毕业生 10000 人，中等学校和技工学校毕业生 10100 人，外地调入 4500 人。增减相抵后，反而增加了 33800 人。② 虽然城镇人口最终增加了 3 万多人，但精简掉 5 万多人的成绩是不容否定的。

（三）通过整顿劳动组织提高了生产效率

通过整顿劳动组织，不少企业单位揭发出在劳动力使用上的浪费现象。如华北无线电器材厂几天之内全厂职工贴出大字报 19447 张，有工人写诗歌来形容劳动力上的浪费："三人看管一台床，喝水聊天唱二黄，工时浪费真不少，治疗保险不够强。"③ 劳动组织的整顿不仅解决了劳动力浪费的问题，更重要的是各企业单位结合技术革命和技术革新，劳动生产率普遍得到提高。据统计，工业部门的劳动生产率 1959

---

① 《各单位执行市委关于停止从社会上吸收职工指示的情况报告》，1959 年 5 月 18 日，北京市档案馆藏，档案号：110–001–00982。

② 《中共北京市委关于劳动力使用情况的报告》，1959 年 12 月 5 日，北京市档案馆藏，档案号：001–005–00303。

③ 《北京市工业系统整顿劳动组织工作总结》，1959 年 12 月，北京市档案馆藏，档案号：110–001–01068。

年 8 月比 7 月提高 18.3%，9 月比 8 月又提高了 17.2%，9 月比 7 月提高 38.38%。不少单位不仅精简了人员，而且提高了生产量。以北京机械制造厂为例，该厂职工人数由 2 月的 1173 人减少到 9 月的 671 人，而 9 月完成的产值却比 2 月提高了 90.4%，劳动生产率也提高了 23.4%。[1]

进一步奠定了编制合理定员的基础。通过整顿，很多单位意识到做好定员工作的重要性。很多企业对职工进行全面的调查摸底，按照市委的要求制定定员，部分企业还发动职工讨论、核定和修改定员，使定员的标准更加合理。如五四七厂通过编制定员解决了全厂工种之间过去不平衡的现象，解决了夜班无人管理造成的质量、数量降低的问题，促使生产任务提前完成。宋棉一厂通过修改定员，大大压缩了万锭细纱和百台布机的用工人数，较同类型的棉纺织企业少用 200 多个劳动力，成为全国最先进的水平。[2]

（四）为后来大规模精简城镇人口积累了经验

1959 年精简城镇人口的初步成功，一个重要原因是注重工作方法，为后来的大规模精简积累了经验。

一是积累了分清步骤、循序渐进的经验，提出三阶段推进：第一阶段是摸情况、查人数、统一思想认识准备阶段；第二阶段是发动群众、大鸣大放、大字报、揭发问题阶段；第三阶段是整改、制定人员方案和妥善处理人员阶段。

二是积累了将思想工作放在首位的经验。群众的力量是巨大的，打

---

① 《北京市工业系统整顿劳动组织工作总结》，1959 年 12 月，北京市档案馆藏，档案号：110–001–01068。

② 《北京市工业系统整顿劳动组织工作总结》，1959 年 12 月，北京市档案馆藏，档案号：110–001–01068。

通群众思想，动员群众参与整顿工作是成功精简的关键。开展动员工作，不仅要做好群众的思想工作，更关键的是还要做好基层干部的思想工作。只有各单位各级领导干部的思想认识得到统一后，才能更好地领导群众进行整顿工作。

三是积累了明确政策界限的经验。比如，为了妥善处理 1958 年以后进厂的不适合在厂矿企业工作的人员，1959 年北京市劳动局对应处理人员作了规定：(1) 1958 年 12 月 25 日以后私自从社会上招收的职员应该动员出厂；(2) 从社会上招收的职工，由于审查不严而进厂的老、弱、病、残人员不能继续工作者，可以处理；(3) 从社会上招收的人员确实查清本人属地、富、反、坏、右分子，应该清理出厂，送回原籍监督劳动；(4) 家务拖累重，确实不能坚持上班的女职工，可动员她们回去；(5) 入厂的徒工年龄在 16 岁以下有继续上学条件的，可动员他们回去上学，如无条件上学的，可组织投考技工学校学习；(6) 自愿离厂者。① 可以看出，以上 6 种人都是企业单位应该精简的人员。只有掌握了明确的政策界限，才能保证各单位企业在减人过程中不发生混乱或随意减人的现象，精简工作才能顺利进行。

四是积累了妥善安置被精简人员的经验。妥善地安置好被精简人员是成功精简的重要环节。做好了安置工作，广大职工才能没有后顾之忧，才会配合开展精简的工作。反之，精简工作不仅无法顺利进行，甚至会引起社会的动乱。安置工作主要包括发放资金补贴和安排被精简人员的生产生活两大问题。1959 年初次精简城镇人口时，市劳动局在这两方面都作了相关的规定。在资金方面，单位不仅按工作时间给职工结算工资，而且还负责路费的支出。市劳动局规定，关于工资问题，对于

---

① 《关于处理不适合在企业工作的人员的政策界限》，1959 年 8 月 19 日，北京市档案馆藏，档案号：110–001–01068。

被处理的合同工，按其工作天数发放工资，工作不够半个月的发半个月工资，半个月以上的则发全月工资；对于不适合在企业工作的 1958 年新吸收的固定工、学徒工，处理时按《国务院关于工人、职员退职处理的暂行规定（草案）》发放待遇。关于路费问题，对于外地的合同工、临时工，可按实际需要发放路费；对于五类分子和严重违犯劳动纪律被清洗的职工，原则上不发放路费，但回乡确实有困难的，可适当解决一部分或全部。① 关于生产生活的安排问题，市劳动局规定，被精简人员应首先与各接收地取得联系，凡属本市人员要与街道办事处取得联系，属于农村的人员与其原籍人民委员会和人民公社取得联系。为了掌握各单位被精简人员的安置情况，各区县劳动部门应建立相应的制度，并尽可能组织他们参加街道生产。对于人数比较集中的大工厂，可以扩大原有家属生产组织，安置被精简人员，参加副业生产。② 盲目流入城市的农民被动员还乡后，郊区各人民公社根据中央的指示，对其生产和生活进行了全面的安排，调整了白薯面供应过多的社、队的粮食和薯面的供应比例。流出人数较多的区、县的党政领导干部亲自接见还乡农民，对他们的还乡表示欢迎。回乡农民对公社的各项安排大都很满意，到 1959 年 4 月，市郊区农民进城的现象已停止。总之，合理的安置政策既是安抚被精简职工情绪的有力措施，也是维护社会秩序稳定的有效手段。

1958 年全国各领域掀起的"大跃进"运动，尤其是工业领域的高指标，导致各地大肆招工、城镇人口迅速膨胀，给城市粮食供应等带来巨大压力。相应地，农村劳动力流失又导致农业生产大幅度下

① 《通知》，1959 年 8 月 19 日，北京市档案馆藏，档案号：110–001–01068。

② 《关于处理不适合在企业工作的人员的政策界限》，1959 年 8 月 19 日，北京市档案馆藏，档案号：110–001–01068。

滑，对城市的粮食供应也难以完成。这是学术界解释 60 年代初城镇人口精简最常用的逻辑。实际上，粮食问题确实是城镇人口精简最直接的原因。但是，从 1959 年精简城镇人口来看，当时粮食问题虽然紧张，但尚未紧迫到无法控制的地步。1959 年初期控制农村人口盲目流向城镇，更重要的还是它造成了城乡之间的对立、搞乱了劳动组织、影响到农村和农业的稳定、给城镇社会管理带来不稳定因素等严重问题，实质上是影响到社会主义制度的计划性和控制力尤其是社会稳定。

从北京市来看，各部门各领域私自招工，主要通过三种途径：一是发动本单位职工写信或通过亲友、老乡关系串联招工，或采取公开、半公开方式登记招收盲目流入本市的农民。比如第二建筑工程公司于 1958 年 11 月 22 日进行公开登记招工，共招收约 200 人，登记条件是：只要有行李就行。这些人 60% 以上没有任何证明，有的从新都砖瓦厂、石景山钢铁公司跳厂来的，有的是从农场新来的，有的是民政局曾经组织参加劳动，挣够路费即应回乡的流入城市的农民。[①] 二是以批准招收职工家属为名，私招本市和外地人员。如北京电子管厂 1958 年批准增加工人 5234 人，截至 1958 年 12 月共招收 5989 人，超过批准人数 755 人。该厂在原有 40 多名修缮工人基础上，成立了基建大队，现有工人 579 人，其中 1958 年自行招收的就有 479 人。[②] 对于北京市私招工人的情况，据不完全统计，1958 年 7—12 月共私招工人 50708 人，以基本建设单位最为严重。厂矿企业私招现象也很普遍，市属几个主管工业局私招了 1967 人。[③] 三是以提高工资待遇等条件挖其他单位在职工人。

① 《北京市重要文献选编（1958）》，中国档案出版社 2003 年版，第 971 页。
② 《北京市重要文献选编（1958）》，中国档案出版社 2003 年版，第 971 页。
③ 《劳动力的情况和问题》，1959 年 2 月 2 日，北京市档案馆藏，档案号：110–001–01067。

仅 1958 年 12 月至 1959 年 1 月中旬，市劳动局收到单位检举挖用在职工人和工人跳厂的案件就有 74 件，涉及 99 个单位 353 人，其中本市企业之间互挖的 86 个单位 292 人，本市企业挖用外省市企业的 13 个单位 61 人。[1]

这三种途径，造成了城乡之间、北京与其他地方之间、北京企业内部之间三重关系的紧张。在高度集权的计划经济体制下，条条块块各有分工，并以此维持相对平衡与稳定。新中国成立后逐渐建立起一套完整的城乡户籍管理制度，这在加强社会控制、维护社会稳定方面发挥了重要作用。农村人口大规模流入城市，引起严重的城市治理问题，对社会控制和稳定造成冲击。流入城镇的农民"白天就跑'人市'、工地找工作，或到劳动局、民政局要求介绍工作"，"有的甚至偷窃行骗，有的还准备到国务院请愿"[2]，严重影响社会治安。中国作为一个农业国，向来将农业作为基础，"农业稳，天下稳；农民安，天下安"。1958 年比 1957 年增加的 2082 万职工中，从农村招收的就占 1104 万人。[3] 而且招收的这些农村人员，都是农村的精壮劳动力。1000 多万精壮劳动力的流出，对农业生产是很大的打击。这种局面如果得不到控制，那将严重影响到农业在整个国民经济中的基础地位，成为严重的不稳定因素，加剧城乡之间的矛盾。"大跃进"将原有平衡打破所引发的不稳定和混乱，是中央和北京市委最担心的问题。因此，中央下发的处理农村人口大量流入城市的文件，一再强调流入城市的农民需得到大队和公社证明、经得当地社队同意，强调主要从北京市内部和城市内部解决招工问题，努力避

---

[1] 《劳动力的情况和问题》，1959 年 2 月 2 日，北京市档案馆藏，档案号：110-001-01067。
[2] 《北京市重要文献选编（1959）》，中国档案出版社 2004 年版，第 82 页。
[3] 《1958—1965 中华人民共和国经济档案资料选编（劳动就业和收入分配卷）》，中央财政经济出版社 2011 年版，第 33—34 页。

免城乡矛盾和企业之间内部矛盾以及地区矛盾。对于在职职工的处理更为棘手，精简职工阻力很大，容易引发社会矛盾。但是，随着工业指标下降引发劳动力富余，尤其是面临粮食供应紧张等现实压力，中共中央和北京市两害相权取其轻，从经济社会发展和长期稳定角度考虑，最终也只能痛下决心采取精简政策。

实际上，对于城镇人口膨胀引起的社会关系紧张，当时的内部报告有生动而深刻的表述。"首先是对于生产的发展不利。不少乡、社反映，其劳动力外流达到百分之四十至五十，以致今年的庄稼在地里无人收拾；有些乡、社被招走的人员中有相当一部分是乡、社干部，他们一走，也使生产管理陷于混乱。对于被挖走职工的企业，特别是小企业影响也很大"，"就被迫停止了生产"。"其次是对城乡互助不利。许多乡、社干部和农村群众，对于企业私自到农村招工影响农业生产，非常不满，他们为此而到处奔走申诉。有的甚至采取报复办法，如扣发被私招人员的家属口粮，处分、吊打被私招人员的家属。因此，这些家属惶惶不安，哭哭啼啼，有的到用人单位去要其亲人回家，有的跑到劳动部门哭闹，要求帮助他们要回亲人。影响极为不好。第三，在工资福利待遇制度上造成混乱，并且助长某些职工个人主义、经济主义思想的滋长。由于挖工单位采取抬高工资待遇挖诱职工的办法、言辞，使职工的工资福利待遇人为地造成许多混乱现象，有不少原来思想就不健康的工人，也不安心于生产，积极想办法、找门路跳厂，甚至故意违反劳动纪律，以达到跳厂的目的。有的则向企业行政提出增加工资、提高待遇等不合理要求，说什么'我有技术到处一样吃饭、干活'，达不到目的则辞职不干，或者就干脆不辞而别。有的学徒被挖走后，收入剧增数倍，拿到钱后，乱花一气，也有不好的影响。第四，由于私招乱挖常常是不问政治条件，因此就给坏分子混入企业内部造成可乘之机。"① 这个报告将城镇人口膨胀的弊端归结为破坏农业生产、造成城乡紧张、造成工人队伍不稳定、影响社会治安和城市管理，就是从深层次的社会控制力和稳定性进行解析的。

第三节　北京市大规模精简城镇人口的必要性

1959年庐山会议的"转向"是精简城镇人口的分水岭。由于反右倾斗争的开展，"大跃进"运动再次掀起，一度得到控制的农村人口大规模入城和私招乱雇现象再度泛滥，从而导致城镇人口的膨胀一发不可收拾。因为1958年的"大跃进"运动已经严重破坏了国民经济发展，国民经济结构的失调更加严重，经济中可缓冲困难的周旋余地越来越小，1959年的再次跃进，使经济社会发展难以为继，严重的经济困难局面不可避免地出现。城镇人口急剧增加带来的恶果，最终不得不以大规模精简城镇人口等"断然措施"来解决。

一、城镇人口再次膨胀

1959年的庐山会议中断了纠"左"的进程。中央认为，1959年的跃进是一个波浪式的曲折发展过程，由于纠"左"，六七月出现了一个小马鞍形。为了避免大马鞍形的出现，必须反右倾、鼓干劲，使国民经济继续跃进。在鼓干劲、继续国民经济"大跃进"的口号下，全国新的跃进高潮于1959年下半年再次泛滥起来。北京市自从7月中旬召开大会，反"松劲情绪"和"右倾保守思想"以后，全市各个生产战线上已经出现新的高潮。1959年8月7日，中央发出《中共中央关于反对右

---

① 《1958—1965中华人民共和国经济档案资料选编（劳动就业和收入分配卷）》，中央财政经济出版社2011年版，第169页。

倾思想的指示》。8 日，北京市委下发关于立即贯彻执行中央《中共中央关于反对右倾思想的指示》的紧急通知，要求各级党组织要以中央的指示精神进行检查，彻底批判和克服某些干部中的右倾思想，进一步发动广大干部群众的积极性，迅速地加紧增产节约的实际行动。8 月 18 日，北京市副市长贾庭三作了《反右倾，鼓干劲，掀起增产节约运动的新高潮》的讲话，要求立即放手发动群众，开展反右倾、鼓干劲的群众运动，以掀起新的生产高潮，实现全面的更大的跃进。随后，北京市委要求全市工业、农业、商业、交通运输以及文化、教育、卫生等各条战线开展反右倾斗争，使"左"倾思想和实践再度发展起来。

（一）工业指标再度飙高，农村人口再度大量进城

1959 年下半年，在强大的政治压力下，各地区各部门对一些生产指标层层加码，把原先已经降低的指标又提高上来。在基本建设方面，基建投资总额占国民收入的 44%，比基建规模急剧膨胀的 1958 年还多 80.7 亿元。随着基建规模的扩大，职工队伍也急剧扩大，到 1959 年年底共新增 536 万人；全国职工总数达到 4561 万人，比 1958 年年底还多 29 万人。在农业生产方面，中共中央提出 1959 年的农副业总产值比 1958 年增加 15%，使农业在特大的旱涝虫害的侵袭下，仍能实现"大跃进"。然而，1959 年的农业生产不仅没有跃进，反而大幅度减产，出现了新中国成立后从未有过的大滑坡。在工业方面，全国工业生产会议要求第四季度完成工业总产值 486 亿元，保证全年完成 1600 亿元，比调整后的指标超过 130 亿元，比 1958 年增长 37%。[①] 经过"蛮干"，到 1959 年年底，主要工业产品的产量虽超过原定计划指标，但国民经济比例进一步失调。

---

① 《中华人民共和国史稿（1956—1966）》第 2 卷，人民出版社、当代中国出版社 2012 年版，第 121—122 页。

对于 1959 年下半年的"大跃进"造成的问题，中共中央并没有给予应有的重视。进入 1960 年后，中共中央决定继续搞新的"大跃进"运动。1960 年 1 月，《人民日报》发表《开门红，满堂红，红到底》的社论，号召 1960 年自始至终都要"跃进"。1960 年的国民经济计划确定了比 1959 年更高的指标。按照中央的部署和要求，全国很快掀起了 1960 年经济建设的"大跃进"。1960 年的"大跃进"把"左"的错误发展到一个新的高峰。

在全国"反右倾""鼓干劲"的气氛下，北京市工农业生产指标也不断加码，开始了更大规模的跃进，基本建设和工农业生产都提出了不切实际的高指标。为了完成生产任务，大量增加劳动力是当时最为可行的办法，但是大量的京郊农业劳动力转向从事工业、基本建设和水利工程等，严重影响了农业生产。同时为了保证进城农民温饱问题，粮食供应更加紧张。

在这种情况下，北京市对 1960 年的经济发展仍然提出过高的指标，要求钢产量达到 54 万吨，比 1959 年增长 42%；铁产量达到 100 万吨，比 1959 年增长 18%；钢材产量达到 38 万吨，比 1959 年增长 51%；原煤产量达到 780 万吨，比 1959 年增长 16%；发电量 23 亿—24.5 亿度，比 1959 年增长 12%—19%；水泥产量达到 72.8 万吨，比 1959 年增长 24%。[①] 这些完全脱离实际的高指标对北京市工农业的生产造成很大的破坏。

为了完成工业的跃进，1959 年 10 月 7 日，中共北京市委建筑工程部和市城市建设委员会召开全市建筑、市政企业再跃进大会，号召以快速施工为纲，大搞群众运动。中共北京市委也召开干部会，专门讨论小

----

① 《中国共产党北京历史》第二卷，北京出版社 2011 年版，第 241 页。

炉土法炼钢。会后，东城、西城、宣武、崇文等区专门成立钢铁办公室，布置小炉炼钢事宜。10 月 19 日，首都生产建设战线上的 6200 多名先进单位的代表和先进生产者在人民大会堂举行誓师大会，提出力争提前超额完成全年计划。30 日，北京市委召开水利建设运动广播大会，号召全民动员，掀起一个更大的水利建设高潮。

为了满足需要的劳动力数量，12 月 15 日，北京市委向中央报送了《关于劳动力使用情况的报告》，指出："由于事业的发展，新建、扩建的企业、科学、文教、卫生等部门需要增加一些人。"[①]12 月 25 日，北京市委又发出《关于动员 1 万农民支援首都基本建设的通知》，这就打开了农民大规模涌入城市的"阀门"，不少单位趁机又开始私招工人，农民实际进城人数远超过计划人数。

（二）建立城市人民公社，导致职工队伍扩张

城市人民公社的成立不是偶然的，而是经济和政治发展的产物。1958 年全国掀起的"大跃进"和全党全民办工业的热潮，使城市、农村都出现了劳动力紧张的情况；同时，城市广大家庭妇女也要求摆脱琐碎的家庭事务，参加社会劳动和社会主义建设。这就要求用新的形式来组织人民的生产和生活，城市人民公社应运而生。

城市人民公社"实际上是以职工家属及其他劳动人民为主体，吸收其他一切自愿参加的人，在党委领导和职工群众的积极赞助下组织起来的。它是以组织生产为中心内容，同时组织各种集体生活福利事业和服务事业"[②]。早在 1958 年 6 月，全国范围内就出现了城市人民公社的萌芽，如北京石景山的"家属生产服务社"。中共八届六中全会肯定了城市人民公社将成为改造旧城市和建设社会主义新城市的工具，但不提倡

---

① 周一兴主编：《当代北京大事记（1949—2003）》，当代中国出版社 2003 年版，第 145 页。
② 《建国以来重要文献选编》第十三册，中央文献出版社 2011 年版，第 52—53 页。

大量兴办。1960 年 3 月 9 日，中共中央发出通知，要求各地采取措施推广和建立城市人民公社，全国城市要在上半年普遍试点，下半年全面推广。中央指示下达后，在全国农村人民公社运动高潮的影响下，全国不少城市都陆续建立了人民公社。据全国总工会统计，到 7 月底止，全国 190 个大中城市中，已经建立 1064 个人民公社，参加公社的人口达 5500 多万人。[1]

北京市建立人民公社的速度也非常快。仅 1959 年一年，北京市先后办起 796 个街道工厂，全市 16 岁到 60 岁没有职业的街道居民有 75% 被组织起来，其中 21 万人参加工业生产[2]，这都是城市人民公社的重要基础。到 1960 年 4 月，全市的城市人民公社共有生产服务单位 17380 个，生产服务人员 265793 人，其中生产人员 190216 人，生产单位 5398 个，成型工厂 860 个，工厂生产人员 108357 人。[3] 城市人民公社不仅兴办了很多街道工业，还兴办了各种集体生活组织，比如公共食堂、托儿组织、敬老院等。城市人民公社对工业化有一定意义。城市人民公社所组织的街道工业生产，北京市 1958 年总产值是 1.2 亿元，1959 每月达 5000 万元，超过任何一个区的地方国营企业产值。[4] 同时，城市公社化彻底解放妇女劳动力，甚至半劳动力也投入了社会生产，支援了工业建设。但是城市人民公社吸收了大量的家庭妇女、职工家属、小商小贩等，这些人员成为公社企业的职工，严重加剧了职工队伍的

---

[1]　房维中：《中华人民共和国经济大事记》（1949—1980），中国社会科学出版社 1984 年版，第 266—267 页。

[2]　《首都街道工业星罗棋布万紫千红，给城市人民公社奠定重要基础》，《人民日报》1960 年 4 月 14 日。

[3]　《关于城市人民公社贯彻中央关于缩短工业战线、减少城市人口的指示的意见》，1962 年 6 月 12 日，北京市档案馆藏，档案号：001-028-00037。

[4]　《1958—1965 中华人民共和国经济档案资料选编（综合卷）》，中国财政经济出版社 2011 年版，第 92 页。

扩张。

（三）教育系统等的跃进，大量增加城镇人口

除此之外，教育等领域也再次掀起跃进高潮。1960 年，国家计委党组要求三年内基本完成扫除青壮年文盲和普及小学教育，有计划地发展普通中学和中等专业教育，大力发展高等教育和业余教育。1960 年 10 月 22 日，中共中央发布《关于增加全国重点高等学校的决定》，要求全国重点大学从 20 所增加到 64 所，北京地区从 10 所增加到 26 所。[①] 到 1960 年年底，全市在校学生 151 万人，比 1959 年增加 13.6%。[②]

经过新一轮的"大跃进"，北京市城镇人口的增长速度与庐山会议前"大跃进"时的增长速度相比，有过之而无不及。到 1960 年年底，北京市城镇人口达 463.3 万，比 1957 年年底增加 128 万人，其中常住人口增加 134.9 万（包括新划入的九县一市城市人口 21.4 万，自然增长 31.8 万，城市人口迁入迁出相抵，净增加 81 万多人），远远超过"1967 年把城市人口控制在 400 万至 420 万人以内"的人口规划目标。[③] 其中，全市职工中全民所有制单位增加职工 59.72 万人，包括从农村招收 18.91 万人，从城市招收 16.82 万人，自行招收流入城市的农民 1.66 万人，分配复员军人 6.32 万人，分配学生就业 4.15 万人，外省市调入 5.07 万人，非全民所有制职工转为全民所有制职工 6.79 万人。[④] 从这些数据可看出，增加的职工大部分是从社会上招收而来。城镇人口的急速增长，不仅不利于正常的生产和生活，而且严重破坏了社会的经济秩序。

---

① 周一兴主编：《当代北京大事记（1949—2003）》，当代中国出版社 2003 年版，第 158 页。

② 《北京市重要文献选编（1961）》，中国档案出版社 2005 年版，第 948 页。

③ 《中国共产党北京历史》第二卷，北京出版社 2011 年版，第 245 页。

④ 北京市地方志编撰委员会：《北京志·综合经济管理·劳动志》，北京出版社 1999 年版，第 90 页。

二、城镇人口膨胀引起市场供应紧张

新的"跃进"实行半年后，国民经济出现严重的困难。由于工业基建等系统的快速发展和职工人数骤增，社会需求急速上升和物资供应不足的矛盾已相当突出，市场供应日趋紧张，全国城乡居民的生活水平明显下降，进入了经济生活的严重困难时期。其中，最明显的是粮食供应问题。

（一）城镇人口的膨胀，导致粮食消费量增加

由于"大跃进"期间工业、基建等系统都大上项目，急需大量的劳动力，工人、农民，甚至城市街道妇女，凡是能劳动的人都参加了劳动，城市吃粮人口迅速增加，尤其是几千万壮劳动力大搞水利工程建设，大大增加了粮食的消费量。郊区一个农业劳动力在公社食堂平均一个月吃 30 多斤原粮的，到密云水库一个月就得吃 56 斤商品粮。

另外，城市工矿区人口增加，城市和行业用粮也随之增加。由于"大跃进"，许多从事农业生产的劳动力变成城镇职工，搬到城镇居住。1960 年 6 月底城镇人口比 1957 年年底实际增加 95 万人，人口的增加带来的是粮食消费量的增加，1959—1960 年，北京城市售粮 25.6 亿斤，比 1957—1958 年度增加了 8 亿多斤。[①] 然而，粮食的消费量并不与粮食的生产量成正比。1959 年和 1960 年两年的粮食产量逐年下降，1960 年尤其严重，这使得市场供应雪上加霜。粮食减产是由多种原因造成的，虽然"大跃进"期间"五风"的盛行给农业生产带来极大的破坏，但当时的农业劳动力的流失和自然灾害也是不可忽视的原因。

---

① 《北京市重要文献选编（1960）》，中国档案出版社 2004 年版，第 780 页。

（二）农业生产受到影响，粮食产量下降

"大跃进"使大量农村人口涌入城市，导致农业劳动力严重流失，影响农业生产。1960年，北京市从事农业生产的劳动力只占农村总劳动力的63%。劳动力的去向主要有四种：

一是水利建设占用的劳动力过多。1959年冬到1960年春最多时有30万人离开公社参加水利建设，而且都是壮劳动力，留在农村的农业劳动力比较弱。大办水利占用的劳动力过多，从而大量减少了农业劳动力。

二是一部分劳动力转入工业。"大跃进"以来，郊区转入城市工业的青年有七八万人，还有一批人搞运输等，为基本建设服务。

三是教育事业迅猛发展，使大量能劳动的中学生和高小学生脱离了农业生产。东坝一个镇5万人，就有5个中学、24个小学，有学生1.6万人。

四是保育员、炊事员、卫生员、招待员等占用了大批青年。县委机关和其他许多机关勤杂人员多半是青年人，城市大饭店服务员也有很多青年人。另外，有些农村的运输力量也进城务工，甚至拖拉机不用来耕地，而是出去拉买卖赚钱，不搞农业生产。①

同时，1959年和1960年又是北京自然灾害相当严重的两年。1959年北京遭遇历史上少见的严重干旱、频繁风雹和特大雨涝。1959年3月下旬至6月中旬严重干旱，山区耕地和小麦都受到影响；六七月间，先后遭到7次较大风雹袭击，近30万亩农作物被刮倒；7—9月又遭遇特大雨涝，全郊区有250多万亩农田受灾，占农田总面积的三分之一。1960年的自然灾害仍然十分严重，3—5月正值春播时期，但降雨量比往年少一半；8月遇秋旱，平谷、顺义、延庆、房山部分山区又遭到雹灾、风灾，近郊菜区受到比较严重的病虫害威胁；②7—10月，城市和工

---

① 《北京市重要文献选编（1960）》，中国档案出版社2004年版，第784—785页。
② 范瑾等主编：《当代中国的北京》（上），中国社会科学出版社1989年版，第152页。

业用水以及农田抗旱急需，官厅水库在死水位以下运行供水，长达三个月之久。全市粮田受灾面积达 81 万亩。①

由于"大跃进"和自然灾害的双重影响，北京市粮食产量锐减，总产量由 1957 年的 7.8 亿公斤下降到 1959 年、1960 年的 5.5 亿公斤。②1960 年 2 月以后，由于中央计划调入粮食不到位，北京市粮食库存一度再减少。4 月底库存为 3.1 亿斤，比 1959 年 12 月底的 5.4 亿斤减少 2.3 亿斤，比 1959 年同期的 6.1 亿斤减少 3 亿斤。5 月全市预计需要销售粮食 2.9 亿斤，而中央粮食部安排的粮食调入计划只有 2.2 亿斤，截至 5 月 23 日只调入 9500 万斤，库存又下降为 2.2 亿斤，仅够一周的销售量，③7 月，全市库存竟降低到不到 3 天的销售量。

为了应对粮食紧缺的严重局面，1960 年 10 月 8 日，中共北京市委批发市粮食局党组《关于 1960 年至 1961 年度粮食安排的报告》。北京市委指出，为了节约备荒，必须立即从各个方面压缩粮食的销量，坚决把 1960 年到 1961 年度北京市的粮食销量控制在中央确定的 23.5 亿斤以内。④除了控制粮食销量以外，北京市一方面连续向中央告急，请求增调粮食；另一方面进一步降低粮食定量标准。"除饮食业、糕点业、酿造业用粮要大大压缩外，口粮标准必须大大降低，每人每月平均要压 3 斤。"⑤从 1960 年 7 月开始，郊区农村口粮标准逐月下降，7 月为 28.66 斤，9 月为 27.35 斤，10 月为 25.5 斤，比 7 月下降 13.18%。⑥同时，还

---

① 北京市地方志编纂委员会：《北京志·自然灾害卷·自然灾害志》，北京出版社 2012 年版，第 152 页。

② 范瑾等主编：《当代中国的北京》（上），中国社会科学出版社 1989 年版，第 152 页。

③ 《北京市重要文献选编（1960）》，中国档案出版社 2004 年版，第 491 页。

④ 周一兴主编：《当代北京大事记（1949—2003）》，当代中国出版社 2003 年版，第 157 页。

⑤ 中共北京市委《刘仁传》编写组：《刘仁传》，北京出版社 2000 年版，第 408 页。

⑥ 《北京工作组报告第一号》，1960 年 10 月 26 日，北京市档案馆藏，档案号：001-014-00614。

发动群众运用各种方法减少粮食的消费。比如周口店、怀柔等七个区县收集家菜野菜晒干储备，怀柔县城关公社在抓征购入库的同时，把口粮安排按照忙闲季节逐月安排，每天粮菜混吃，并向群众讲明冬季少吃，节约下来的粮食到明年农忙时再多吃一点。有的区还发动食堂改进做饭方法，以节约粮食。如大兴区白塔大队实行水磨玉米增量法后，节约粮食 10%以上。又如通州区大兴庄食堂蒸馍头用开水和面并掺菜混吃，每月每人平均吃粮才合 25 斤左右。[①] 但这些方法都只是隔靴搔痒，对缓解粮食危机所起到的作用很有限。由于粮食和副食品等供应不足，从 1960 年起，北京市民出现了营养不良造成的浮肿等疾病。疾病的流行致使北京市的死亡率逐年上升，1960 年死亡率为 9.14‰，1961 年死亡率为 10.8‰。[②]

三、机构臃肿，非生产人员过多

"大跃进"以来，随着生产规模的扩大，机关单位的规模也越来越大。不少机关盲目扩大规模，使本处于生产第一线的基层干部集中到领导岗位，造成非生产人员过多，机构臃肿。

（一）机构借机扩张，干部职工增多

1957 年，北京市仅有 5 个市级行政单位在局下面设 12 个处，其他单位都是局、科两级，到 1960 年有 17 个单位共设 59 个处。例如，物资供应局原来没有设处，1960 年时已经有 5 个处，并且将科都改成处，共设 11 个处，由 185 人增至 279 人。[③] 摊子越大，导致人员

① 《北京市重要文献选编（1959）》，中国档案出版社 2004 年版，第 861 页。
② 北京市统计局编：《北京 50 年》，中国统计出版社 1999 年版，第 54 页。
③ 《人事局、劳动局关于精简机构、紧缩编制、充实基层、下放干部参加生产劳动的意见》，1960 年，北京市档案馆藏，档案号：125-001-00315。

越多。

截至 1960 年年底，北京市百人以上的局有 22 个。其中，200 人以上的 3 个局，180 人以上的 4 个局，150 人以上的 3 个局。1958 年以来，人员增加 50% 以上的有 13 个单位，其中增加 70% 以上的有 8 个单位，增加最多的是冶金局，人员增加了一倍半，建材局人员增加了一倍。建工局材料处 1958 年 30 余人，1959 年冬增至 110 人，1960 年年初分出企业科和调出一些人外，还有 67 人，该处计划科共有 49 人，6 个科长，处内还有 2 个秘书，1 个护士。

临时机构和借调干部也较多，而且时间很长，变成变相增设机构和增加编制。据 1960 年 7 月对 36 个市级行政单位的统计，有 19 个单位设有临时机构 40 个，有 21 个单位共借调干部 438 人，相当于这些单位干部总数的 17.1%。①

（二）人浮于事，影响工作效率

在机构的设置上，层次过多，反而造成效率低下。以建工局为例，建工局在机构设置上，有千篇一律的偏向。不论生产任务和其他客观情况，大部分实行三级管理。有的工程很集中，在一个大的施工现场，也设立工程处，工程处下边再设一个或者两个工地，造成层次过多，解决问题不及时和上下扯皮。

在各公司的区域划分上不清不楚，犬牙交错、上大下小、头重脚轻的情况严重。工程处、公司设的职能部门过多，分工过细，而工地则比较薄弱，工程处反映公司头多，工地反映对工程处应付不暇，下边抱怨上边不能给解决问题，上边抱怨下边情况反映上不来。在干部配备上，上边多，下边少，上边强，下边弱。工程处以上各级干部和附属单位的

① 《人事局、劳动局关于精简机构、紧缩编制、充实基层、下放干部参加生产劳动的意见》，1960 年，北京市档案馆藏，档案号：125-001-00315。

干部共 5957 人，占干部总数的 56.4%，而生产前线的干部只占 46.5%。一般土建公司本部的干部都在 200 人以上，建工局五公司工地的干部只占干部总数的 40%。① 又如北京电子管厂，该厂本来是三级管理制，即总厂、分厂、车间（工段），可是现在形成七级管理制，即总厂、分厂、车间、大组、班、小组。工人说："过去一个车间主任或者一个工段厂就能解决问题，现在人多反而不解决问题。"②

机构臃肿必然会带来劳动力浪费的问题。如北京市石景山钢铁公司，该公司试验厂一个车间的 195 名工人中，有 7 人是专门打水、扫地、热饭的杂工；运输部原料站根本就没有修建任务，但是也成立了一个 20 余人的修建队；公司还特意从农村招了一些新工种，比如"喇叭工"，全公司像这种经常脱产出来吹喇叭搞演出活动的就有 150 余人。该公司的电机厂原先由 15 名维修工人负责 500 部电话，后来增加到 77 名维修工人负责 1000 部电话，工作量翻一倍，人员却增加 4 倍。③ 又如石钢公司，1960 年职工达 51963 人，其中非生产人员占职工总数的比例达到 18.96%，非生产人员中仅宿舍管理、炊事、勤杂人员就有 3923 人。食堂的炊事员平均每人只供应 30 人吃饭，供应系统的一个 50 多人吃饭食堂，却用着 5 名炊事员。而且，工人工时利用不充分，劳动纪律不严，窝工、停工、缺勤现象严重。④

在严峻的形势下，中共中央逐渐意识到由"大招工"导致城镇人口

---

① 《关于现有机构设置和紧缩机构的初步意见》，1960 年 12 月 12 日，北京市档案馆藏，档案号：125–001–00041。
② 《关于工业企业劳动力浪费现象的主要表现综合报告（稿）》，1960 年 12 月 16 日，北京市档案馆藏，档案号：110–001–01162。
③ 《北京市重要文献选编（1961）》，中国档案出版社 2005 年版，第 166—168 页。
④ 《关于工业企业劳动力浪费现象的主要表现综合报告（稿）》，1960 年 12 月 16 日，北京市档案馆藏，档案号：110–001–01162。

膨胀带来的问题。为了恢复和发展粮食生产，缓解粮食危机，中央决定再次精简城镇人口。从 1960 年开始，一场大规模的城镇人口精简工作开始酝酿和启动。

第二章
精简城镇人口工作的大规模开展

"大跃进"和人民公社化运动对农业生产的破坏十分严重。为了解决日益严重的粮食问题，从中央到地方采取了调运粮食、压缩农村和城镇口粮标准、"瓜菜代"、进口粮食等种种措施，但都无法从根本上解决粮食问题。严重的经济形势，迫使中共中央对"大跃进"以来的教训进行了深刻反思，对经济政策进行大规模的调整。大规模精简城镇人口的决策，就是在这个过程中作出的应对粮食问题的最重要的措施之一，也是各种措施中社会影响大、政策贯彻难度高以及涉及几千万个家庭方方面面的最复杂的政策问题。这次大规模精简，作为一项事关全局的大政策，从中央到地方都高度重视，国务院总理、副总理亲自抓，各部门、各省区市也是由主要领导人负责。从 1960 年到 1963 年，北京市根据中共中央的政策精神，大规模精简城镇人口，大致经历了酝酿、初步开展、高潮和扫尾四个阶段。每个阶段根据精简工作出现的问题，采取了针对性措施，展现出不同特点。北京市精简城镇人口工作不仅基本呈现出精简工作的历史发展脉络和阶段性特点，而且体现了地方贯彻中央决策过程中遇到的问题和形成的特色。

第一节 精简城镇人口的酝酿阶段

1960 年 5 月，"大跃进"造成的工业用工和农业用工之间的劳动力矛盾，再次引起中共中央的重视。《中共中央关于农村劳动力安排的指示》明确提出："由于基本建设工程浩大，需用劳动力逐步增多，农村的劳动力，特别是青壮年过多地投入了基本建设前线，以致后方有些空虚。在田间生产和多种经营方面，就出现了劳力紧张的局面"，因而对农村劳动力人数作了硬性要求，并指出："今后扩大基本建设，不是要增加人，而是要减少人。"[①]8 月 10 日、14 日，中共中央连续发出《关于全党动手，大办农业，大办粮食的指示》和《关于开展以保粮、保钢为中心的增产节约运动的指示》，第一次提出要大量精简非生产人员，充实生产战线；强调解决劳动力问题是保证粮食生产的关键，要挤出劳动力加强农业战线，"立即从县和人民公社着手，充分发动群众，从各个方面实行精减"，"合同工和临时工应该精减一批回农村生产"，"坚决动员盲目流入城市的人口回农村去"[②]；要求精简工厂中的非直接生产人员，组织精简下来的人员回农村生产，加强粮食、钢铁生产战线。20日，中共中央又发出紧急指示，指出："清出一切可能的劳动力去加强农业生产，是目前一件很迫切的事情，务必迅速动手，抓紧进行。"[③]

由于"大跃进"运动，造成机关单位和科研单位机构臃肿，非生产人员过多，人浮于事。从 1960 年 7 月开始，中央机关率先开展人员精简工作，并成立了以习仲勋为首的中央国家机关精简领导小组。8 月 14

---

① 《建国以来重要文献选编》第十三册，中央文献出版社 2011 年版，第 337—339 页。
② 《建国以来重要文献选编》第十三册，中央文献出版社 2011 年版，第 457—458 页。
③ 《建国以来重要文献选编》第十三册，中央文献出版社 2011 年版，第 482 页。

日，针对行政机关和企业机构臃肿的问题，中共中央强调要再次大量精简非生产人员以充实生产战线。9 月，习仲勋向中共中央报送了《关于中央各部门机构编制情况和精简意见的报告》，提出精简人员的办法，主要是坚决撤销可有可无的机构、精简以事业单位为重点、把任务重复和不合理的机构进行适当的调整和精简、把精简下来的人员及家属下放到基层以加强农业生产第一线。① 随后，中共中央批转习仲勋的报告，认为大力实行紧缩机构和精简人员是加强工农业战线的重要步骤，并决定成立中央精简干部和安排劳动力五人小组，由安子文、习仲勋、马文瑞、钱瑛、刘仁组成，统一领导精简工作。

1960 年 9 月 26 日，国家计划委员会党组和劳动部党组向中共中央作了《关于当前劳动力安排和职工工资问题的报告》，提出精简城镇人口的 10 条措施，主要有：（1）农村人民公社劳动力的安排使用，要坚决削减非直接从事农业生产人员的比重，增加从事田间劳动人员的比重，保证在农忙季节参加农业生产的至少达到农村劳动力总数的 80%以上；（2）三年至五年内，一切企业、事业和机关都停止从农村招工。为了协调工农收入的关系和利于制止农民自由流入城市，有些地方必需继续留用的临时工、合同工的工资过高的应该降低。基本建设部门精简的主要对象是新工人、临时工、合同工及筹建机构的人员；（3）必须坚决精简各类企业的非生产人员和服务人员，制定先进的定员标准。企业搞副食品生产时，如果必须使用一部分专职人员时，应主要利用现有职工中年老、体弱者及职工家属，不得从社会上招用；（4）精简事业单位和机关人员，学校办工厂也应主要依靠学生和教职员的劳动，尽量少用专职职工；（5）精简出来的人员都应给以妥善安置，动员被精简人员回

---

① 《建国以来重要文献选编》第十三册，中央文献出版社 2011 年版，第 510—511 页。

农村或是调剂到厂矿生产第一线，回乡参加生产的人员一律按照农村人民公社社员待遇，不保留原工资；（6）从城乡两方面制止农民自由流动，对于自由流动的农民，一律动员回乡；（7）今明两年增加新职工，只限于安排大中专、技工学校毕业生、少数复员军人及培养新技工所必需的部分学徒，如果一些重点和新建企业必须补充部分劳动力，应依靠开展技术革命和节约使用劳动力，从现有职工中调剂解决；（8）各类中小学应控制有劳动能力的青年入学；（9）城市人民公社和街道办的企业、事业，要着重整顿劳动组织，一定时期内不再增加人员；（10）加强经常的劳动力管理工作，各方面用人必须按照国家批准的劳动计划办事，严禁私招和挖工，并进一步贯彻实行工资基金管理、户口管理和粮食管理工作。[1] 随后，中共中央转发了该报告，在转发通知中指出，该报告提出的各项措施是正确的，希望各省布置执行。

为贯彻落实中共中央的精神，北京市于 1960 年 9 月 25 日成立北京市委精简领导小组，其任务是负责对北京市的机关、团体、企业、学校、农村的领导机构编制和干部队伍进行整顿和精简工作。领导小组的成员有：万里、佘涤清、贾星五、刘涌、任彬，组长为万里，开始着手新一轮大规模精简城镇人口的工作。

1960 年 7 月，北京市委发出《关于城市支援农村、工业支援农业的情况和当前任务的报告》，指出："当前农业的主要矛盾是劳动力不足……要把农村中除农业以外其他方面可以抽调出来的劳动力，都抽出来，加强农业生产的第一线。"[2]9 月，刘仁在《关于当前国内政治经济形势的报告提纲》中，对北京市精简城镇人口的目标、主要原则和措

---

① 《建国以来重要文献选编》第十三册，中央文献出版社 2011 年版，第 528—531 页。

② 北京市地方志编撰委员会编：《北京志·农业卷·农村经济综合志》，北京出版社 2008 年版，第 539 页。

施进行了详细阐述。他指出："农业的基本建设、水利工程必须适当控制，郊区今冬明春脱离本食堂搞水利的劳动力 1 万人，干 100 天，不能超过"，要调回一部分劳动力投入农业生产第一线。同时，报告强调要坚决压缩城市人口，"要压缩 50 万人至 70 万人去搞农业，至少要压缩 50 万人"，机关、工厂、学校、商业、文化、卫生以及各类事业、企业等各方面都要精简。规定从 1960 年 1 月 1 日以后，各单位私招的职工一律无效，一律要送回农村。精简下来的人员尽可能返回本乡。① 根据中共中央的精神和通过调查了解的实际情况，北京市主要从三个方面落实精简城镇人口政策，即处理私招人员、精简机构和编制、精简非生产人员。

一、处理私招人员

"大跃进"期间，不少企业、事业单位私招人员，尤其是私招外地工人。这一方面破坏了国家对劳动力的统一调配和安排，造成人员不合理的增加及城镇人口的膨胀；另一方面又导致农村劳动力的盲目流动，影响农村生产秩序，对工农业生产都产生很大的负面影响。在 1959 年的初步探索中，私自招工就是被严厉打击的行为，精简私招人员也是精简工作的重点。后来随着政策的反复，这个问题又死灰复燃，加剧了城镇人口的压力。因为私招在政策上不合法，影响也比较恶劣，精简工作压力相对较小，因此处理私招人员，遏止农村人口盲目流动、遣送私招工人回乡，成为大规模精简的第一项工作。

从 1958 年年底起，中共中央和北京市委就一再明确指示严禁私招人员，绝大部分企业、事业单位都认真贯彻执行了政策，对私招人员的

---

① 《北京市重要文献选编（1960）》，中国档案出版社 2004 年版，第 785—786 页。

处理也取得了一定的成绩。但随着新一轮"大跃进"的兴起，私招人员现象又有抬头之势，有些单位甚至多次遭受严肃批评，但仍然一意孤行，一再私自招工。

一方面，国家企事业单位私招大量人员。有些单位利用各种政策上的缺口，打政策的擦边球，以各种理由招收工人。一是有的单位大量私招家属工人。1959 年 12 月和 1960 年 1 月，北京市政工程局劳动科科长曾在各公司劳动科长会议上布置，各公司可以利用工人春节回家的机会，带一些人来京工作。据此，各公司即分别向各工地进行布置。到 2 月 3 日，该局已经登记了农民 5810 人，其中来自河北的 4760 人，其他省区市 900 人，本市郊区农民 150 人。私招最多的市政四公司、三公司、五公司、一公司，分别私招了 2109 人、1531 人、1197 人、876 人，总数高达 5713 人。① 又如北京轴承厂党委在 2 月上旬未经允许，擅自决定在家属中登记招收工人，招人的信息传出后，很多人闻讯而来，其中许多是没有户口的外省人。该厂人事部门看到"有人找上门来"，就大规模予以吸收，共登记了 1410 人，已入厂的有 755 人，其中在职在学的40 人，没有户口的 232 人。② 二是有的单位利用技工学校招生的机会私招工人。1960 年 1 月，北京市劳动局同意华北无线电器材厂、电子管厂、有限电厂的技工学校用内部招生的办法，在本单位职工家属中招收不在职、不在学并有户口的青年进行培训。但这些厂利用这个政策，超过劳动局规定的范围进行招工。有的张贴招生广告，有的出动宣传队在社会上公开招生，因而引起不少在校学生的情绪波动，有的学生要求退学报考，有的不到校上课；有的工厂临时工也纷纷要求离职报考；并且也吸

---

① 《关于市政工程局等单位私招外地农民情况和处理意见的报告》，1960 年 2 月 17 日，北京市档案馆藏，档案号：110–001–01088。

② 《北京市重要文献选编（1960）》，中国档案出版社 2004 年版，第 207 页。

引了不少外地农民流入城市。① 又如北京市第二通用机械厂利用技工学校统一分配秩序较乱的机会，不顾大局，浑水摸鱼，公然私招乱拉外地来京学生。该厂本应分配学员 614 人，但实际到厂报到的学员为 968 人，私招 354 人。② 三是有的单位不顾有关部门的一再批评、制止，仍继续私招外地农民。如宣武区绝缘材料厂，由负责基建的私方人员私自招收冒充涿县孙庄公社副业队的外地农民 80 多人，宣武区人委和公安分局发现后予以制止，并将这 80 多名农民遣送回乡。但该厂仍然顶风作案，后来又招收容城农民 42 人。农业展览馆连续三次私招外地农民，被检查发现制止后，依然私招外地农民 52 人。当市劳动局和朝阳区人委劳动科前去检查时，该馆负责人竟对检查表示不满，认为他们这样做是有积极性的。③

另一方面，街道和人民公社的修建队也吸收了不少外地农民。据统计，东城、西城、崇文、海淀、丰台等 7 个区共 22 个街道修建队，招收了不少外地农民。如东城区报房胡同土木建筑工程队共 343 人，其中有外地农民 236 人，本办事处管界居民只有 9 人。有的郊区人民公社，用公社副业队名义招用外地农民组成修建队承揽工程。如朝阳区星火人民公社酒仙桥管理站副业队共 563 人，其中该社社员仅 18 人，其余是外地来京农民，他们承包电子管厂、邮电部器材厂等 4 个单位的工程。④该站见有利可图，即大肆招收盲目流入城市的外地农民。在电子管厂挖

---

① 《北京市重要文献选编（1960）》，中国档案出版社 2004 年版，第 206—207 页。

② 《关于第二通用机械厂、一二五厂乘技校统一招生机会私招乱拉情况的报告》，1960 年 7 月 31 日，北京市档案馆藏，档案号：110-001-01088。

③ 《市劳动局党组关于部分企业、事业单位私招工人的情况和处理意见的报告》，1959 年 11 月 25 日，北京市档案馆藏，档案号：001-005-00303。

④ 《市劳动局党组关于部分企业、事业单位私招工人的情况和处理意见的报告》，1959 年 11 月 25 日，北京市档案馆藏，档案号：001-005-00303。

土方的 447 人中绝大部分是外地农民，其中不少人来历不明，酒仙桥地区治安曾一度十分混乱。① 这种办法不仅形成变相的招工，使大批外地劳动力流入北京，而且使一部分政治上有问题的人混入工厂，引起北京市相关部门的注意，后来这批人也成为重点精简对象。

1959 年 12 月底，北京市委在《市劳动局党组关于部分企业、事业单位私招工人的情况和处理意见的报告》中作出重要批示，明确要求，郊区人民公社和城市街道生产组织都不应招收外地农民，要求"各区（县）委和市级各部门立即对所属企业、事业单位普遍进行一次检查，坚决制止私自招收工人的现象。对于已经招收的人员"，"一个人也不许以任何理由留在原单位"，事业单位应严格控制人员增长，老企业要力争增产不增人甚至减人。②1960 年 5 月 17 日，北京市委再次强调各单位不得再从本市和外地农村招收人员，更不许私自招人。新建扩建工厂需要增加人员的，必须提出计划报市委批准，由劳动部门统一调配。③对于街道公社，只能把本公社范围内能劳动而没有参加劳动的职工家属和街道居民，组织起来参加劳动，不得吸收没有正式户口的人参加，不准从农村吸收劳动力或者从本公司范围以外吸收劳动力，更不准挖在职工人。已经挖了的，一律无条件地送回原单位。对于外地盲目流入北京的农民，公安部门应当继续收容，组织他们参加生产劳动，并通知当地派人来领回，绝不能放任不管，纵容其扰乱社会秩序。④ 根据北京市委的这些政策规定，各部门和各区县对私招人员进行了清理，堵住了政策的缺口，初步遏制住了私招乱招行为，并取得了不错的成绩。

---

① 《北京市重要文献选编（1960）》，中国档案出版社 2004 年版，第 204 页。

② 《中共北京市委批发市劳动局党组关于部分企业、事业单位私招工人的情况和处理意见的报告》，1959 年 12 月 17 日，北京市档案馆藏，档案号：001–005–00303。

③ 《北京市重要文献选编（1960）》，中国档案出版社 2004 年版，第 480 页。

④ 《北京市重要文献选编（1960）》，中国档案出版社 2004 年版，第 481 页。

二、精简机构和编制

精简机构、编制，将冗余人员充实到生产第一线，是贯彻增产节约指示的一项积极措施。精简机关单位的机构和编制，不仅有利于合理使用干部，充实基层，恢复和发展农业生产，还有利于改进机关工作作风。为了使得精简机构和编制取得更大的效果，北京市委对 1960 年机关单位的精简，制定和贯彻了四项原则。这四项原则，涉及行政管理体制改革，减少层级；干部工作路线，加强基层锻炼；加强责任制等问题。

精简领导机关。为了精简机构，减少层次，北京市人事局规定，除公安局等个别单位外，一律撤销局属处，改为局、科两级，科长要参加具体工作。留在机关的干部要精干，保证政治质量，纯洁干部队伍。对于"五类分子"①、有严重政治问题的，除个别有代表性的资产阶级分子需要安排在机关的以外，一律调离领导机关。减少管理层级，撤销处级管理岗位，这可以说是行政管理上的一个重大的改革，现在看来也是力度很大和很超前的管理手段。而对于"五类分子"等的优先精简，也体现出当时强调政治的历史环境。

坚决贯彻党的干部工作路线。精简下放干部要根据干部自身的条件进行分配和处理。要通过这次精简把一定数量的政治品质好、具有较好政治水平和业务能力的干部放到基层，加强第一线。对于精简人员中凡属政治、业务条件好，基层工作需要的都可以分配到基层工作；对于缺乏基层工作经验和缺乏生产劳动锻炼的干部，特别是青年知识分子干部，要尽可能下放参加劳动锻炼；对于反革命或有重大政治问题和嫌疑以及品质不好、思想反动的一律下去长期参加农业生产劳动。对于政治

---

① "五类分子"是指地主、富农、反革命分子、坏分子和右派。

上虽无问题但文化低、能力弱，做干部不称职的也要下放参加生产劳动，以便在将来逐步创造条件使他们转入生产；对于年老、有病的要妥善安置，其中政治上有问题或品质不好的要分情况尽可能让他们去副食品基地参加一些轻劳动。这几条可以看出，不论是"表现好的"还是"表现不好的"都要下基层锻炼，可见这次精简机构和人员的力度之大。

做好政治思想工作。各单位负责人要亲自对精简下放的干部进行动员，要认真地、充分地做好其政治思想工作。各单位负责人要向干部讲清社会主义建设的大好形势、精简的积极意义，号召干部发扬艰苦奋斗、克勤克俭的作风，深入基层深入群众，到劳动战线上进行锻炼，进一步与劳动群众相结合。组织干部学习讨论，做好细致的思想工作，使其自觉地愉快地服从调动，到基层工作或参加农业生产劳动。

要有负责到底的精神。各单位对精简下放的干部要根据党的干部政策，以负责到底的精神做好分配。对于调到外单位工作的要认真负责解释情况和提出使用意见，反对"甩包袱"。对于需要做其他安置和处理的由各单位自己负责妥善处理。精简下来的干部无论分配工作、参加生产劳动或另做安置的其原工资不予降低。福利待遇方面，下放劳动或另做安置的均由原单位负责，保持不变，分配工作的干部则由新工作部门负责。①

中共中央发布《关于全党动手，大办农业，大办粮食的指示》和《关于开展以保粮、保钢为中心的增产节约运动的指示》后，北京市委对党内各级领导干部做了传达和动员，并向全市人民展开了大张旗鼓的宣传教育工作，为下放干部造势，并有步骤地开展下放干部工作。在贯彻中共中央关于大办农业、大办粮食方针的名义下，为了保证北京郊区农业

---

① 《人事局、劳动局关于精简机构、紧缩编制、充实基层、下放干部参加生产劳动的意见》，1960年，北京市档案馆藏，档案号：125-001-00315。

的恢复和发展，北京市于 1960 年 10 月下旬从全市各机关、企业、事业单位中抽调 1035 名干部支援农村人民公社。这些干部主要是工作能力较强、政治品质较好的党员，其中有各单位工作中的骨干 430 人（市级机关处科长 47 人，区级机关科局长 51 人，工厂厂长、公司经理 38 人，车间主任、科长 229 人，高等学校总支书记、科长、讲师等 65 人），占下放干部总数的 41.5%。① 同时，北京市委还抽调了 966 名党员骨干到各郊区参加整社工作。② 为了解决行政机关摊子过大的问题，北京市委对行政机关党群系统的干部进行了有序地下放。截止到 1960 年年底，已经下放 4998 人，其中到农村人民公社、大队工作的 934 人，到农村人民公社参加农业第一线劳动的 1449 人；到本系统基层单位的 1268 人；到国营农场劳动的 243 人；到本单位副食品基地劳动的 376 人；休养、调出等的有 728 人。③

　　当时的党员干部的政治觉悟比较高。绝大多数下放的干部对抽调干部、加强农业第一线的重大措施，都有比较正确的认识，积极响应号召要求下放，表示"党有困难的时候，党员就应该挺身而出，到最困难的地方去战斗"，"为了党的事业决不害怕任何困难，刀山、火山也要上去"，"农业不过关，决不休兵"。④ 但是，也并非这项精简工作就没有阻力，毕竟涉及一大批干部的前途命运和生计。有一些干部留恋城市生活，害怕农村艰苦，不愿下农村。还有一些干部确实存在这样或那样的实际困难，比如身体有病或家庭拖累比较重，不宜下放。对于这些干

---

① 《北京市重要文献选编（1960）》，中国档案出版社 2004 年版，第 905 页。
② 《关于精简机构、下放干部、调整劳动力加强农业生产第一线工作的情况、当前的问题和处理意见的报告》，1960 年 11 月 13 日，北京市档案馆藏，档案号：123-001-00782。
③ 《关于精简机构、下放干部、调整劳动力加强农业生产第一线工作的情况、当前的问题和处理意见的报告》，1960 年 11 月 13 日，北京市档案馆藏，档案号：123-001-00782。
④ 《北京市重要文献选编（1960）》，中国档案出版社 2004 年版，第 906—907 页。

部，各单位作了调换，进行了处理，并把已经下放的这类干部调回了原单位。

精简机构和编制的工作，涉及比较广，而且是对政府内部官员和管理者"开刀"，凸显了精简工作中党政机关带头的原则。有些措施，比如撤销处级层面的干部，科级干部参加具体实际工作，都是很具有政策操作性的措施，产生的精简效果和推进工作效率的附加效果都是比较明显的。

三、精简非生产人员

精简非生产人员，充实工农业生产第一线，是中共中央制定的精简政策的重要内容。1960 年，劳动部党组《关于当前劳动力安排和职工工资问题的报告》中明确规定"各类企业都必须坚决精简非生产人员（包括管理人员和各类服务人员，即勤杂人员、生活福利人员、警卫消防人员、文教卫生人员等），非生产人员占企业职工总数的比重，今年内一般应该减到百分之十三以下"[1]。在下放干部的同时，企业事业单位以非生产人员为主要对象的精简工作也有条不紊地进行。工业、基本建设、商业、文教卫生等部门结合以反劳动力浪费为中心的"新三反运动"[2]，通过群众运动揭发问题的方式精简非生产人员，成批地输送劳动力下乡，尤其是北京市直属工矿企业开展了规模较大的精简工作。

1960 年 10 月、11 月，北京市工矿企业进行了大规模的"新三反运

---

① 《建国以来重要文献选编》第十三册，中央文献出版社 2011 年版，第 529 页。

② 1960 年 3 月 24 日至 25 日，毛泽东在天津召开的中共中央政治局常委扩大会议上，提出要搞反贪污、反浪费、反官僚主义的"三反运动"。为了与 1952 年开展的"三反运动"相区别，所以称之为"新三反运动"。

动"，到 1960 年 12 月中旬，北京市工矿企业通过"新三反运动"，清理出劳动力 7 万人，占全体职工 63 万人的 11.3%。[1] 如石景山钢铁公司在"新三反运动"中，在不到一个月的时间内，群众揭发出劳动力浪费的意见 10.5 万条，精简劳动力 6000 余人，精简下来的人员支援农业、水利建设或新建企业等。[2]

1960 年下半年的精简与 1959 年的相比，大概步骤基本一致，即先摸清企业情况，然后发动群众大鸣大放揭发问题，最后进入定员和处理精简人员的阶段。这也进一步证明了第一章的观点，即 1959 年的精简，虽然最终因为政策的摇摆而未能取得成功，但是为 60 年代的精简积累了经验、探索了道路。在此基础上，1960 年的精简工作又有了新的发展，即通过健全制度来巩固精简成果。在精简过程中，有些部门不甘心减人，等着像 1959 年那样，政策出现转折后再"东山再起"；有一些职工存在人多好干活的思想；再加上企业的生产情况一下子还不能稳定下来，稍有不慎，精简的成果很容易就会丧失。因此，从制度上巩固精简成果是很必要的。在"新三反运动"中，通过边反边建的方法对企业的组织机构、劳动组织和劳动定员、公示定额等不合理的部分，进行了初步调整，初步建立和健全了劳动定员、工时定额、考勤等方面的管理制度。同时，严格执行增添、调补人员的审查批准制度，企业内部增补人员的权力控制在企业党委，企业增加人员必须市委批准。制度的建立健全既堵住了增加职工的漏洞，又巩固了前期精简人员的成果。靠制度管人管事，一下子就显示出了威力，效果立竿见影。

这一阶段对大规模精简职工的准备和探索，也还存在一些问题。

---

[1] 《北京市重要文献选编（1961）》，中国档案出版社 2005 年版，第 214 页。
[2] 《北京市重要文献选编（1961）》，中国档案出版社 2005 年版，第 166 页。

第一，有些部门、企业精简工作做得不好，可发掘的劳动力潜力还很大。在精简之前，有些厂的非生产人员占全部职工的 19.3%，精简后占 16.36%。看上去减少了不少冗余人员，但实际上在 1958 年年底非生产人员就仅占全部职工的 15.62%，精简的力度并不大，精简后非生产人员占全部职工的比例离中共中央规定的 13% 还有很大距离，远未达到最佳的效果。① 第二，被精简人员对农业生产的帮助不大，甚至造成了农村的负担。在精简过程中，有些单位为了甩包袱，把不少身体不好或政治上有问题的员工精简，使得劳动力安排使用上出现不合理现象。据北京市直属各工矿企业统计，已经调离原工作岗位临时安排组织劳动的和尚未从原工作岗位抽出的 9735 人中，政治历史上有问题的 404 人，病弱需安置的及身体健康但有家务拖累不适合远调的高达 2929 人。还有些厂未能按照合理使用的精神，将能坚持工作的人员分配力所能及的工作，节约出更多的好劳动力，而是趁机把老、弱、病、残人员全部精简了。如北京修造厂将 57 名老、弱、病、残人员全部精简，有的员工只因年满 60 岁就被精简。② 这些人员，实际上能干好企业的某些工作，能够节约出更好的劳动力支援农业建设。被精简还乡的人员，是需要到农村参加劳动生产，支援农业生产第一线的，有些部门和企业未能按照政策办，结果老、弱、病、残人员成了企业向农村转移负担的手段，没有从大局上考虑农业的生产，实际上不仅对农业生产不利，而且背离政策的初衷。第三，不只是支援农业生产上存在将老、弱、病、残人员转移给农村的问题，在向其他单位输送劳动

---

① 《市委工业部直属厂矿人员精简情况和今后意见（稿）》，1961 年 1 月 6 日，北京市档案馆，档案号：110–001–01179。

② 《市委工业部直属厂矿人员精简情况和今后意见（稿）》，1961 年 1 月 6 日，北京市档案馆，档案号：110–001–01179。

力时，也存在借机把问题人员和不服管教人员转移出去的问题，造成劳动力的管理使用上的不科学。多数单位在精简时将身体健康无家务拖累、政治上无严重问题的好劳动力都留在本单位使用，没有准备向外输送，而把那些各方面存在问题的劳动力输送给了外单位。如汽车制造厂共精简 780 人，其中好劳动力 560 人，全部安排在本厂自用。[①]保存好劳动力就是保存了单位发展的前途和希望，也才能形成一个充满战斗力的集体。应该说，"保优汰劣"是不管哪个企业都会选择的倾向，并不是政治觉悟和教育可以解决的问题。但从全国大局来看，从精简城镇人口充实工农业生产第一线的目的来看，这种政策上的缺陷，在一定程度上影响了精简的效果。

总的来看，1960 年下半年的精简取得了一定成效。到 1960 年年底，据不完全统计，全市机关、企业、事业单位精简下放的职工和干部加上参加京密灌渠劳动的、城市人民公社下去支援农业的和农村人民公社内部调到农业生产第一线的劳动力共约 18 万人。其中，农村人民公社农业方面的劳动力增加有 10.2 万人，参加京密灌渠劳动的约 3 万多人，城市人民公社劳动力支援农业的有 2.8 万人，精简下放的职工和干部 2 万多人。由于用于农业生产第一线的劳动力大大增加，对新进城镇人口的严格控制，到 1960 年 10 月底，城镇暂住人口已由 8 月中旬的 18.9 万人减少到 9.4 万人。[②] 这一阶段的精简工作并没有详细的方针政策和落实措施，导致精简效果受到限制，在总结经验后，这一不足成为第二阶段改进的重点。

[①] 《市委工业部直属厂矿人员精简情况和今后意见（稿）》，1961 年 1 月 6 日，北京市档案馆藏，档案号：110–001–01179。

[②] 《关于精简机构、下放干部、调整劳动力加强农业生产第一线工作的情况、当前的问题和处理意见的报告》，1960 年 11 月 13 日，北京市档案馆藏，档案号：123–001–00782。

第二节　精简工作的初步开展阶段

1959 年 7 月庐山会议后，"左"倾错误在全党逐步发展起来，农业领域也是如此。再加上自然灾害、苏联撤走专家等因素，导致中国国民经济出现严重困难：国民经济比例进一步失调，粮食产量急剧下降，通货膨胀严重，人民生活水平急剧下降。1960 年 7 月，中共中央在北戴河会议上提出要调整国民经济，国务院副总理李富春在拟定 1961 年国民经济发展计划时，提出了"调整、巩固、提高"的方针。8 月，周恩来在听取国家计委党组的汇报工作时，同意李富春的意见，并在"调整、巩固"后面加上了"充实"二字，这样就形成了完整的"调整、巩固、充实、提高"八字方针。1961 年元月，中共八届九中全会正式通过了"调整、巩固、充实、提高"的恢复国民经济的八字方针。中共八届九中全会上党的指导方针的重要转变，表明国民经济建设由"大跃进"转入调整阶段。针对"大跃进"造成的城镇人口膨胀问题，精简城镇人口作为调整和恢复国民经济的一项有效措施提上了议事日程。

一、精简政策的出台

在中共八届九中全会上，精简城镇人口作为一项重要的政策，引起了讨论。李富春在讲话中提出了 1961 年精简的目标："要进一步从各方面压缩劳动力，加强农业生产第一线。要有计划地精简和下放国营企业、事业和行政机关的职工，一九六一计划下放五百零二万人。"[①] 根据中共八届九中会议上的精神，相关部门开始行动起来。1961 年 4 月 4 日，

---

① 《建国以来重要文献选编》第十四册，中央文献出版社 2011 年版，第 35 页。

中央精简干部和安排劳动力五人小组向中共中央报送了《关于调整农村劳动力和精简下放职工的报告》。因为国民经济形势越来越严峻，困难日益显现，该报告调整了中共八届九中全会上制定的 502 万人的精简下放指标，计划到 1961 年年底精简下放职工 800 万人左右，[①] 并作出除精简下放职工外，还要疏散一部分城镇其他人口下乡的决定。随后，中共中央转发了该报告，把安排好城乡各方面的劳动力和精简职工作为国家建设工作的一个特别重要的问题，并同意报告中提出的继续增强农业战线的劳动力、继续精简下放职工和设法压缩城市人口等意见，要求各地按照实际情况对精简工作作出规划。这份报告不仅确定了 1961 年全国的精简职工人数，而且把精简对象由 1960 年的企业非生产人员、服务人员和事业单位、机关人员扩大到企业职工、干部和其他城镇人口。

由于急于求成的"左"倾思想并未完全克服，虽然 1961 年 1 月中央就已下达调整国民经济的八字方针，但各地对方针的贯彻落实仍然执行不力。面对日益严峻的经济形势，5 月 21 日至 6 月 12 日，中共中央在北京举行工作会议。这次会议进一步统一了思想，认清了形势。刘少奇、陈云等中共高层领导人，在会上再次重申精简城镇人口的必要性。刘少奇指出："这几年的问题，就是工业、交通、文教都办多了。非农业人口搞多了，农民养不起这么多人，所以非减少不可。这个问题到底还有什么考虑的余地没有呢？我看是没有考虑的余地了。"[②] 面对粮食紧张问题，陈云指出："面前摆着两条路要我们选择：一个是继续挖农民的口粮；一个是城市人口下乡。两条路必须选一条，没有什么别的路可走。我认为只能走压缩城市人口这条路"[③]，动员城市人口下乡以减少城

---

① 《建国以来重要文献选编》第十四册，中央文献出版社 2011 年版，第 245 页。
② 《建国以来重要文献选编》第十四册，中央文献出版社 2011 年版，第 312 页。
③ 《建国以来重要文献选编》第十四册，中央文献出版社 2011 年版，第 319 页。

市粮食的销量是非采取不可的措施。对此，杨尚昆感慨道："那时我刚刚从河北徐水、安国等地搞农村调查、宣读《人民公社六十条》回来，当地农民口粮每人每天一般不足 1 斤原粮，加上在食堂吃饭浪费多，社员吃不饱，特别是主要劳动力吃不饱是普遍现象。"[1] 为了严格控制城镇粮食销量，会议通过了《中央工作会议关于减少城镇人口和压缩城镇粮食销量的九条办法》，要求在 1960 年年底 1.29 亿城镇人口的基数上，三年内减少城镇人口 2000 万以上，1963 年上半年完成扫尾工作。[2] 关于减少城镇人口 2000 万人的重大意义，李富春曾用具体数字做作了说明：如果能在两年内减少城市人口 2000 万人，不但可以大大增加农业战线上的劳动力，而且每年可以减少城市商业供应额 40 亿元，城市粮食供应 80 亿斤，煤炭供应 600 万吨，蔬菜供应 30 亿斤左右，减少城市短途运输 1500 万吨以上。[3]

　　1961 年五六月间的中央工作会议，可以说是精简城镇人口的统一思想会，也是总发动、总动员会，中共中央已经将其视为不得不为的解决问题的唯一办法，作出必须无条件贯彻实行的决定。《中央工作会议关于减少城镇人口和压缩城镇粮食销量的九条办法》下发后，各地按照中央要求，开始全面部署精简城镇人口的工作，全国范围的精简工作迅速展开。为了使大规模的精简城镇职工平稳顺利有效开展，6 月，中共中央发出《关于精减职工工作若干问题的通知》，规定了精简对象、被精简人员待遇以及被精简人员回乡后的安置工作等一系列问题，为精简工作的开展提供具体的政策依据。

---

①　苏维民：《杨尚昆谈新中国若干历史问题》，四川人民出版社 2014 年版，第 119 页。

②　《建国以来重要文献选编》第十四册，中央文献出版社 2011 年版，第 358 页。

③　《1958—1965 中华人民共和国经济档案资料选编（综合卷）》，中国财政经济出版社 2011 年版，第 364 页。

　　摸清情况，核查城镇职工人数和粮食供应情况是制定精简政策的基础。根据中共中央的要求，北京市从 1961 年 6 月起，在各单位、学校、机关等部门开展了为期一个月的城镇居民和职工的人口数和粮食供应数普查核实工作，查出一批非京籍人口，这就为精简工作摸了底。《关于精减职工工作若干问题的通知》下发后，北京市委开始部署宣传动员工作。7 月 5 日，北京市委制定并下发仅供口头宣传使用的《动员回乡生产，支援农业的宣传提纲》（以下简称《宣传提纲》），对全市的城镇人口精简做了动员。《宣传提纲》对回乡的必要性、回乡的对象、回乡后的安置以及回乡的前途等都做了说明。《宣传提纲》指出："现在农村劳动力不足，而城市的工厂、建筑、机关、学校等单位的人太多了，实际上在生产上、工作上用不了这么多的人。有许多工矿交通建筑企业，因为人多了，劳动生产率不高，造成很大浪费"，而且"我们的农业生产水平还很低，我们的粮食和其他农产品的产量，还不能满足国家建设和人民生活的需要"。"因此，动员城市人口，回乡生产是完全必要的"，"城市人口回乡生产，不仅可以解决劳动力不足的问题，而且也可以减轻农村对城市的供应"。《宣传提纲》规定精简回乡的对象是 1958 年以来参加工作的来自农村的人，1958 年之前由农村到城市工作的人，如果本人自愿要求回乡，也可回乡参加生产。对于回乡人员，单位发放路费、一定的工资和粮票。为了解除回乡人员的后顾之忧，《宣传提纲》指明了经过整风整社运动后农村的大好形势，强调"回乡生产是大有前途的"。①《宣传提纲》可以说是宣传发动精简城镇人口的纲领性文件，经过宣传，全市各领域的精简城镇人口工作开展起来。

---

① 《中共北京市委关于动员回乡生产，支援农业的宣传提纲》，1961 年 7 月 5 日，北京市档案馆藏，档案号：001-005-00382。

二、精简的成效

这一阶段的精简工作进行得比较顺利，因为被动员回乡的大多是"大跃进"刚进城不久的新职工，再加上城市供应比较困难，而农村的粮食、副食品相对城市反而宽松一些，阻力较小。从 1960 年 1 月到 10 月底，北京市共精简城镇人口 30.5 万人，其中属于中央机关和事业单位的职工及职工家属约 5 万人，属于本市精简城镇人口的约有 25 万人。这 25 万人中，带工资回农村的职工有 13.64 万人，服兵役的 2.5 万人，郊区县精简的城镇人口 4.36 万人，其他退职退休、家属等约 5 万人。从 10 月到 11 月中旬，市属各单位又精简 2.22 万人。[①] 可以说，1961 年的精简取得了较大的成绩，共计精简了约 32.8 万人，这主要得益于从中央到北京市到各区县、各主要部门，制定了严格的政策并严格执行，对精简提出了严格的指标。

（一）工业系统

工业系统的精简对象主要是 1958 年 1 月之后由农村进城工作的新职工，北京市委决定先让复员转业军人和过去招收的盲流回乡。精简过程主要分两个阶段：第一阶段是 1961 年 6 月 1 日到 1961 年 8 月底，第二阶段是 1961 年 9 月 1 日到 12 月底。

工业系统开展精简工作后不久，就取得了一定的成绩。到 1961 年 6 月中旬止，即第一阶段精简刚开始不久，据 13 个国营大厂的统计，已动员回农村的有 263 人，包括复员军人 105 人，盲流 143 人，临时工、合同工 15 人。其中，长辛店机车厂是工业系统中精简工作抓得较紧、行动较快的典型代表。截至 6 月 16 日，长辛店机车厂就已动员 140 名

---

① 《目前本市精减职工压缩城市人口的情况和存在的问题》，1961 年 11 月 15 日，北京市档案馆藏，档案号：002–205–01089。

职工回农村。对违反劳动纪律、小偷小摸、有流氓行为，又不够劳动教养的、家属是农村的 60 人，也动员回农村。对适合退休的老工人，则根据他们的身体条件和家庭经济状况，计划动员退休 49 人。对 627 名在厂劳动的家属工，依据生产需要，计划送回街道另行组织生产的有 400 人。此外，从生产上抽出送到国营农场劳动的第一批有 158 人，其中老、弱、病、残人员 78 人。该厂在动员工作中，厂长和车间主任亲自找工人谈话，反复交代政策，说明当前形势和支援农业生产的重要意义，每当有工人同意回农村时，则立即责成有关部门办理离厂手续，并派专人将工人送到车站或送到老家。① 但这一阶段多数单位的精简方案没有及时确定下来，一是由于有的单位生产任务没有最终确定，不利于出台精简方案；二是由于复员军人和盲流动员回农村后，生产需要顶替上的人员具体要从哪里抽调，还需统筹规划，从而影响工作进度。

7 月中旬，北京市委召开工作会议和市工业交通会议。工业系统组织各领导干部认真学习了中共中央和北京市委关于精简工作所规定的方针政策，统一了认识。因此，在上一阶段没有制定出精简方案的单位通过对本厂劳动力的全面安排，也作出了详细的精简计划，并对还乡对象进行摸底调查。由于精简工作任务重、时间紧、牵扯面广，各级领导都非常重视。北京市领导彭真、刘仁对此都很关注，"刘仁同志亲自给职工干部讲经济形势，讲工作中的失误，并对一些主要政策仔细研究。郑天翔、贾庭三及北京市委工交口的领导更是一个厂一个厂地进行艰苦细致的思想工作，向职工进行形势教育、农业是国民经济基础的教育、'农轻重'方针的教育。目的是使大家认识到城市人口过多是国家的一个很大的负担，不但对农业不利，而且对工业也不利，非下决心精简

---

① 《工业系统精简工作动态》，1961 年 6 月 17 日，北京市档案馆藏，档案号：001-006-01855。

不可"①。在各方面的重视和大力推动下，到8月底，工业系统第一期精简人数已达5万余人。1961年5月底，市工业系统的职工人数为62万人，其中1958年1月以后进厂来自农村的13.6万人。从6月1日到8月30日，已精简4.4万人，其中回农村的，市委计划3万人，各单位计划3.7万人，已回农村3.8万人，为市委决定计划数的127%，为各单位计划数的102.7%。可见，市工业系统在第一阶段超额完成计划，这种现象在此前的精简中是很少见的。中央工业企业62个单位，1961年5月底的职工人数为26万人，1958年1月之后入厂来自农村的有7.4万人，中央各部委下达1961年的任务为2.9万人，到8月30日，已精简2.15万人；地方工业企业605个单位职工人数为36万人，北京市、区工业局计划回农村1.7万人，已回农村的1.93万人。②

由于精简工作的顺利进行，10月25日，北京市委要求工业系统对精简工作作出进一步安排。第二期计划精简约5万人。北京市委发出《通知》，要求全市特别是地方工业部门根据首都工业发展方针，决定产品的进展、企业的调整和人员的精简；在生产和基本建设指标调整的基础上，精简多余的人员；基本建设单位中下马的单位，除了保留必要的技术骨干外，多余人员坚决精简；凡是企业不需要的人员，都可以精简；对所有外借的人员，进行彻底的清理；各单位要争取在11月中旬以前，首先把能够回农村的人员尽早动员回乡。该通知还规定，第二期精简计划包括老、弱、病、残人员，为了全局考虑，要对他们妥善安排：凡是属于退休退职的，按退休退职办理；不能退休退职的，或安排到农场和林场，或调到农业机械单位，或交由养老院。③在11月初市委召开

---

① 阮雅芳：《困难时期北京工业系统的人员精减工作》，《北京党史》2002年第2期。
② 《北京市重要文献选编（1961）》，中国档案出版社2005年版，第826页。
③ 《北京市重要文献选编（1961）》，中国档案出版社2005年版，第886—887页。

工业会议后，各部门对精简工作又进行了新的布置和检查，并深入重点进行摸底，按照先易后难的原则，只要生产上离得开，对申请还乡的一律批准还乡。从这一阶段的精简情况看，精简工作又进一步取得更大成绩。以轻工业局为例，第二阶段计划精简 2318 人，截止到 12 月 8 日，已精简 668 人，一个月不到的时间内完成了计划的近 30%。其中，还乡的 416 人，占计划的 40%，回城市街道的 252 人，占计划 10.8%。①

（二）城市人民公社系统

北京市城市人民公社的精简分为两批。精简第一批的时间是 1961年 7 月到 8 月底，这一批动员对象是生产服务人员，主要是单身在京的、夫妇双方都应当还乡的及家在近郊的职工家属。精简第二批的时间是 1961 年 9 月至年底，这一批的动员对象主要是非职工家属。

北京市各城市人民公社动员第一批还乡工作从 7 月开始进行，一般在生产服务人员中进行了摸底和宣传，至 7 月底 8 月初第一批还乡人员已陆续还乡。首先，市公社对生产服务人员的基本情况摸了底。根据统计，全市城市人民公社生产服务人员中 1958 年以后由农村来京的有18139 人，占生产服务人员总数 119744 人的 15.14%，其中男性 1725人，占来京人数的 12.6%，女性 16414 人，占来京人数的 87.4%。属于单身的 1726（男性 539 人，女性 1187 人），占来京人数的 12.6%。根据 6 个区 1958 年以后由农村来京的 13594 人的分析，25 岁以下的 6973人，占 51.3%；25—50 岁的 5826 人，占 42.8%；50 岁以上的 795 人，占 5.9%。截至 8 月 15 日，已还乡的 946 人，占全市城市公社 1958 年以后从农村来京人员总数的 5.3%，其中男的 286 人，女的 660 人。在已走的这些人员中，以单身人员、夫妇双方都是动员还乡对象，以及家

---

① 《第二批精简情况和存在的问题汇报》，1961 年 12 月 14 日，北京市档案馆藏，档案号：112-001-00772。

在京郊的比例最大。其中单身 493 人，占已走人数的 52.2%，男女双方都是动员对象的 165 人，占 17.4%；家在京郊的 77 人，占 8.2%。以上三项共计 735 人，占已走人数的 77.8%。[①] 各单位动员还乡工作一般做得比较细致，事前都对生产服务人员进行了调查研究，确定返乡对象，本着先易后难的精神，对具备返乡条件的人员除一般宣传外，还作了个别动员。有些厂对决定回乡的人员还召开全厂欢送大会。不少人对回乡支援农业比较积极。总体来说，这一阶段的精简比较顺利。

城市人民公社第二批动员还乡工作开展得较晚，大概从 1961 年 9 月开始着手。1961 年 11 月之前，由于动员还乡工作并没有全面展开，所以精简效果就比较一般。10 月 14 日，刘仁在各区区委书记会议上对精简还乡工作提出指示后，城区区委书记都及时向区里进行了传达和布置，强调要做好摸底工作，能够走的马上走。但对于凡是有条件还乡的人员（不分是否是职工家属），能否马上进行普遍动员，则没有布置。因此各公社除了进行全面的摸底外，只在列为第一批动员对象的人员中继续进行个别动员。各区区委都先后召开了城市公社的党委书记会议，对精简还乡工作进行了布置。会后各公社都将这项工作作为首要任务，由书记挂帅，公社各业务部门都指定专人参加，进一步加强了领导和干部力量。这时的主要工作是对还乡对象进行普遍深入的摸底，同时对已经进行过动员的继续抓紧做工作，愿意走的马上办理迁移手续。截至 10 月 17 日，已经还乡的有 1929 人（包括 9 月底以前走的 1883 人和 10 月 1 日至 17 日走的 46 人），约占 1958 年后从农村来京总数（16188 人）的 11.9%。[②]

---

① 《本市城市人民公社系统动员还乡工作情况和存在的问题》，1961 年 8 月 26 日，北京市档案馆藏，档案号：001-028-00033。

② 《城市公社精简还乡工作动态及北新桥等四个公社的摸底情况》，1961 年 10 月 20 日，北京市档案馆藏，档案号：001-028-00033。

直到 10 月 27 日，东城区才向各公社布置从 30 日开始全面展开宣传动员，要求动员对象只限于非职工家属，职工家属不作为动员对象。前门人民公社有生产服务人员共 2160 人，计划精简 266 人，截至 11 月 10 日，已精简 88 人。① 北新桥人民公社于 11 月 2 日开始在非职工家属中普遍进行动员返乡。该社生产服务人员中属于从农村来的非职工家属共 358 人，截止到 11 月 10 日，已经动员回乡 13 人。②

（三）教育系统

1959 年的精简工作中，教育系统的精简就曾取得很大的成绩，只不过后来政策的变动使得成绩未能得到巩固。1961 年的精简工作，教育系统依然是重点之一。首先，精简学校数量，控制学校发展的速度和规模。1960 年，北京市新办 39 所高校，大办高等学校的风气达到高潮。1960 年北京一度号称高校百所，在校生 16 万人。据 1961 年年初教育部门的统计，北京正式高校共有 90 所，在校的本科、专科、研究生等共 14.6 万人。其中 1959 年后建的学校有 42 所，总共才有学生 1 万余人，每校平均不到 240 人。在这 40 多所学校中，有 19 所学校的在校生不足百人，有 12 所学校教师人数不足 10 人，有 34 所学校没有讲师以上职称的教师。有的学校管理干部水平也不高，不少人没搞过教育工作，不知如何办学。办学条件差，教育水平低下，再加上当时国民经济面临严重的困难，北京市办近百所高校显然是不现实的。鉴于此，北京市政府决定对市高校进行一次大的调整。经过调查研究，北京市教育部门于 1961 年年初向中共中央上报了《关于北京地区高等学校及中等专

---

① 《前门人民公社精减一般生产服务人员的情况》，1961 年 12 月 6 日，北京市档案馆藏，档案号：001-028-00033。

② 《北新桥人民公社动员非职工家属还乡情况》，1961 年 12 月 6 日，北京市档案馆藏，档案号：001-028-00033。

业学校调整工作的报告》，明确提出："对北京地区高等学校和中等专业学校分别采取定（定发展规模）、缩（缩小发展规模）、并（与他校合并）、迁（全部和部分迁离北京）、放（下放北京市领导）、停（停办）等不同方式进行调整。"[①]1961 年 5 月 25 日，中共中央批准了这一报告。北京市根据这个报告精神制定调整方案，计划保留 43 所高等学校，即除去原国家重点高校 26 所外，还保留了北京机械学院、北京电影学院、中央民族学院、中央美术学院、北京工业大学等 17 所高校。[②]到 1961 年年底，北京市高等学校调整为 52 所，中等专业学校为 81 所，技工学校为 14 所。[③]

　　另外，技工学校也需要调整和精简。1960 年年底，全国共有技工学校 2179 所，学生 54 万人。根据中央"八字方针"的要求，上半年各地对技工学校进行了全面整顿，到 6 月初已经停办和合并的共 672 所，减少学生共 14 万人，比 1960 年年底的学校数与学生数分别减少了30.9%和25.9%。到 1961 年 7 月，全国还有技工学校 1507 所，学生 40 万人。后来，为了贯彻中央工作会议关于减少城镇人口和精简职工的精神，劳动部下发了《精简、调整技工学校的意见》，强调凡是目前尚不具备技工学校条件的，或者同一地区同类性质较多的学校，应该停办或者合并。但考虑到生产需要，可保留一些骨干技术学校等。[④]北京市按照中共中央的精神和劳动部的政策，对技工学校进行了清理整顿。经过调整，北京市中央各部直属（包括其直属企业所属）技工学校由 1960

①　《中国共产党北京历史》第二卷，北京出版社 2011 年版，第 260 页。
②　北京高等教育志编纂委员会编：《北京高等教育志（中卷）》，华艺出版社 2004 年版，第586—587 页。
③　《中国共产党北京历史》第二卷，北京出版社 2011 年版，第 260 页。
④　《精简、调整技工学校的意见》，1961 年 7 月 4 日，北京市档案馆藏，档案号：110-001-01233。

年年末的 44 所减到 14 所。①

　　其次，精简教职工。因"大跃进"的影响，北京市学校教职工数量迅速膨胀，远远超过实际需要。同时，由于各校没有严格执行用人制度，不但对过去包下来的不合格的教职工没有及时地加以处理，而且新吸收了许多不合格的教职人员。因此，北京市教育部门强调，要进一步精简各级学校的教职工。1961 年 8 月 8 日，北京市远郊十县中、小学教职员工队伍的精简工作开始，精简对象主要是属于业务不称职、工作不负责任又无培养前途的人员和老、弱、病、残人员。经摸底，远郊十县教职员工总数为 21210 人，其中不称职的 1022 人。从工作进行的情况来看，各县是不平衡的。怀柔、延庆、通县进行得较快，精简工作已基本完成或接近完成。密云、顺义、门头沟等县相对较慢。房山、平谷两县前一阶段主要是处理代课教员中的不称职人员，正式人员中的精简工作尚未进行。截至 9 月 10 日，远郊十县已处理人员 316 名，占十县教职工总数的 1.5%，占准备处理人数总数的 28.5%。其中，有 301 名教职工回乡参加农业生产，占已处理人员的 95.2%，个别回农村老家的予以转业，年老的按退休办法处理。② 同时，北京市还对全市中小学的总务人员和工勤人员进行了精简。全市中小学 1958 年 1 月以后转为城市人口的总务人员和工勤人员共 1233 人，占总务人员和工勤人员总数的 13.4%，从 7 月中旬开始到 8 月底，各区精简总务人员和工勤人员工作基本上告一段落。截至 8 月 31 日，已有 152 人还乡，占 1958 年 1 月以后来京的人员 12.3%，其中 1958 年以前来京自动要求还乡的有 18 人。

①　《精简、调整技工学校的意见》，1961 年 7 月 4 日，北京市档案馆藏，档案号：110-001-01233。

②　《远郊十县精简工作的情况》，1961 年 7 月 29 日，北京市档案馆藏，档案号：153-001-00304。

精简对象中不需要补人、又有条件还乡的绝大多数已经还乡。[1]

最后，控制学生数量。对于技工学校的学生，1961 年，劳动部要求来自农村的学生，原则上要动员回乡参加农业生产。同时还要大大缩减招生指标。按照精简的要求，不是十分必须的学校，1961 年可以不招生。这样，全国技工学校的招生计划，可由年初国家计委下达的招生指标 35 万人减少到 10 万—15 万人（比原计划减少 71.4%—57.1%），并一律从城市招收。[2] 经过调整，全国重要各部直属（包括其直属企业所属）技工学校的学生人数由 1960 年年末的 176630 人减到 131840 人，北京市的则由 11482 人减到 7757 人。[3] 另外，北京市还从学生吃商品粮的问题上来限制学生数量。1961 年 7 月，北京市教育局党组发出《关于解决农村学生吃商品粮问题的报告》，指出，农村学校中农民子弟吃商品粮的共有 2.54 万人，其中高中生 5800 人，中等师范学生 5200 人，初中生 1.16 万人，初级师范和初级幼师 1800 人，小学生 400 多人，平谷县专业学校学生 500 多人。报告规定，除去中级师范学生按照规定可以由国家供给食宿，初级师范和初级幼师学生今年全部毕业参加劳动以外，其余各类学校的学生都不应该继续吃商品粮，应放农忙假，转回农村吃农村口粮。[4] 这一规定也就意味着国家不再向学生供给口粮，这样能促使一部分学生不能入学，需要回到农村参加劳动，从而达到控制学生人数的目的。

---

① 《中小学职工精减压缩城市人口工作情况》，1961 年 9 月 8 日，北京市档案馆藏，档案号：153–001–00304。

② 《精简、调整技工学校的意见》，1961 年 7 月 4 日，北京市档案馆藏，档案号：110–001–01233。

③ 《精简、调整技工学校的意见》，1961 年 7 月 4 日，北京市档案馆藏，档案号：110–001–01233。

④ 《北京市重要文献选编（1961）》，中国档案出版社 2005 年版，第 551—552 页。

三、精简存在的问题

这一阶段是精简工作全面铺开的阶段，与此前的精简工作相比，是大刀阔斧，伤筋动骨，因此涉及面广，力度空前。虽然各方面都很重视，也制定了政策和详细的规划，但是依然存在经验不足、准备不足的问题。作为一项重大的应对经济困难的手段，可以说是危机应对政策，出现这些问题也是难以避免的。

第一，精简政策一度执行不到位，宣传动员工作没有抓得很实。因为宣传上本来就存在不"理直气壮"的问题，对被精简人员而言心里一时难以接受也正常，加上有些单位在动员时，政策交代不清楚，没有稳住多数人的情绪，有些职工惶惶不安。这些单位只普遍号召工人回乡支援农业生产，但既没有讲清动员还乡的对象具体是哪些人，也没有通过骨干给老工人交底，对生产也没有抓紧安排，导致工人思想不安，出现了一些不该出现的现象。如沙河铁厂有的高炉工人上班睡觉，亏料不管，组织说话不听；有的工人突击吃粮，他们说："该走了，还不闹个肚回"；还有些工人到市场上突击抢购，见队就排，见物就买。有些生产骨干也因为心中没底，动荡不安。如市政五公司二工地有三个班长也提出要求还乡，其中两个是生产最好的班。① 还有的单位对中央和市委的政策领会不深。如市煤建公司错误地理解市委关于"凡久假不归或旷工连续十天以上者，一律除名"的指示，对超过假期几天甚至一天的也按除名作了处理；有的单位不明确工作重点，先处理了老、弱、病、残人员和"五类分子"，对 1958 年以后由农村来城市的人口动员工作反而抓

① 《关于精简职工工作中的问题和意见的报告》，1961 年 7 月 29 日，北京市档案馆藏，档案号：101–001–00150。

得不紧。经过几次会议，这种现象才有所扭转。① 甚至有的单位不按政策办事。市政一公司一工地有 34 名还乡工人，单位不发放旅费，全由个人负担；对于工人的粮票，也没有按照发足一个月的标准。② 这些做法给精简工作造成了人为的困难和障碍。

第二，在中央的精简政策和指标下，一些单位工作方法存在简单粗暴的问题。有些单位做精简工作时，方法不细致，引起工人不满。有的单位不做细致的调查研究和说服教育工作，有急于求成草率行事的情绪。市建筑工程局动员时在这方面就存在很大问题。在动员干部退职时，由思想动员到办手续退职，仅仅用了两个小时了事。因工作草率，导致一些人走了之后还要求回来。也有的还乡对象未经过公司批准，就开了欢送会，经审查后该人并不符合还乡条件，影响了政策的权威性，引起了不稳定因素。③ 市建筑工程局在动员临时工返乡时说："你是临时工，应该走，走也得走，不走也得走"④，并没有从支援农业的意义上进行教育。又如市政机械公司，开动员报告大会，报告后当场分组讨论报名（几乎全部人都报了名），然后立即宣布批准返乡名单。被批准的人虽然形式上是自愿报名，但实际上思想不通，是不应该被批准的。北京陶瓷厂动员还乡时，事先没有摸清工人的思想，教育工作做得也不细致，有些人不满意，借口不相信工厂的动员报告，要求看中央和市委的文件；有的单位怕还乡工人偷窃，派人监视他们打包行李，甚至进行搜

---

① 《财贸部门精简工作情况报告》，1961 年 7 月 24 日，北京市档案馆藏，档案号：001–021–00245。
② 《关于精简职工工作中的问题和意见的报告》，1961 年 7 月 29 日，北京市档案馆藏，档案号：101–001–00150。
③ 《精减干部压缩城市人口的工作总结》，1961 年 12 月 23 日，北京市档案馆藏，档案号：125–001–00165。
④ 《关于精简工作的小结与今后工作意见》，1961 年 8 月 17 日，北京市档案馆藏，档案号：125–001–00165。

查。市政机械公司汽车队还乡工人在打包行李时，领导派人监视，监听工人聊天，这些行为引起工人群愤："我们干了这几年，工作也不错，领导上为什么把我们当小偷看待，一举一动有人盯着我们！"还有些单位怕工人抢购，不准出门。[①] 还有的单位领导有急于求成的心态，因此发生了不分对象进行动员的情况，导致有些确实没条件返乡的工人公然提出："这次精简是强迫不是自愿。"[②] 这些简单粗暴的做法都会导致精简工作陷入被动局面，不利于达到预期精简效果。

第三，政策"一刀切"，没有考虑到有些岗位人员被精简后，需要有人顶替的问题。1958 年以后由农村进城就业的人口，情况比较复杂。有的工作暂时离不开人，需要调人顶替，有的本人或家庭有各种具体问题，回乡有一定困难。以北京市财贸系统为例，财贸系统共吸收上述人员 8931 人，其中有 4640 人（占 52%）分布在远郊十个县（区）广大农村供销商店，占远郊从业人员的近五分之一。如果立即动员这些人回乡，没人顶替他们，那么工作会受影响。如果调人顶替的话，人数又很多，又不是暂时可以解决问题的。而且，1958 年以后参加工作的大都是身强力壮的年轻人，大多有些文化。在动员还乡的过程中，不少单位提出，本来财贸部门的老、弱、病、残人员就多，后继无人的现象恐怕越来越严重，如果将这批人再动员回乡，恐怕问题更加突出。同时有些单位因为工作需要，不能把这些人立即动员走，也需要调人顶替。对于这个问题，财贸部门迫切希望劳动部门能适当予以调剂，以解决精简人员后有些工作无人顶替的问题。不过，在当时的情

---

① 《关于精简职工工作中的问题和意见的报告》，1961 年 7 月 29 日，北京市档案馆藏，档案号：101-001-00150。
② 《建工局干部精简情况及问题的汇报》，1961 年 10 月 27 日，北京市档案馆藏，档案号：125-001-00165。

况下，要精简上千万的城镇人口，政策上具有太多的弹性是不可能的事情，"一刀切"和"硬指标"也是不得已的手段。但是，从工作角度而言，确实存在缺陷。

第四，纵观这一阶段的精简，很多单位借机精简老、弱、病、残人员以优化队伍是一大特点。在被动员回乡的人员中，老、弱、病、残人员占了比较高的比例。比如椿树人民公社塑料厂于1961年6月中旬根据宣武区委、公社党委指示，对于老、弱、病、残的生产人员进行了一次处理。先各在全厂生产人员中作了两次动员报告，并组成工作组深入老、弱、病、残人员家里访问和动员。全厂生产人员421人，截至7月15日，经过宣传动员处理离厂的老、弱、病、残人员共91人，占全厂人数的21.6%。^①财贸系统也是如此。东城区和平里粮食中心店和东直门副食二店精简的步骤是从处理老、弱、病、残人员入手。两个商店共有从业人员122人，经过摸底计划精简37人，占总人数的30%，其中老、弱、病、残人员29人，占了计划精简人员的绝大部分。^②如前面所述，这是政策上的漏洞，是城市企事业单位向农村转移负担的一种表现，违背了政策的初衷，但某种意义上也是无可奈何的事情。

这一阶段精简工作中也还存在其他一些问题，比如因为精简工作难做，有些部门行动不够迅速，有的单位抓得不紧，用了很长的时间进行预算、订规划，但实际行动却很慢，比如到1961年7月，延庆、密云、大兴等十个远郊区县还有不少单位没有行动起来。^③

---

①　《关于椿树人民公社塑料厂处理老弱病残生产人员离厂情况的检查》，1961年8月9日，北京市档案馆藏，档案号：001-028-00033。

②　《关于东城区和平里粮食中心店和东直门副食二店精简工作十点情况》，1961年11月15日，北京市档案馆藏，档案号：001-021-00245。

③　《财贸部门精简工作情况报告》，1961年7月24日，北京市档案馆藏，档案号：001-021-00245。

第三节　精简工作的高潮阶段

自从 1961 年 6 月中央工作会议作出精简城镇人口决定以后，1961 年全国共减少城镇人口 1300 万人，精简职工 950 万人。[①]1961 年的精简工作在一定程度上减少了城镇的粮食销量，加速了企业事业单位的调整，促进了国家经济状况的改善，但是城镇人口和职工人数过多给国家经济上造成的困难和问题还没有完全解决。因此，1962 年中共中央仍把精简城镇人口作为一项重要的措施提出来，并增加了精简指标，加大了精简力度，在全国掀起了精简城镇人口的高潮。

一、1962 年再次加大精简力度

1961 年 1 月，中共八届九中全会虽然正式批准了"调整、巩固、充实、提高"的方针，但由于急于求成的"左"的思想并未根本克服，全会以后，"八字方针"仍然执行不力。1961 年八九月间，中央在庐山召开工作会议（第二次庐山会议），这次会议统一了对贯彻"八字方针"重要意义的认识，可以说是调整国民经济的真正开始。这次庐山会议后，"八字方针"开始得到贯彻，但经济形势依然严峻。为了总结经验教训，扭转困难局面，1962 年 1 月，中共中央召开七千人大会。周恩来在大会闭幕会上讲话，强调 1962 年是国民经济计划以调整为主的关键年，并提出克服困难的八条具体办法，其中，"坚决精简机构，压缩城镇人口，精简职工人数，减少粮食供应"，"这是克服当前困难的最重要的一着，也是调整工作的一个重要环节"。"精兵必先简政。党、政

---

① 《中共中央文件选集（1949 年 10 月—1966 年 5 月）》第三十九册，人民出版社 2013 年版，第 78 页。

机关和企业、事业单位，首先要裁并机构，要'拆庙子'，同时要'搬菩萨'。"[1]2 月 21 日，刘少奇又在西楼会议上进一步指出，现在处于经济恢复时期，但也是不正常时期，恢复经济不能用平常的办法，要用非常的办法，把调整经济的措施贯彻下去。[2]陈云在会上尖锐地指出，由于粮食问题已经"造成城乡人民的尖锐矛盾。解决这个矛盾的办法只有一个，就是必须减少城市人口，让一部分城市人口回乡务农"[3]。2 月 22 日，原来的中央精简五人小组撤销，中共成立中央精简小组，负责处理有关全国精简职工和减少城镇人口工作中的日常事务。中央精简小组由杨尚昆、习仲勋、谢富治、张启龙、马文瑞、章夷白、高云屏、童小鹏八人组成，杨尚昆为组长。陈云在西楼会议上的讲话，得到刘少奇等其他中央领导人的赞同。根据刘少奇的建议，陈云在 1962 年 2 月 26 日召开的国务院各部、委党组成员会议上作《目前财政经济的状况和克服困难的若干办法》的报告，提出克服经济困难的六项措施，其中重要的一条就是减少城镇人口，精兵简政。陈云指出："减人这件事是很困难的，要他们来容易，要他们走就很困难。但是，如果现在不减，财政继续亏空，市场发生动乱，就会使我们更加被动。现在减有困难，将来减更困难，两个困难比较起来，我看是早减为好"，"要精简的职工，不单是来自农村的人，还有一部分城市的人"[4]。

西楼会议两个月后，5 月 7 日，中共中央召开工作会议，即五月会议，刘少奇主持讨论了《中央财经小组关于讨论一九六二年调整计划的

① 　中央文献研究室编：《周恩来年谱（1949—1976）》中卷，中央文献出版社 1997 年版，第 456 页。
② 　中央文献研究室编：《刘少奇年谱（1989—1969）》下卷，中央文献出版社 1996 年版，第 549 页。
③ 　邓力群：《我为少奇同志说些话》，当代中国出版社 1998 年版，第 124 页。
④ 　《陈云文选》第三卷，人民出版社 1995 年版，第 201 页。

报告（草稿）》（以下简称《报告》）。《报告》分析了职工队伍的情况，并指出全国的职工人数不仅超过了粮食生产所允许的水平，而且也大大超过了生产建设的需要，强调对整个国民经济进行大幅度的调整是必须的，要坚决拆掉用不着的架子，收掉那些用不着的摊子，进一步精简职工。《报告》列举了有计划地缩短工业生产战线和基本建设战线，压缩文教事业规模，精简行政管理机构的益处，主要有：可以减少 900 多万职工，可以减少 1300 多万城镇人口。这样一年就可以少销四五十亿斤粮食，减少蔬菜供应二三十亿斤，少销生活用煤几百万吨。同时可以少挤农民的口粮，还可以抽出一部分粮食来扶持经济作物的生产；可以增加农业战线所需的劳动力，增加农、林、牧、副、渔各业的生产，并可抽回工业企业和基本建设单位过多过早占用的土地，增加耕地面积；可以使整个工业、交通部门的职工队伍精干起来，使职工的劳动生产率逐渐提高，使职工的生活有所改善，等等。① 五月会议后，精简工作主要与国民经济的调整尤其是工业的调整和企业的关、停、并、转结合，精简打开了局面。5 月 26 日，中共中央发出批转中央财经小组《关于讨论一九六二调整计划的报告》的指示。指示要求，为了尽快恢复农业生产，克服困难，"全党目前必须抓紧的主要工作，一是坚决缩短工业生产建设战线，坚决减少职工和城镇人口；一是加强农村人民公社生产队的领导，加强各方面、特别是工业对农业生产的支援，巩固农村的集体经济"，"中央财经小组原建议减少职工九百多万人，减少城镇人口一千三百多万人，中央现决定改为减少职工一千万以上，减少城镇人口两千万人，要求两年完成"②。会议对精简职工和减少城镇人口进行了重点讨论。邓小平认为当前的中心任务有两个："一个是减少 2000 万城市

① 《建国以来重要文献选编》第十五册，中央文献出版社 2011 年版，第 375—376 页。
② 《建国以来重要文献选编》第十五册，中央文献出版社 2011 年版，第 340—341 页。

人口，一个是加强农村生产队的工作。"① 周恩来指出："去年已经是下大决心了，一千多万人下乡，八百七十多万职工精简下来，这是一个大决心。但是去年我们还不能设想关这么多厂，拆这么多'庙'，精简这么多人。""现在经过政治局常委讨论，下了更大的决心，就是下乡职工超过一千万人，下乡城市人口相应地可能争取超过二千万人。这个决心，的确也是逐步酝酿出来的，去年不可能，前年更不可能。现在下这个决心，目的就是要把我们的经济生活来一个大幅度的调整。"②

　　为了做好精简工作，中共中央制定和下发了一系列文件。1962 年 2 月 14 日，中共中央印发《关于 1962 年上半年继续减少城镇人口 700 万人的决定》，要求各级党、政、民机关，各事业单位和企业单位的管理机关切实精简多余干部，并对各个企业定员以外的多余工人和老、弱、病、残人员的安置作了规定。2 月 21 日，中央精简小组向中共中央报送《关于各级国家机关、党派和人民团体精简的建议》，提出了各级国家机关的精简计划。22 日，中共中央批转了中央精简小组的建议，要求"要下决心'拆庙'，裁并机构"，"必须大力紧缩人员编制"，"把多余的人员减下来，把非业务人员和服务人员减少到最低限度"③。5 月 27 日，中共中央、国务院作出《关于进一步精简职工和减少城镇人口的决定》（以下简称《决定》），作出"全国职工人数应当在 1961 年年末 4170 万人的基础上，再减少 1056 万人至 1072 万人"的决定，强调精简工作必须与国民经济各部门的调整和企业、事业、机关机构的裁并结合起来。《决定》对减人的具体界限作了划分，在职工方面，1958 年以来来自农村的职工，除了少数行业必须保留的一部分（如矿山井下工人、

---

① 苏维民：《杨尚昆谈新中国若干历史问题》，四川人民出版社 2014 年版，第 125 页。

② 《周恩来选集》下卷，人民出版社 1984 年版，第 407—408 页。

③ 《建国以来重要文献选编》第十五册，中央文献出版社 2011 年版，第 166—167 页。

石油采掘工人、有色金属工人、部分林业工人等）而外，一般地应当精简回乡。1957 年年底以前来自农村的职工和勤杂人员，凡是能够回乡的也应动员回乡。原来就生长在城里的职工，有条件并且自愿下乡落户的，可以下乡落户。《决定》也明确指明了不能精简的人员：工龄长的老职工，必须保留的技术工人中具有特殊技能的骨干、技术人员，归侨职工和其他政治上需要照顾的人员，要注意保留。城镇其他人口方面，《决定》规定：到农村去的职工家属，原则上要与职工一起下乡。县和县以下单位的在职职工，家在本地（本县和临县）农村的，一律不带家属，已来的家属动员回乡。专（市）以上单位在职职工的家属，凡是1958 年以来进城的，应当尽量动员回乡。另外，在职职工来自农村的非直系亲属和直系亲属都要动员回乡。《决定》要求，"从现在起，不准任何职工家属（包括军官和干部家属）"搬进城来。①

为了贯彻中共中央政策，1962 年 4 月 14 日，刘仁在中共北京市委全体（扩大）会议上的总结报告中指出："精简工作要根据中央最近的具体规定来进行，一方面要抓紧时间，这既有利于回乡人员参加春耕，安排今年生活，又可以节约城市粮食。但是工作一定要做细，特别是思想工作一定要做到家。力求不出或少出问题"，"要完成精简 50 万人（包括去年精简的）任务。并且争取多完成一些"。②1962 年 5 月 29 日，刘仁再次指出："'精兵简政'，减少职工，减少城市人口，特别是尽可能减少城市中不从事生产和现在不能从事生产的人口，是当前调整工作的首要问题"，必须坚决缩短工业生产战线、基本建设战线和文教战线，加强农业战线；关掉、合并、缩小一批工厂；坚决停办或压缩不必要的和规模过大的学校、研究所、服务机构等；精简和压缩县、区和公社所

---

① 《建国以来重要文献选编》第十五册，中央文献出版社 2011 年版，第 388—393 页。

② 《北京市重要文献选编（1962）》，中国档案出版社 2005 年版，第 243—244 页。

办的企业事业。在精简中，必须切实动员能够回农村的人员首先回农村去：凡是 1958 年以后来自农村的职工，除少数行业必须保留的一部分（如煤矿井下工人）以外，应该全部动员回乡；1957 年底以前来自农村的职工，能够回乡的，也要动员回乡；到农村去的职工的家属，都应和职工一起下乡；自愿要求回乡的职工，任何单位都不能阻拦，应迅速批准；年老体弱不能工作合乎退职退休条件的职工，要动员退职退休；有些单位由于把农村来的人动员走了，生产上工作上确实需要补充人，可以由不能回乡的人员接替。①

二、制定精简措施

在 1961 年进行的大幅度精简的基础上，1962 年要继续精简大批的城镇人口，工作难度空前加大。因为能精简的、好精简的都已经精简了，剩下的都是比较难精简的人员。用现在的话来说就是，"好吃的肉都吃完了，剩下的都是难啃的骨头"。因此，北京市为了落实中央政策，制订了更加详细的计划，采取了一些特殊的措施。

（一）鼓励职工自愿还乡

在精简过程中，虽然很多职工思想不通，需要做大量的思想工作才愿下乡，但也有一些职工积极响应号召，拥护中共中央和北京市委压缩城镇人口的方针政策，自愿还乡参加农业生产。自愿还乡可以减少工作阻力，也能形成榜样的力量，这是行政管理部门最愿意看到的现象。因此，对于自愿回乡的职工，北京市给予大力支持，要求各单位不能阻拦自愿还乡的职工，应迅速批准。

北京市制定了鼓励职工自愿返乡的政策，但各单位在具体执行时

---

① 《北京市重要文献选编（1962）》，中国档案出版社 2005 年版，第 313—314 页。

却贯彻不力。有些部门、单位，对自愿还乡参加农业生产的职工和干部，不积极支持，有的甚至找寻各种借口加以阻拦，舍不得减人，尤其是舍不得老工人还乡。有的企业劳动力大部分是 1958 年以后从农村来的，但企业领导不愿精简，甚至有工人再三请求回乡，企业仍然不放。1962 年，冶金局来自农村的新职工 7180 人，计划精简回农村的仅 3937 人，占 54.8%；机电局有 5477 人，计划精简回农村的仅 2967 人，占 33.3%。建材局所属砖瓦厂 1962 年自愿离职回农村的就超过精简计划数。该局有些企业对申请回农村的人员不积极支持，甚至有的工人提出申请回农村，领导认为其思想认识模糊，有"农比工好"的思想，进行了"教育"。砖瓦厂一个工人再三申请回农村，虽经领导勉强批准，却不发给回乡路费，说"你是自己申请的，不是动员的，不能发给回乡路费"。工人说"不发也要回去"。结果，这一工人未领取路费，就回乡了。① 这些做法显然是违反当时精简政策的，必须迅速加以纠正。针对这种情况，1962 年 5 月 23 日，北京市委、市人委发出《关于不准阻拦职工自愿还乡参加农业生产的通知》，强调凡是自愿还乡参加农业生产的工人（煤矿井下工人除外），不论是什么时候到城市参加生产的，都应给予鼓励，允许他们回去并妥善安排，切实帮助他们解决回乡具体问题。有些工厂的生产任务比较重，职工走后，尤其是技术工人走后会影响工厂正常生产的，市委要求由市劳动局从已经关闭、合并的企业中调剂解决。干部自愿还乡参加农业生产的，也应当给予鼓励，不能阻拦。② 为了鼓励职工和职工家属自愿还乡，北京市公安局还规定：凡是机关、厂矿、企业、学校等单位的在职职工家属，自愿暂时还乡

---

① 《1958—1965 中华人民共和国经济档案资料选编（劳动就业和收入分配卷）》，中央财政经济出版社 2011 年版，第 221 页。

② 《北京市重要文献选编（1962）》，中国档案出版社 2005 年版，第 281—282 页。

一、二年的，经职工所在单位的党委或行政领导出具证明，由本市公安派出所发给"准予返回入户证明"；凡是全家数人共执一张"准予返回入户证明"的，返回本市时，可以同时回来，也可以分批回来；凡是持有"准予返回入户证明"的职工家属，在还乡期间出生的子女，只要有当地户口登记机关的证明，也可以随同一起迁来入户；派出所受理持有"准予返回入户证明"的职工家属申报户口时，经核对无误，即予处理入户手续。[①] 应该说，北京市为了鼓励还乡，政策的支持力度很大。尤其是北京市公安局的政策，有点"来去自由"的味道，承诺暂时还乡者返回城市时具有特别优惠的政策。后来，随着国民经济的恢复，在这部分人返回城市时政府部门是否认真贯彻了这一政策还有待进一步考察，但是从政策层面而言，确实很灵活，力度很大。人们不禁要问，精简指标这么高、难度这么大，为何有些单位还会给还乡工人制造障碍呢？实际上，这主要是由生产性质所决定的。上述的砖瓦厂等企业，不仅需要的都是精壮劳动力，而且工作辛苦，有些甚至还有一定的危险性，有些需要一定的经验和技术性，这些工种从城市招人并不容易、其他单位调入的人员也难以符合工作要求。

（二）严格控制增加职工

在精简城镇人口的同时，北京市还严格控制增人现象，一方面对职工的调入程序作出明确规定，另一方面严禁各企事业单位通过不正当途径招收工人。

为了驻京中央机关和直属企事业单位更好地开展精简工作，中央精简小组对入京人员的调入手续作出明确规定：今后驻京中央机关和直属企事业单位，非十分必要，不准再调入人员；如确因生产或工作需要，

---

① 《北京市公安局关于在职职工家属自愿暂时还乡一二年返回后仍准许入户办法的执行意见》，1962 年 3 月 31 日，北京市档案馆藏，档案号：123-001-00842。

必须调入人员时，不论调什么人和人数多少，均须由调入部门提出申请调入意见，分别报经中共中央各主管部、委和国务院各口负责同志审核批准。然后，将批准的意见抄送北京市人民委员会，经北京市人民委员会同意后，方可调入。职工家属（包括军官和干部家属），现在没有住在北京的，都不准迁进北京。经批准调入北京的人员，其随带的原住其他城市的直系亲属，如需一同来京时，要在申请调入的同时，办理申请随迁手续。① 市人民委员会规定：市、区级所属企事业单位，必须从外地调入职工时，须经市人事局、劳动局审核以后，再经市人民委员会批准。② 这些规定，将通过驻京中央机关和直属企事业单位进入北京的通道，基本上堵死了。一般人员进京，需要经过中央部委主要分管领导审批，还需要北京市委的批准，这两道门槛是很高的，一般人员进京基本上不大可能了。

在精简工作全面推开后，私招乱雇职工现象在全国范围内还有发生，因此受到严厉批评和惩罚。1962 年 2 月 1 日，中央精简干部和安排劳动力五人小组发出《关于某些地区和单位私招乱雇职工的通报》，指出：据不完全统计，仅 1961 年全国新招收的职工，扣除统一分配工作的高等学校、中等专业学校和技工学校的毕业学生以外，大约还有30 万人，其中来自农村的不下 7 万人。③ 在减人期间，仍然增加了这么多的新职工，对巩固精简成果是一大打击，而且也不利于精简政策严格执行。

---

① 《中央精简小组关于限制驻京中央机关和直属企业、事业单位调入人员的通知》，1962 年7 月 11 日，北京市档案馆藏，档案号：002–014–00001。

② 北京市地方志编撰委员会编：《北京志·综合经济管理·劳动志》，北京出版社 1993 年版，第 71 页。

③ 《关于某些地区和单位私招乱雇职工的通报》，1962 年 2 月 1 日，北京市档案馆藏，档案号：110–001–01361。

对于这种现象，北京市委、市人民委员会自 1959 年以来曾一再指示劳动力统一调配管理，各单位不得自行招收工人。1959 年 12 月 17 日，北京市委批转《劳动局党组关于部分企业事业单位私招工人的情况和处理意见向市委的报告》时，明确指出："单位私自招工是违反政策的严重错误，也是严重的无组织无纪律行为"；"少数人民公社和街道修建队私自招收外地农民向甲方收取过高的管理费，是一种资本主义倾向，是腐蚀人民公社的行为。各区、县委应该严格检查纠正"①。这样，北京市将私招工人提高到了政治纪律的高度，并扣上了"资本主义倾向"的帽子。尽管如此，依然未能引起某些单位领导的足够重视，以致这些现象在一些单位中还有发生。1962 年 11 月底，市劳动局对北京光学仪器厂、天坛医院、北京酱油厂、崇文区清洁队和前门缝纫社 6 个单位进行检查。经检查，这 6 个单位自 10 月以来，擅自招收工人 221 人，其中本市居民 124 人，郊区人民公社社员 85 人，河北省农民 12 人。这些单位主要通过 4 种途径招收工人：（1）私自与郊区人民公社联系，吸收农民进厂工作或包活。如天坛医院于 11 月 7 日将门窗油漆工程包给中苏友好公社七一修配厂承做，每日 40 人左右，私招通县殷各庄公社富豪村大队 30 人，承做医院的洋灰路翻修工程。（2）私自录用职工家属为长期工。北京光学仪器厂于 10 月初对场内职工子弟摸底填表，准备吸收 36 名入厂做学徒工。机电工业局劳动工资处在 11 月 15 日通知该厂：不能吸收，待请示后再定。但该厂没照办，于 11 月 19 日私自吸收了 34 名入厂。（3）以公社生产队的名义私自吸收城镇居民，对外包活。南苑人民公社新宫修建队，吸收城镇居民 22 人，承包了北京酱油厂的发酵罐大修工程，技工日工资高达 3.5 至 4.2 元，并向厂索取 30% 的管理费。

---

① 《关于检查私自招收工人和农村公社生产队在外包揽工程的情况和处理意见的报告》，1962 年 2 月 10 日，北京市档案馆藏，档案号：110–001–01330。

（4）有的单位不按市劳动局指定的地点去招用临时工，而是自行私招外地农民。如煤炭部所属煤矿设计研究院，1962 年冬需要锅炉工 24 人，经劳动局分配后到通县招收临时工，但研究院招收了河北省农民 10 人，只在通县招收了 8 名工人。[①]

10 月 14 日，国务院发布了《国务院关于国营企业使用临时职工的暂行规定》，北京市结合自身本市情况，制定了具体的实施办法。企业在正常的生产和业务范围内使用的临时职工，应当纳入年度劳动计划。在已经批准的年度劳动计划以内使用临时职工时，应当按季提出招用计划，报劳动部门平衡调配。各单位经批准使用临时职工时，应首先由企业主管单位或劳动部门从其他单位暂时多余而又适合需要的职工中借调。必须从社会上招用时，应经劳动部门批准，到指定地点招用。如需在农村招用临时工，应经市劳动局转报市人民委员会批准，一律不得自行招用。[②]但有的单位仍然不顾政策，私自招工。对于这些单位的做法，市劳动局要求：私招的正式职工和河北省的农民，由招工单位职工做好职工的工作，一律辞退。私自招用城镇居民做临时工和包活给郊区公社生产队的，应当停下来，未经批准一律不得再继续使用。为了杜绝私招工人的现象再次出现，市劳动局建议加强工资基金的管理。凡是未经批准将活包给农村生产队或自行从社会上招收临时工的，人民银行和建设银行一律不准开支工资或经费。[③]市劳动局最后这条措施，提升到了经济手段治理私招问题，其效果是显而易见的。发不出工资，用人单位不敢再继续私招人员，农民没有保障也将不愿进城做工。重点资源都集中

---

① 《关于有些单位私招工人的和处理意见的报告》，1962 年 11 月 28 日，北京市档案馆藏，档案号：110-001-01330。

② 《北京市重要文献选编（1962）》，中国档案出版社 2005 年版，第 931 页。

③ 《关于有些单位私招工人的情况和处理意见的报告》，1962 年 11 月 28 日，北京市档案馆藏，档案号：110-001-01330。

控制在政府手中，这就显示出社会管理上的优越性，也从侧面反映出精
简工作能成功的一个重要的制度原因。

（三）调整工业企业规模

1962 年的城镇人口精简与调整工业企业规模、压缩基本建设战线
紧密结合，通过关、停、并、转一些工业企业，从而达到精简职工的目
的。在国家计划的统一安排下，北京市调整了工业生产指标，缩短了重
工业战线，关闭了一批原料供应严重不足和成本高、质量差、生产效率
过低的企业，精简出大量的职工。

为了贯彻中共中央缩短工业战线、减少城镇人口的指示，各工业局
陆续制订了调整工业企业、精简职工的计划。北京市化学工业局按照中
央和市委的指示，于 1962 年 5 月 29 日公布了该局 1962 年度的精简计划：
1961 年年末，24 个工厂职工总数为 25426 人，1962 年精简计划为 6685
人，预计可回农村人数 2500 人。具体情况为：停两个厂，即通州化工
厂、北京化工五厂，可减 709 人；转出两个厂及一个车间，即北京糠醛
厂、磨具厂的鞋底车间转轻工局，煤炼油厂转石油部，共减 756 人；压
缩的有四个厂：北京化工厂可减 882 人、北京化工四厂可减 319 人、北
京化工机械厂可减 583 人、北京塑料厂可减 274 人，四厂共减 2058 人；
其他厂停减产品可减 365 人。[1]6 月 6 日，工业系统下发通知，要求加快
精简进度：地方工业 1962 年第一批关、停、并 60 个工厂，以后还要陆
续关、停一些企业；对已决定关、并、停、转、缩的工厂企业，要特别
注意做好职工的思想工作，首先要做好这些企业领导干部的思想工作，
切不可单纯依靠行政命令，简单从事；各单位需要的调出或调入职工，
要将人数、工种，按局综合分别报劳动局统一调剂；各局对所属工厂企

---

① 《北京市化学工业局 1962 年精简计划》，1962 年 5 月 29 日，北京市档案馆藏，档案号：
097–001–00248。

业的精简职工指标和精简后各企业的职工定员数字，确定后，要立即正式通知各有关区、县委和人委，以便争取它们对这一工作加强领导，并协助督促检查各单位的精简工作。①

城市人民公社系统也有大量的工业企业。全市共有城市人民公社48个，其中以国营大厂为中心的公社有10个（有7个公社只吸收职工家属参加），以街道居民为主体的38个，还有15个街道办事处举办了生产服务事业。城市人民公社在刚开始举办工业时，生产带有很大盲目性，特别是在片面追求产值的思想影响下，生产了一些比较高级的、技术比较复杂的产品（例如高频磁、电容器、变压器、收音机等），结果有的企业和国营企业争原料，有的没有原材料就到处抢购、套购，以物易物，违法乱纪。

自从1960年下半年以来，公社干部普遍批判了"资本主义经营思想"，强调"公社工业要安于小、精于小"后，这些技术复杂的产品绝大部分都已下马，逐步转为主要生产为人民生活服务的小商品。在兴办工业的高潮时期，1960年4月全市城市人民公社共有生产单位5398个，生产人员19万人，其中成型工厂860个，职工108000人；集中生产小组2567个，职工39000人；分散生产组1971个，职工42000人。②1960年下半年以来，特别是贯彻中央"调整、巩固、充实、提高"的八字方针后，城市人民公社开始对公社工业进行调整，撤销了一部分生产服务单位，并动员一部分生产服务人员还乡参加农业生产。由于城市人民公社工厂大部分都是生产小商品，而小商品的产供销关系比较复杂，因

---

① 《中共北京市委工业生产委员会通知》，1962年6月6日，北京市档案馆藏，档案号：097-001-00248。

② 《北京市城市人民公社企业、事业单位精简的情况和今后意见（一稿))》，1962年7月27日，北京市档案馆，档案号：001-028-00037。

此，城市人民公社在市委的统一领导下，按行业系统采取工商结合、上下结合的办法制订调整计划，精简公社职工。城市人民公社从整个社会需要和物资供应能力出发，根据优先安排国营企业、最合理利用现有工资、充分发挥公社工业的拾遗补缺作用以及适当照顾社会就业的原则，制定了工厂去留的标准。公社决定，货源断绝或即将断绝、处于停产或半停产状态的工厂必须坚决关闭或改产。经过调整，截至 1962 年 6 月，全市城市人民公社的生产单位还剩 1242 个，比 1960 年 4 月减少 4157 个，减少 77%；生产服务人员 83000 人，比 1960 年 4 月减少 107000 人，减少 56.3%。其中：成型工厂 573 个，减少 287 个，生产人员减少 41000 人；集中生产组 299 个，减少 2268 个，生产人员减少 34000 人；分散生产组 370 个，减少 1601 个，生产人员减少 31000 人。①

　　经过两年的整顿，尤其是经过 1962 年大规模的调整，城市人民公社的工业在数量上显著下降，生产人员也大大减少。通过调整，不仅使城市人民公社的工业生产方向逐步明确，产品质量逐步提高，而且整顿了人员队伍，老、弱、病、残人员大大减少。当初为了"大跃进"，城市人民公社在大量吸收广大街道妇女参加生产时，对政治问题的审查相对松一些。在整顿精简时，城市人民公社对干部普遍进行了政治审查，"五类分子"成为重点清查的对象。对有问题的人员通过整社进行了撤换。在撤换人员时，各区还从国营企业、机关调来一批政治上可靠并有一定工作能力的职工，担任工厂的支部书记、厂长等。这一组织措施，也使得公社干部队伍得到充实和加强，有利于精简政策在基层的坚决贯彻落实。对于一般的生产人员，公社从 1961 年下半年到 1962 年也逐步进行了整顿。通过整顿劳动纪律和贯彻参加生产自愿的原则，对长期不

---

① 《北京市城市人民公社企业、事业单位精简的情况和今后意见（一稿)》，1962 年 7 月 27 日，北京市档案馆藏，档案号：001-028-00037。

出勤、"三天打鱼、两天晒网"人员，在征求本人同意后予以除名。对老、弱、病、残人员，家务拖累而没有条件参加社会劳动人员，以及在工业生产高潮中勉强参加生产的人员，在本人自愿的基础上都动员回了家。经过整顿，留下的工人都比较精干，公社的劳动效率明显提高。

（四）精简事业机构

北京市原有局属研究机构大部分是 1958 年以后建立和后来发展起来的，1957 年以前只有结核病、建筑施工和市政工程等 3 个所。1960 年 8 月后又新建地质、皮毛皮革、食品、运动医学和中医等 6 个所，增加了一批人员，再加上各所又陆续增添了不少高等学校和中等技术学校的毕业生，人员更加庞大。经过两年的调整，虽然也精简了一批辅助人员、行政人员和少数专业不对口径的技术人员，但研究所的人员总数仍不断增加。截至 1962 年 4 月底，全市共有研究所 32 个，其中工业系统 12 个所，城建系统 4 个所，卫生系统 7 个所，农业系统 7 个所，交通邮电系统 3 个所（均为中央和地方双管），共有人员 2858 人，其中研究人员 885 人（占 31.0%），辅助人员 1497 人（占 52.4%），行政人员 476 人（占 16.6%）。进入 1962 年，随着全市企业单位精简工作的开展，各主管局也开始抓研究所的精简工作。为贯彻华北局关于各省、市厅局所属研究机构调整、精简的指示精神，各局领导人沟通后统一了各类人员划分的标准，制定了精简方案。关于研究机构的调整，方向、任务比较明确，拥有一定数量的研究骨干和一批专业对口又适合于从事科学研究工作的研究技术人员，房屋设备条件较好，能正常开展工作的研究机构应该保留，有的还应适当加强；有些研究机构虽然方向、任务还不够明确或者技术力量、设备条件比较差，但从本市生产发展需要考虑，仍需予以保留，逐步扶植，使之能明确方向，开展研究，比如机械所、建筑材料所等；除此之外应合并、撤销或上交的共有 11 个所，其中撤销的 7 个所。关于研究所人员的精简，一方面大量压缩了辅助人员和附属工厂、农场的工人，精简过多的行政人员；另一方面又注意保留了技术骨干，以利于研究工作的正常开展。精简后，各系统的研究所数量和职工均有所调整，见表 2–1。[①]

表 2–1　精简前后研究所数量及人员的分布

	研究所（个）		总人员（人）		研究人员（人）		辅导人员（人）		行政人员（人）	
	精简前	精简后	精简前	精简后	精简前	精简后	精简前	精简后	精简前	精简后
工业系统										
农业系统										
卫生系统	32	22	2858	1482	885	658	1497	479	476	250
城建系统										
交通邮电系统										

1958 年以来，教育系统发展过快、规模过大，超过了国民经济的负担能力，特别是超过了农业生产水平，也超过了教育事业本身的发展条件，影响了教育质量的提高。从 1960 年开始，教育系统就进行了调整工作，使情况得到一定的改善。但是，教育事业和国民经济水平不相适应的局面还没有根本改变。因此，中共中央要求必须下最大的决心，对教育事业，特别是对高等学校和中等专业学校进行进一步的调整。要坚决地改变国家对于教育事业包得过多的办法，适当地压缩公办教育事业的规模，把缩小教育事业规模和提高教育质量结合起来。中央还强调，在这次调整中，要特别注意提高各级学校的师资质量，在不降低教师工资的前提下，将裁并学校中的优秀教师调去加强同级学校和下一级

---

① 《北京市属科学研究机构调整精简的初步方案》，1962 年 7 月 30 日，北京市档案馆藏，档案号：007–001–00093。

学校，将大中城市部分编余的优秀教师，调去加强县镇的学校。①

教育系统的精简包括裁并学校和精简教职工、学生。1962 年，北京市对各级学校都进行了裁并。高等学校原来共 55 所，其中中央各部所属学校 48 所，裁并 5 所，保留 43 所；地方所属学校 7 所，裁并 2 所，保留 5 所。中等技术学校 66 所，其中中央各部门属学校 33 所，裁并 12 所，保留 21 所；市属学校 33 所，裁并 18 所，保留 15 所；中等师范学校 18 所，裁并远郊区县的 9 所，保留 9 所。学校的裁并伴随着裁并学校的学生去留问题。北京市高等学校的学生，除了学习到毕业的以外（个别高校办到现有学生毕业为止），其余的都到合并学校继续学习；中等技术学校的未毕业的学生，除了一部分到合并学校继续学习外，有的分配工作顶替还乡人员，有的回农村参加生产，还有的参军等；中等师范学校的学生一部分毕业分配工作或实习，一部分并入保留学校继续学习。②

另外，一部分中小学的学生也要回乡参加劳动。北京市教育局规定，中小学教育的任务，一方面是为高一级学校培养合格的新生，另一方面是为了培养劳动后备力量。因此，中小学毕业生不是都升学，而是一部分升学，一部分不升学而参加生产劳动，这在当时的经济生产水平条件下也是正常的现象。农村地区不能升学的中小学毕业生应回乡参加农业生产。③城市不能升学的高初中毕业生，少数家在农村并且有条件回家的，也应回到家乡参加农业生产。④

---

① 《中央批发教育部党组"关于进一步调整教育事业和精减学校教职工的报告"》，1962 年 5 月 25 日，北京市档案馆藏，档案号：015–001–00202。
② 《北京市各级学校调整精简工作基本情况汇报提纲》，1962 年 10 月，北京市档案馆藏，档案号：153–004–02688。
③ 《北京市重要文献选编（1962）》，中国档案出版社 2005 年版，第 475 页。
④ 《北京市重要文献选编（1962）》，中国档案出版社 2005 年版，第 476 页。

　　除了裁并学校和处理学生外，精简教师也是一个重要方面。精简教师并不是 1958 年以后参加工作的教师都精简，而是保留具有多年教学经验的骨干教师，尤其是中小学在精简教师时，主要精简那些文化程度低、业务能力差的教师，这样既达到了精简人数的目的，又调整了教师队伍，提高了教师质量。应该说，这个政策照顾到了教育行业的特殊性，争取保留优质的教育资源。但有些地方在精简时却把 1958 年以后参加工作的教师与一般职工同等看待，一律作为精简对象精简掉，又吸收和安插了其他部门一些不适合教学工作的人担任教师职务。针对这种情况，教育部提出：1958 年以后参加工作的教师，不要一律视为精简对象减掉，应该视不同情况，区别对待。凡国家统一分配到中小学校的高等院校和中等师范学校的毕业生，和具有同等学力而现在又能够胜任教学工作或有培养前途的教师，必须使其继续从事教学工作，不能作为精简对象精简出去。已经被精简出去的，要重新负责安排，使其继续回到教学岗位上来。中小学中有教学经验的老教师，必须加以爱护，留在学校中发挥他们的作用。已经被精简的，必须请回来，继续安排他们做教学工作。在调整中，不能吸收和安插不适宜做教学工作的人员到中小学校去做教师，各级教育部门必须严加控制。凡是调整到中小学担任教学工作的人员，必须在业务上、思想政治上、身体健康等几个方面都是真正适合于担任教学工作的。①

　　北京市是全国的教育文化中心，相对全国而言教育发达，人才集中。北京市在 1962 年的精简与调整中，教育系统作出了很大的贡献。从 1962 年 1 月到 12 月底，北京市共精简教职工 10680 人，其中教师 2354 人，教辅人员 830 人，职工 2148 人，工勤人员 5348 人；中专学校精简教职

---

① 《教育部关于精减中、小学教师必须注意的几个问题的意见》，1962 年 8 月 3 日，北京市档案馆藏，档案号：002-014-00004。

工 3021 人；中小学、师范、幼儿园及其他教育事业的教职工，截止到 9 月底，已精简了 9534 人。精简调整后，教师的队伍质量也得到提高。从中小学教师队伍的文化程度看，中学精简的 230 人都是文化水平低或业务能力差的，调整到小学工作的 1400 人，都是高中以下文化水平的。而新增加的 3175 人则都是大学本科与专科毕业文化程度的。原来中学教师 12929 人中，大学、专科以上程度的 7983 人，占总数的 61.74%。精简调整后大学生专科以上程度的 10958 人，占现有教师 14474 人的 75.7%。小学教师的构成变化也很大，精简的 6800 人绝大部分是初中、初师以下文化水平的（约为 5000 人），增加的 7800 多人则都是师范、高中毕业以上与少部分中师二年级肄业水平的。原来小学教师 3 万人中，高中、中师以上文化水平的 1.3 万人，占 43%。精简调整后，高中、中师以上水平的有 1.9 万人，占现有教师 3.15 万人的 60%。[①] 教育系统将精简和提升质量结合，优质资源层层往下一层级教育系统转换的方式，是比较合理的。通过精简，将教育系统的师资力量整体提升了一个档次，既保护了教育人才，也提升了教育质量。这是精简比较成功的典型。

另外，北京市对一些办事机构也进行了精简。据不完全统计，外省市驻京的办事机构、工作组、采购站等共 262 个，其中省市级的 29 个，常驻北京的人员有 1309 人。省市以下的单位以及在外地的中央直属企业单位驻京办事机构、工作组、采购站共 233 个。北京市委要求各省市一级驻京办事机构人员应尽量精简，其他驻京办事机构原则上一律撤销，人员一律回原单位。[②] 进入 6 月后，北京市开始对一些重要职能部

---

① 《北京市各级学校调整精简工作基本情况汇报提纲》，1962 年 10 月，北京市档案馆藏，档案号：153–004–02688。

② 《北京市压缩城市人口、精减职工情况汇报提纲》，1962 年 6 月 30 日，北京市档案馆藏，档案号：001–005–00413。

门的职工进行精简。北京市原有驻上海、天津、沈阳、武汉、昆明 5 个办事处，共有管理干部 13 人。为了贯彻精简职工的政策，1962 年 6 月，北京市委决定撤销驻天津、沈阳、武汉、昆明 4 个办事处，所有工作人员回京；驻上海办事处由于生产协作和物资供应等原因继续保留，但人员编制由 5 人减为 3 人；北京市所属单位派在上海的常驻业务人员，也由 56 人减为 26 人。[1]

1962 年，国民经济的调整工作已经取得决定性的胜利。职工精简计划已完成 80% 以上，全国劳动力的分配比例已有显著的改善。年底，全国职工人数为 3277 万人，比 1961 年年底净减少 876.9 万人，连同 1961 年精简的 872.6 万人，两年共减少 1749.5 万人。工资总额全年发放 210.6 亿元，比 1961 年少支出 32.7 亿元，连同 1961 年的 19.1 亿元，两年共减少 51.8 亿元。[2] 从 1960 年年底到 1962 年年底，全部工业企业单位数由 25.4 万个调整为 16.9 万个，其中，全民所有制的企业单位数由 9.5 万个调整为 4.6 万个；工业职工人数由 2144 万人精简为 1178 万人。[3]

1962 年也是北京市精简城镇人口的高潮年，基本完成了 1962 年和 1963 年两年的精简职工计划。1962 年 1—10 月市管单位共减少职工 23.46 万人，其中回农村 14.36 万人，回城市街道 4.13 万人，调外省市 0.79 万人，转集体所有制 1.52 万人，转为中央单位和军事部门 1.36 万人，服兵役 0.27 万人，死亡、入学、逮捕等 1.01 万人。同时，1—10

---

[1] 《中共北京市委关于北京市驻外地办事机构精简情况的报告》，1962 年 8 月 18 日，北京市档案馆藏，档案号：001–005–00413。

[2] 《1958—1965 中华人民共和国经济档案资料选编（综合卷）》，中国财政经济出版社 2011 年版，第 514 页。

[3] 《1958—1965 中华人民共和国经济档案资料选编（工业卷）》，中国财政经济出版社 2011 年版，第 89 页。

月市管单位共增加职工 5 万人，其中国家统一分配的大、专学生 1.7 万人，安置本市初、高中毕业生就业 2.11 万人，市外调入 0.47 万人，安置复员军人、集体所有制转全民所有制等共为 0.73 万人。到 10 月底止，全市职工总数为 121.9 万人，其中市管单位 104 万人，比 1961 年年底职工人数净减少 18.5 万人（临时工 1.9 万人在外），完成了中央分配给北京市的 1961 年、1962 两年精简职工的任务。[1] 除了职工以外，其他城市人口也大量减少。1962 年 10 月底，城市人口为 423 万人，比 1961 年底净减 18.1 万人。加上这一期间自然增长的 9 万人，城市人口精简数为 27.1 万人；比华北局分配的 40 万人的任务，还差 13 万人。比 1960 年年底净减少 40.3 万人，加上这一期间自然增长的 17.9 万人，两年来城市人口共减少 58.2 万人。其中，干部职工减回农村约 30.6 万人，职工家属减少约 6.8 万人，大、专学生减少约 1.5 万人，其他社会居民减少约 6.3 万人。此外，郊区、县城镇人口转为农业人口约 13 万人。其中远郊 9 个县城镇人口转为农业人口为 9.8 万人，县以下的职工家属和学生为 8.5 万人，为 1960 年县以下城镇人口总数的 36%，近郊 4 个区以下单位城镇人口转为农业人口约为 3.1 万人，已超过了原定压缩郊区县城镇人口的计划。[2] 由于减少职工和城镇人口，不但减轻了国家和城市的负担，而且有力地支援了农业生产，解决了农村劳动力不足的问题。1962 年 1—9 月，全市职工工资比 1961 年同期减少 6900 多万元，1961—1962 年，城市商品粮销售量比上一年度少销 1.1 亿斤。[3]

1962 年 10 月 6 日，中共中央、国务院作出规定："已经完成减少职工任务和基本完成减少职工任务百分之八十的大中城市，可以宣布减少

---

① 《北京市重要文献选编（1962）》，中国档案出版社 2005 年版，第 891 页。
② 《北京市重要文献选编（1962）》，中国档案出版社 2005 年版，第 895—896 页。
③ 《北京市重要文献选编（1962）》，中国档案出版社 2005 年版，第 730 页。

职工的工作告一段落，进行收尾、清理和安置的工作，把主要的力量放在组织生产方面。"① 虽然北京市的精简取得了很大成效，但是还有一些尾巴，有些地方还没有完成，因此市委考虑，"现在以不向职工宣布结束精简为宜"②，能够回农村的，还要争取动员回乡。但经过1962年的精简，比较容易回乡的都已动员回乡，剩下的职工中能还乡的不多，社会居民(包括无业人员和来自农村的保姆等人员) 能够还乡的人数也不多，郊区、县城镇人口不可能再有多少转为农业人口。鉴于这种情况，北京市下一阶段动员还乡的对象主要是职工家属，多余的干部和老、弱、病、残人员。北京市在严格控制城镇人口的基础上，力求继续减少城镇人口，这也为下一阶段的精简增加了难度。1962 年 12 月，北京市委精简小组在给中央精简小组和华北局精简委员会的报告中指出：根据中央和华北局的指示，继续精简职工，减少城镇人口和吃商品粮的人口，是贯彻执行中共八届十中全会决议，保证农业生产的恢复和发展，保证整个国民经济进一步好转的一项重要措施。北京市委精简小组对 1963 年的精简工作提出了三点计划和意见：一是不准增加职工。除了安排国家统一分配的大、中、专学生和经过中央批准必须安排的初、高中毕业生以外，各部门一律不准增加职工。各单位今后应该从改善劳动组织，开展技术革新，做好编制定员，提高劳动生产率等方面来挖掘现有劳动潜力。基本建设单位按照现有人力，鼓足干劲，千方百计，争取做到完成任务不加人。建筑材料部门在现有人力完成明年任务有困难时，可与郊区县农村人民公社的副业生产相结合，利用农村副业进行砖、砂、石、灰等的生产。二是临时工、季节工单列一笔，不抵销精简任务。从农村中录用的一批季节性临时工和临时壮工在 1963 年春农忙以前一律回乡

① 《建国以来重要文献选编》第十五册，中央文献出版社 2011 年版，第 563 页。
② 《北京市重要文献选编（1962）》，中国档案出版社 2005 年版，第 752 页。

参加农业生产以外，从城市中录用的一些临时工，仍然根据各部门的实际需要，从严掌握，继续使用。如果这部分临时工一定要抵销精简任务，那么只有把这批人解雇，这样，不仅很多单位需用的季节性、临时性的工人不能得到解决，而且势必会使社会上无业人员增多，这些人生活困难的问题得不到解决，将会影响首都社会秩序的安定。三是1963 年国家统一分配给本市的大、专学生和本市不能升学的需要就业的高、初中毕业生，主要是依靠精简和处理老、弱、病、残职工来加以顶替，此外，尽量精简县以下职工和动员能够回乡的职工回乡来予以顶替安排。①

三、精简工作存在的问题

整体而言，1962 年精简工作的成绩是惊人的。在短时间内精简如此多的城镇人口，而没有引起大的社会问题，是难能可贵的。但是，正因为指标高、精简任务重，难免产生各种问题，也给后来北京市经济社会发展带来一定的后遗症。

（一）错减精简对象

明确精简对象是做好精简工作的前提。但在实际执行政策的过程中，有些单位在精简职工时发生了偏差，导致不该被减的职工减下去了。

一方面，存在"减精"而没有"精简"的现象。有些单位在精简时该减的减不下去，却把不该减的减了，没有达到精简的目的，反而出现了"减精"的问题。以北京市服务事业管理局为例，据 7 个区统计，1958 年以后来自农村的新职工，全年计划精简 705 人，而上半年只减

---

① 《北京市重要文献选编（1962）》，中国档案出版社 2005 年版，第 895 页。

了 168 人，仅完成计划的 23.8%。如西城区计划精简 62 人，上半年只减了 5 人；老、弱、病、残职工 7 个区计划精简 571 人，只精简了 260 人，占 45.5%；相反地，原计划少减或不减的 1957 年前的老职工不仅半年完成了全年计划，而且超额完成 50% 左右，全年计划精简 465 人，上半年已走 627 人。其中搓修工 26 人，占全部搓修工 230 人的 11.3%。有的先进工作者、区政协委员、工作骨干已还乡。如崇文区民乐园浴池的一名 45 岁的搓修工，是区政协委员，工作经验丰富，已响应号召还乡。西城区公饭馆仅有两名山西刀削面厨师，工作中的骨干，均已还乡。他们还乡后，调去一名徒工，服务质量差，供应量大大减少。尤其是遇到轮休的时候，由于只有一名徒工，没有换班人员，该饭馆只能停止供应刀削面。海淀区原计划精简 1957 年年底以前老职工 23 人，结果走了 68 人，超过一倍，而且大部分是技术工种。东城区全年计划减少 100 人，结果半年走了 171 人。①

另一方面，不符合回乡条件的被精简。有些单位把原来家居城镇的人员精简回乡，但有些人不符合回乡条件也被精简，导致接收地不准予落户。因而造成精简后返回原地城镇的人员落不了户口的事情不断发生。有些人因被推来推去，落户问题长期得不到解决，花完了退职金，卖掉衣物，得不到口粮和副食品等的供应，造成生活困难，引起很大不满。为了妥善解决这一问题，1962 年 6 月发出的《国务院关于精减后返回原籍城镇人员落户问题的通知》强调各地在精简工作中对于减人的对象，都要认真贯彻执行中共中央、国务院《关于进一步精减职工和减少城镇人口的决定》中的原则，就是所减的人员以能回乡的或者下乡落户的为主。对于原来居住外地城市的职工，一般地不要精简遣返；如果

---

① 《北京市服务事业管理局 1962 年上半年精简工作总结》，1962 年 7 月，北京市档案馆藏，档案号：085-001-00335。

需要精简时，应该就地安置。有些必须精简遣返原籍城市的，要事先与原籍城市联系好，再行遣返。原籍是大城市的人员，应该尽可能不精简遣返。当然，也有一部分人由于各种原因，被精简后返回了原籍城镇，对于这部分人的落户问题，《国务院关于精减后返回原籍城镇人员落户问题的通知》也作了规定，即满足以下五个条件之一的人员，应当准予落户：（1）退休、退职的老、弱、残人员，农村无家可归，需要依靠在城镇居住的直系亲属供养和照顾的；（2）西藏等边远少数民族地区精减的职工及其家属，当地无法安置需要返回内地原籍城镇的；（3）被精减的职工及职工家属，回到原籍城市郊区参加农业生产的；（4）城市职工精减回原籍县城或集镇能够安置参加农业生产的；（5）由于学校裁并，不能继续在校学习或者学习期满毕业而没有分配工作的学生，需要返回原籍城镇的。①

（二）生产与劳动力不足的矛盾突出

经过两年的精简，大部分单位的职工都大大减少，但生产任务并没有减少，有的甚至更重，因此就出现了生产与劳动力不足的矛盾。北京市纺织工业局 1958 年职工人数最高曾达到 59000 人以上，经过两年的精简，截止到 1962 年 8 月，职工人数减少到 38618 人，精简取得了很大的效果。但全局 24 个工厂按照综合设备能力定员数为 46032 人，与现有职工人数 38618 相差 6414 人，其中 67％的工厂已经减到综合设备定员以下，劳动力不足的问题尤为突出。② 面对出现的新问题，该局首先是采取挖掘企业的劳动潜力提高劳动生产率以解决生产与劳动力

---

① 《国务院关于精减后返回原籍城镇人口落户问题的通知》，1962 年 6 月 29 日，北京市档案馆藏，档案号：110–001–01347。

② 《关于安排当前劳动工资问题意见的汇报》，1962 年 8 月 25 日，北京市档案馆藏，档案号：143–001–00456。

不足的矛盾，具体措施有三个：一是在不增加工资总额的前提下，改进工资奖励制度。凡是可以计算劳动效率的工人，从 1962 年三季度开始普遍建立与健全劳动定额，凡是可以劳动定额考核生产成绩的工种实行超额奖励制度，克服平均主义现象，贯彻按劳分配政策以调动广大职工劳动生产的积极性。二是组织各厂编制先进定员的标准，减少非生产人员比例，并从 1962 年四季度开始，各厂农副业人员实行工资自给。三是结合贯彻工业七十条，健全与统一各厂劳动工资管理制度。① 其次，该厂按照年初市委在生产任务不足时可以调剂一部分初中生补充定员的指示，补充 1940 名初中生来弥补精简后劳动定员不足的问题，同时也为四季度和来年的生产做好准备。该厂就补充初中生的问题向市委打了报告，市委批准了 1200 人。② 这些措施实行以后，解决了该局部分厂劳动力不足的问题。但是随着该局生产任务的逐渐增加，生产设备开齐之后，人员更显不足。由于定员缺额过多，必须增添人员才能补充精简后劳动定员不足的问题，而且新增加的绝大部分工种都须提前进行培训。因此，该局再次要求市委批准补充初中生 1660 名。③

　　要求增加劳动力的不只纺织工业局一家，由于新建项目上马，停产单位复工以及新增设机构等原因，自报要求增加劳动力人数的有 28 个单位，共需增加 10042 人，其中工业 626 人，交通运输 1319 人，财贸和文教等单位 2517 人。这么多人该从何而来？当时北京市劳动力资源

---

① 《北京市纺织工业局关于二年来精减调整的结果和今年下半年劳动力安排的报告》，1962 年 8 月 30 日，北京市档案馆藏，档案号：143–001–00456。

② 《关于安排当前劳动工资问题意见的汇报》，1962 年 8 月 25 日，北京市档案馆藏，档案号：143–001–00456。

③ 《北京市纺织工业局关于二年来精减调整的结果和今年下半年劳动力安排的报告》，1962 年 8 月 30 日，北京市档案馆藏，档案号：143–001–00456。

有 6000 余人，据教育局统计，在校高、初中学生中，因家庭经济困难、年龄较大或学习成绩不好等原因，要求退学的有 4000 多人，社会上的历届毕业生或退学没有参加工作的学生有 2000 余人。为了适应各单位的需要，这部分人就成了劳动力补充，这既解决了这部分人的生活和工作问题，又避免了从社会上招收新工人。对此，劳动局提出了具体的安排意见：工业部门安排 2000—2300 人，其中给纺织局 800 人，顶替因京棉一厂复工后由其他厂抽回的人员；财贸部门安排 1500 人，补充因增设网点和现有不足的人员；交通部门安排 500 人，解决入冬以来车班增加和现有人员不足的问题；物资供应局增加 200 人，满足其新成立几个公司需要培训技术工人的要求；安置到国营农场 1500 人，以解决农业生产发展需要的劳动力问题。①

　　各单位通过吸收学生解决了精简后劳动定员不足的问题，但这也引起了一个新的问题：之前被精简的人员听说单位又需要增添人员，纷纷要求调回原单位。以北京市纺织工业局为例，该局在 1961 年和 1962 年共调 2500 多人去服务行业。当时精简这些员工时，该局曾明确表示工资等待遇不变。但是，从 1962 年以后，修理服务行业大部分转为集体所有制，要自负盈亏，这样就造成一部分纺织工人收入有所减少。这些工人一听说棉纺厂要增加劳动力，便要求回原厂工作。京棉一、二、三厂曾调走一批技术工人去支援包头棉纺厂，但由于包头棉纺厂已经下马，这些技术工人便没有了工作，而他们的家属又都在北京，听说棉纺厂要加人，也要求回厂工作。还有些被精简的职工在新的工作岗位上很不安心，一直强调自己生活困难，要求回原单位，如京棉一厂在精简员工时，根据当时生产和劳动力的安排，调入北京毛纺厂 105 人，第二毛

---

① 《关于当前要求增加劳动力情况和解决意见的报告》，1962 年 11 月 13 日，北京市档案馆藏，档案号：110–001–01266。

纺厂 44 人，这些人本来就思想不稳定，如果知道原单位要加人，有可能集体要求回去。另外，精简回城市街道的职工工资水平也比较低，得知工厂补充学生的消息后，也有可能要求回厂。对于这些现象，如果不及时处理，做好细致的工作，不仅会影响精简成果，严重的话则可导致社会秩序混乱。

针对这种情况，纺织工业局提出了处理意见：调去服务管理局的 2500 人是根据当时生产任务不足和服务行业工作需要而调整的，而且是编余人员。这部分人有的不适合从事工业生产的工作，有的调到服务管理局后成为服务修理行业的骨干。尤其是 1958 年进厂的新工人调到服务管理局后工资水平增加很多，这部分人也不愿再回厂工作。有的则要求回厂，但回厂之后又不好安排，这部分人均不得调回。对于 1962 年退职回城市街道的职工则要妥善处理，有些职工确实家务拖累太大、子女多且比较幼小、没有就业条件且经济又十分困难，平均生活水平在 12 元以下的职工由原厂采取救济措施或由局统一组织加工纺织；家庭没有拖累、本人年龄不大而且身体健康可以值夜班的人员，不管经济条件如何均由工厂收回，安排工作。如果本厂安排有困难或有影响的可由局调配到其他工厂去。被调到包头棉纺厂的失业技术工人有 10 人，人数较少，且与家属分居两地，该局提议调回这些技术工人以加强中小工厂的技术力量。除了做好被精简工人的处理工作外，还需要安抚好现有职工的情绪，因为之前提倡精简职工，如今又增加工人，这必然引起一些在厂工人思想混乱。对此，纺织工业局作了统一口径的决定，即对补充学生的工厂在向职工宣布时要讲明原因。要向工人讲清之前的调整精简的必要性和重要性，而当前由于生产任务加大和设备增加，补充一部分学生也是十分必要的。纺织工业局提出京棉二、三厂向职工宣布时可以说明是受纺织工业局委任，代培训工人，以便为今后发展纺织工业做好准备。①

（三）精简对象存在"一刀切"的弊端

按照中央和市委的规定，这一阶段精简的对象应是 1958 年之后来自农村的新工人，甚至是家居城镇的职工。但在很多单位，1958 年之后来自农村的新工人占职工的多数，如果全部精简，势必会影响单位的正常运行，而城市职工，更是不好精简。例如市工业系统在减人时，就面临这个棘手的问题。

工业企业普遍反映全部精简 1958 年以后来自农村的职工有困难，特别是一些关键工种和要害部门的职工不好全减。第一机床厂反映："1958 年以后来自农村的都走了，我们就要停产。装配车间 100 多工人，有 88 人是 1958 年以后来自农村的，都走了就装不出机器来。"就算用干部来顶替一部分回乡人员，也不能完全解决问题。农业机械厂说："发动机车间有六大关键部门（如连杆、曲轴等）都是精简对象，全走了就要停产，找人顶替，需要一段培养时间。"建材局提出：北京耐火材料厂和北京陶瓷厂，都是 1958 年以后新建立的，绝大部分工人来自农村，其中耐火材料厂有 700 多人，陶瓷厂有 400 多人。如果全部动员回乡的话，生产要受影响，培养新工人也需要三年多的时间，一时顶替不上来。北京广播器材厂也表示，要将 1958 年以后来自农村的新工人全部精简有困难，特别是一些技术比较复杂、需要两三年时间才能培养出来的工种，全部精简会对生产产生很大影响，如全厂有车工 100 多人，来自农村的就有 50 多人。因此，广播器材厂表示准备在 1958 年以后来自农村的 675 人中留下 20%—30% 作为骨干，其余的精简回乡。还有些厂提出，在 1958 年以后来自农村的新工人中，有不少是身强力

---

① 《关于安排当前劳动工资问题意见的汇报》，1962 年 8 月 25 日，北京市档案馆藏，档案号：143–001–00456。

壮的男劳动力，他们担负着工厂较重的体力劳动，工人无人替换，如果劳动部门不及时调剂补充，一时也减不下来。电业管理局说："有些工种需要年轻力壮的人干，估计1958年以后来自农村的有一半以上的人走不了。如登高爬杆的人，非小伙子不行。巡线工，现在外出巡线要背上被褥、粮食、工具，一出去就是一个多礼拜，一般人干不了。此外，有些检修工人，高压电焊工培养也费时间，一时顶替不下来。"①

除了一些工作有特殊需要的不好减之外，有些新工人与城市在职工结婚，这又加大了精简这部分人回乡的难度。据北京有限电厂调查，和城市工人结婚的女职工共有200多人。1961年该厂就曾动员她们回乡，但她们坚决不走。1962年动员双方一起走，估计也会有很大阻力。不少单位对这部分工人感到不好精简。有的单位在1958年之后并没有招收大量的农村职工，而是城镇职工居多，但也要完成上级下达的精简任务，这样只能精简来自城市的人员。据市委直属的中央新建工厂反映，1962年4月底前后，一机部和三机部对中央新建工厂下达了精简指标，其中除了重型电工机械厂因有新产品试研任务，没有精简指标之外，其余6个单位全年的精简指标为5604人。据统计，这6个单位1961年年末有职工16519人，其中1958年以后来自农村的新职工2452人，其余绝大部分来自城市。这些单位即使将1958年以后来自农村的新职工全部精简，再动员一些1957年以前来自农村的职工还乡，也不能完成精简指标。因此，这些单位要完成精简任务，只能大量精简来自城市的人员，这样精简的阻力更大。对于这些问题，市委工业生产委员会认为，工业系统主要的精简对象应是1958年以后来自农村的工人，但由于各厂都有些关键和特殊的工种，培养期也比较长，一时不好顶替，精简

---

① 《目前本市工业系统精简工作简况》，1962年5月16日，北京市档案馆藏，档案号：001-017-00243。

1958 年以后来自农村的工人有困难，因此可以考虑按 1958 年以后来自农村的人数精简，有些厂需要保留骨干，保留骨干的人数可以用 1957年年底以前来自农村的工作上又不需要的人员来顶替一部分。关于动员与城市职工结婚的女职工回乡问题，各单位要做好她们的思想工作，尽量动员她们回去。①

（四）企业劳动生产率有待提高

工业的发展不能依靠大量增加工人，只能依靠机械化和自动化来提高生产率。北京市工业企业在这方面抓得不够紧，还有很大的潜力。北京市委强调："要广泛深入地开展技术革新运动，推广那些已经证明行之有效的先进经验，尽量用机械设备代替手工操作和笨重体力劳动，改进劳动组织，加强劳动管理，真正做到用人少、效率高、产量大、质量好、成本低。"② 但在开展增产节约运动中，有的单位提出"增产就得增人"，对此，市委强调应该"增产不增人"，必须坚持贯彻中央的指示，不得从社会上招收新职工，不能再犯过去大量招工的错误。像新建、扩建企业这些单位确实需要增人的，必须报告中央批准。同时还应从各单位精简后多余的人员中进行调剂，不能从农村招人。某些单位需要招用临时工、季节工的，也必须事先作出计划，由市劳动局报劳动部在城市内解决。③ 不过，提高生产效率以减少用人，主要可以通过两个途径：一是采用新技术以提高劳动生产率，二是改善劳动管理体制以提高积极性。从当时的实际来看，这两方面要有所突破都是很难的。前文提到，北京市纺织工业局通过改进工资奖励制度，将工人工作效率和工资待遇

---

① 《目前本市工业系统精简工作简况》，1962 年 5 月 16 日，北京市档案馆藏，档案号：001–017–00243。
② 《北京市重要文献选编（1962）》，中国档案出版社 2005 年版，第 750 页。
③ 《北京市重要文献选编（1962）》，中国档案出版社 2005 年版，第 751 页。

挂钩，这种方式确实能提高劳动生产效率，打破了平均主义的束缚。但是，这种改进管理体制的方法，需要承担很大的风险，很有可能就会被冠以"资本主义生产经营管理方式复辟"的政治帽子，因此它的大规模推广也是不现实的。至于科学技术的提高，也不会一时半会可以做到。

第四节　精简工作的扫尾阶段

1963 年 2 月，中共中央召开工作会议，讨论由中央精简小组起草的《关于全部完成和力争超额完成精减任务的决定》。该《决定》肯定了 1961 年和 1962 年精简城镇人口工作取得了很大成绩，不论是大中城市还是小城镇，都没有出什么大的问题。同时，也指出城镇人口数与经济水平和生产任务相比较，还是多了，因此，"为了争取财政经济状况进一步的全面的好转，使整个经济工作更加主动，在一九六三年，我们必须巩固已经取得的成就，继续抓紧减少职工和城镇人口的工作"，"一九六三年，全国必须减少职工一百六十万以上，减少城镇人口八百万人"①。该《决定》还明确指出了减少职工的重点：一是专区、县以下单位的职工；二是商业、文教部门和各级党政机关的多余人员；三是企业中的多余行政管理人员和服务人员；四是企业、事业、机关自办的农副业生产所用的专职人员；五是处理一批老、弱、病、残职工。②

到了 1963 年，由于经过前两年的精简，城镇人口已大幅度减少，要想继续减少 600 万—800 万城镇人口，任务是十分艰巨的。为了完成任务，中共中央考虑了以下措施：（1）调整市镇建制，缩小城市郊区。

① 《建国以来重要文献选编》第十六册，中央文献出版社 2011 年版，第 165—166 页。
② 《1958—1965 中华人民共和国经济档案资料选编（劳动就业和收入分配卷）》，中央财政经济出版社 2011 年版，第 71 页。

据国家统计局和公安部的统计，1958—1961 年由于区划变动而增加的城镇人口约 650 万人，仅 1961 年一年就增加了 344 万人，其中有相当一部分是划得不够合理的。因此，应该认真执行《中共中央、国务院关于当前城市工作若干问题的指示》中调整市镇建制、缩小城市郊区的规定，力争多减一些城镇人口和吃商品粮人口。（2）继续动员职工和职工家属回农村。已经精简下来的职工和今后继续精简的职工，凡是有条件回农村的，要尽可能动员他们带家属回去。职工家属中有劳动能力的非直系亲属以及一部分县镇职工的家属也可以动员回去。（3）妥善安置城市闲散劳动力和不能就学的学生，有条件的地方，应当组织他们下乡上山、参加农村人民公社、国营农村的生产或到劳动学校半农半读。（4）征集义务兵时多从城市吸收一部分不能升学或就业的青年。（5）严格控制城市人口的增加。在城市中积极倡导计划生育，限制农村人口进城落户。①

在中央工作会议结束以后，北京市委立即召开扩大的工作会议，传达和讨论中央工作会议精神和各项任务，并特别集中一段时间专门讨论和布置精简工作。中共中央和华北局分配北京市市属单位 1963 年精简职工的任务为 38500 人。由于暑假后国家分配给北京市的毕业生和北京市自身的大、专学校毕业生需要安置工作的约有 16000 人，市委决定把北京市精简职工的任务定为 54000 人。为了方便从 5 月起全市工作重点向增产节约和"新五反运动"转移，根据市委的统一安排，北京市提出争取在 4 月底完成精简工作。为了抓紧进行精简工作，在市委扩大工作会议期间，即 3 月 20 日，由市委召开了全市机关、企业、事业等单位的负责人共 1 万多人的精简工作动员大会，对精简工作进行了动员和具

---

① 《1958—1965 中华人民共和国经济档案资料选编（劳动就业和收入分配卷）》，中央财政经济出版社 2011 年版，第 49 页。

体布置。[①] 北京市 1963 年的精简工作由此大规模启动。

一、开展增产节约、反浪费运动

北京市企事业单位虽然经过 1962 年的大精简、大调整，但是过去那种"只知招兵买马，不管带兵用人"和为了"保存实力"的思想所造成的人力方面的"浮财""暗财"还很多；只按岗位设人，或一个岗位设几人，而不计算每个岗位的工作量，致使许多职工的劳动时间利用率很低；对生产组长不安排劳动岗位，无形中增设了许多脱离生产的干部；机构重叠，层次过多，人浮于事；许多服务性设施缺乏合理安排，各搞一套等浪费人力的现象依然十分普遍和严重。[②] 因此，为了完成精简任务，北京市采取放手发动群众，结合增产节约运动、反劳动力浪费运动来精简职工，十分必要。否则，将难以完成中央下达的精简任务。

增产节约和"五反运动"是 1963 年在全国各城市开始试点展开的以增产节约为中心的反对贪污盗窃、反对投机倒把、反对铺张浪费、反对分散主义、反对官僚主义的运动。1963 年 2 月 11—28 日，中共中央在北京召开工作会议，讨论了在城市搞好"五反运动"的问题。1963 年 3 月 1 日，中央颁发了《关于厉行增产节约和反对贪污盗窃、反对投机倒把、反对铺张浪费、反对分散主义、反对官僚主义运动的指示》，对整个运动作了部署。中央下达这个指示以后，"五反运动"陆续在全国正式开展起来。北京市各厂矿、建筑、交通企业于 1963 年 2 月开展了增产节约运动，为了使运动更加深入，发动群众进行了大鸣大放。在开展运动的单位中，石景山钢铁公司特别是石景山炼铁厂做得比较好，

---

① 《中共北京市委精简小组关于本市精简职工的情况和今后意见的报告》，1963 年 5 月 10 日，北京市档案馆藏，档案号：110-001-01502。

② 《北京市重要文献选编（1963）》，中国档案出版社 2006 年版，第 203 页。

具有典型性。

石景山钢铁公司尤其是石景山炼铁厂的管理工作，在北京市各企业中做得比较好。但是从群众揭发和专业查定的情况来看，劳动力的浪费现象和劳动组织不合理的情况依然相当严重。在反浪费运动中，石景山炼铁厂紧紧抓住节约劳动力这一重要环节，放手发动群众揭发劳动力的浪费，并组织专业人员和工人结合起来，一个一个岗位地调查劳动组织，收到显著效果。全厂职工定员经过四次下决心，由 1284 人减为 773 人，节约劳动力 40%。① 管理工作做得比较好的石景山钢铁公司尚能精简出近 1000 名职工，给北京市的精简工作增加了希望。

北京市经过调查研究，解剖石景山钢铁公司这只"麻雀"，得出结论：这样一个管理基础一向比较好的老厂，在 1962 年大精简之后还能挖出这么多劳动潜力，那么这些劳动力又都是从哪些方面减下来的？ 一是生产任务减少了，多余人员没有及时抽调出来，很多闲散劳动力"浮"在岗位上。1962 年 9 月以后，炼铁厂二高炉和两座小高炉相继停产，这三座高炉上应调出的 196 人没有及时抽调出来。除了这笔显眼的"浮财"外，为高炉生产服务的原料加工等辅助部门还埋伏着一笔"暗财"，这些部门相应地多余了 69 人，这次都抽调了出来。二是配备人员只按岗位、不计算工作量，许多岗位劳动负荷很低。一个人都不够干的活，却硬分成了两个岗位。全厂从负荷不满的岗位上就节约出 129 人。三是生产组长不顶岗位，成了"脱产干部"，车间的实际脱产人员太多。全厂共有 36 个生产组长，其中有 20 多人只是打电话、领材料等，"跑跑颠颠不务生产"。四是机构重叠、层次多，许多应该集中管理的工作，

---

① 《北京市重要文献选编（1963）》，中国档案出版社 2006 年版，第 207 页。

没有集中起来。高炉三班的生产指挥，已经设有 3 个值班长统一领导，却又设置了 3 个调度长，在调度长之下，在厂部设有调度员，高炉设有分调度，在原料工段又设有调配工，一个指挥系统，却设了 4 个层次。后来钢铁公司把调度长和分调度取消，原料调配工和厂部调度员合并。① 通过这些调整，人员一下子就精简了下来。

　　城市的增产节约和"五反运动"坚持了边鸣边放、边整边改的方针，先进行一般整改，最后进行系统整改。1963 年 5 月下旬，北京全市劳动工作会议召开后，各单位结合节约劳动力进行了专题整改。这次运动的一大特点就是，放手发动群众和加强企业集中管理相结合。这种结合除了因为企业较好的管理基础外，一方面得益于干部和群众有了经验。在许多单位，经过多次运动的锻炼，尤其是之前精简职工时也发动了群众，企业的领导干部和职工群众对于大搞群众运动与集中管理相结合积累了正反两方面的经验教训，有了切身的体会。对于大鸣大放、贴大字报，已经养成了一种习惯，因此，运动很快就形成大鸣大放高潮。另一方面社会主义教育和"反修正主义"教育等传统政治动员手段也能起到一定的作用。在这次运动开始时，结合当时反对帝国主义、各国反动派、"修正主义"的斗争形势，向职工群众作了政治动员。有些老工人说："帝国主义欺侮了我们半辈子，修正主义现在也欺侮我们，我们只有用自己的双手，大干一场，增产节约，加快社会主义建设。""他们搞反华大合唱，咱们工人就回答他个大搞增产节约，一定要把社会主义建设搞快点，不能输这口气。"②

　　经过增产节约和反劳动力浪费运动，各部门精简了不少职工。从 1963 年 6 月 1 日至 7 月底仅仅两个月的时间，全市共精简处理职工 1.98

---

① 《北京市重要文献选编（1963）》，中国档案出版社 2006 年版，第 207—209 页。
② 《北京市重要文献选编（1963）》，中国档案出版社 2006 年版，第 282 页。

万人，其中工业交通系统精简处理 1.15 万人。① 被精简下来的人员中，有些来自农村具有还乡条件，有些符合国家规定的退职退休条件，按中央、国务院已有规定处理。但这类人员不多，大约只占全部减下来人员的 30%。还有一些是因公负伤部分残疾、患肺病以及慢性病等，有的需另外安置工作，有的暂时不宜处理，这部分人约占 10%。这两部分加起来占 40% 左右，相对来说比较好处理。由于开展反劳动力浪费运动，加强了劳动的管理，从岗位上精简下来一部分人员。其中，有技术工人，有的企业中还有一部分中等专业学校学生，也有一些体弱有病又不符合退职退休或暂列编外条件的，共约占 60%。对于这部分人，则不能采取简单的办法处理。因为广大职工群众在增产节约运动中揭发了劳动力的浪费现象，愿意 3 个人担负 5 个人的工作，这样才减出了大量职工，其中有些还是反劳动力浪费的积极分子，如果不能妥善安排他们，不仅会对进一步开展增产节约运动和"五反运动"产生不利的影响，而且还将影响精简任务的完成，被精简人员也会产生不满和不安情绪。石景山钢铁公司对多余职工的处理办法则是全市其他企事业单位引起其他单位引以为鉴的。该公司在处理多余人员时，除了按照规定动员还乡、退职退休、辞退临时工及调剂到其他单位和企业的以外，还有两类人员不好处理，一是体弱多病又不符合退职退休或暂列编外条件的，另一类是精简下来的青壮年技术工人。石景山钢铁公司党委经过研究，把第一类作为经常工作逐步处理，对第二类一律调离原单位岗位，但仍由国家包下来，仍算国家职工，其工资待遇不变，留在厂内组织轮训。这样做有四点好处：一是企业可以实行先进的工时定额和岗位定员，提高劳动生产率和管理水平；二是把这些人包下来，不降工资、不减待遇，

---

① 《关于北京市工矿企业多余劳动力的情况和解决意见》，1963 年 8 月 26 日，北京市档案馆藏，档案号：110-001-01489。

能够使工人满意；三是以多余的人员和在岗位上的人员实行轮训，有利于提高政治和技术水平；四是为国家以后的建设发展留有劳动力后备。市委精简领导小组表示：全市其他企业、事业单位，也应当按石景山钢铁公司这个办法进行处理。①

石景山钢铁公司对多余人员的创造性处理，不仅在北京市走在前列，在全国也是走在前列的。1963年7月6日，中共中央才下达处理多余人员的办法。中共中央指出：这一类多余的人员中，有些来自农村具有回乡条件而又自愿回乡的，可以回乡；有些合乎国家规定的退职、退休条件的，可以退职、退休；除此而外，一律不减。对于不减的人员，本单位不需要而其他单位需要的，可以调剂到其他单位去，其中适宜于从事农业劳动的，也可安排到国营农场去；有的以根据本单位所需要的工种（专业），或者本部门、本地区所需要的工种（专业），由本单位或者企业、事业的管理部门进行培养训练，作为劳动力后备，并且按照原标准发给工资和享受劳保待遇，在今后需要增加职工的时候优先予以安排。② 中共中央的规定，和石景山钢铁公司的处理原则基本一致。其中，中共中央是否借鉴了地方的经验，不得而知。但是，石景山钢铁公司和北京市在处理多余人员上进行了创造性探索则是毫无疑问的。

二、动员家属回乡

为了完成中央分配给北京的精简任务，北京市全力动员职工和职工家属回乡。截止到1963年8月底，已经被动员回乡的职工有1.06万人。③

①《中共北京市委精简小组关于本市精简职工的情况和今后意见的报告》，1963年5月10日，北京市档案馆藏，档案号：110–001–01502。
②《建国以来重要文献选编》第十六册，中央文献出版社2011年版，第482—483页。
③《关于北京市压缩城市人口的情况和今后的意见（稿）》，1963年8月25日，北京市档案馆藏，档案号：110–001–01489。

为了动员更多的职工还乡，北京市对 1958 年以后来自农村的具有条件还乡、没有任何理由坚决不走、无理取闹的少数职工，采取了"两停一减"的强制措施，即停止工作，停发工资，减发口粮。这种措施也收到了一定的效果。到 1963 年的下半年，能够精简还乡的职工大部分都已动员回去了，能够继续动员回乡的人数已经很少了。这种效果，主要体现在通过硬性政策，表明精简工作的力度，有利于其他途径的精简工作顺利开展。1962 年年底市管单位有 1958 年以后来自农村的新职工 6.5 万人，其中生产和工作不需要、有条件还乡的上半年动员还乡达 1.06 万多人，这样，剩下的还有 5.5 万人。① 这些人主要是生产上的能手和工作上的骨干，以及有其他特殊原因不能还乡的，再动员他们还乡对以后的生产建设事业是极不利的。因此，精简城镇人口的重点对象就放在了职工家属身上。

1958 年以来进城的职工家属约有 30 万人，1961 年和 1962 年共减少职工家属 6.8 万人左右，到 1963 年还剩 23 万人左右。从这个数字上看，职工家属还是有精简潜力的。根据市劳动局调查，北京轴承厂、建筑一公司四工区、王府井百货商店、公共汽车公司第二保养场等 4 个单位的职工家属情况，其中有相当一部分家属特别是 1958 年以后来京的家属，是具备还乡条件的：（1）原籍有直系亲属，有房，有劳动力，家属本人回去也能够参加劳动的；（2）原籍有直系亲属，有房，亲属劳动力虽然不强或没有劳动力，但家属回去可以参加劳动的；（3）家属本人虽没有劳动力或孩子拖累不能经常参加劳动，但原籍有直系亲属，有房，有劳动力，可以抚养回乡家属的；（4）虽然原籍已没有直系亲属，但有房，本人没有孩子等的拖累可以参加劳动的。但是动员家属回乡困

① 《关于北京市压缩城市人口的情况和今后的意见（稿）》，1963 年 8 月 25 日，北京市档案馆藏，档案号：110-001-01489。

难很大，需要做大量的思想工作。很多干部调入北京工作，家属随即来京，但调往外地工作的干部家属则不走。干部调往外地，家属仍然留在北京的占了绝大部分，干部、职工调往西藏、新疆等边远地区以及其他自身有重病暂时不能离开北京的只占很小一部分，其余的都以各种理由不肯离京。而且动员职工家属还乡的工作牵连到全市各级各部门的干部职工，情况十分复杂，如果处理不好，必然会引起全市职工和居民的思想波动。因此，市委精简小组建议，各单位负责动员职工家属还乡，基层政权组织和街道居民委员会加以配合。除了市属单位以下由本市负责动员外，中央直属机关、事业、军事系统和华北局机关等的干部职工家属也由各单位负责动员，特别是已从本市调往外地的干部职工留京的家属，由各主管部门负责动员迁往外地。①

三、开展节制生育工作

到 1963 年，各种精简手段都用得差不多的情况下，中共中央、北京市相关部门已经意识到节制生育、控制人口增长，才是解决城镇人口膨胀的根本政策之一。北京市委在一份报告中明确提出："压缩城市人口工作中的一个主要问题是必须切实的控制城市人口的自然增长。"② 对于城镇人口，一方面要减，另一方面要控制增。要想控制人口的自然增长，实行计划生育是必不可少的措施。

1949 年北京市的人口自然增长率只有 0.46%，1962 年增至 2.71%。如果自然增长率按 2.5% 计算，10 年内城镇人口仅自然增长就增加 118

---

① 《中共北京市委精简小组关于本市精简职工的情况和今后意见的报告》，1963 年 5 月 10 日，北京市档案馆藏，档案号：110–001–01502。

② 《中共北京市委精简小组关于本市精简职工的情况和今后意见的报告》，1963 年 5 月 10 日，北京市档案馆藏，档案号：110–001–01502。

万，到 1972 年年底城镇人口将达到 540 万人，再加上一部分迁入北京的人口，城镇人口将达到 600 万以上。① 这样，不仅市场供应将不能满足居民的生活需求，而且教育、卫生事业的发展速度也跟不上人口的增长速度。根据中共中央的指示，北京市委决定大力提倡晚婚和节制生育。其实早在 1957 年北京市就曾开展计划生育的宣传教育工作，并且收到一定的效果，但因为认识的局限，之后的几年工作抓得不紧，1962 年又加强了这项工作，初步开展了计划生育的宣传和节育的技术指导工作，但都不够广泛深入。

1963 年 1 月，中央下达《中共中央、国务院关于认真提倡计划生育的指示》，要求城市和人口稠密的农村加强对节制生育和计划生育工作的领导，做好计划生育的宣传与技术指导等。② 根据这一指示，北京市进一步开展了计划生育的工作。市和区、县都成立了领导这项工作的专门机构——计划生育领导小组，并举办了讲座、展览、报告会开展宣传教育，初步改进节育药品供应，很多医院还设立了节育指导门诊。但这毕竟是一项比较新的工作，当时的认识水平也参差不一，工作中还存在不少问题：工作抓得不紧、政策推动不力，多数单位的宣传教育不够深入，很多措施没有落实，不少干部对节育工作的重要意义认识不足。因此，为了更好地贯彻执行《中共中央、国务院关于认真提倡计划生育的指示》，把出生率控制在合理范围内，1963 年 10 月 29 日，北京市委、市人委对计划生育工作作出批示，提出除了做好节育的技术指导外，要进一步加强对计划生育工作的领导。撤销市计划生育工作领导小组，成立北京市计划生育委员会，由万里、王昆仑、王春平、李续纲、赵鼎

---

① 《中共北京市委精简小组关于本市精简职工的情况和今后意见的报告》，1963 年 5 月 10 日，北京市档案馆藏，档案号：110—001—01502。

② 《建国以来重要文献选编》第十五册，中央文献出版社 2011 年版，第 649 页。

新、崔月犁、陆禹、张进霖、彭思明、阎毅、魏明、安林 12 人组成，万里担任主任，王昆仑、崔月犁担任副主任，李续纲担任秘书长。各区县也要成立计划生育委员会。各企业、事业、机关单位，都要建立计划生育领导组织，或指定专人负责。各级党委和区、县、乡人民委员会要把计划生育工作列为重要的议事日程之一，切实把这项工作抓起来。工会、妇联、青年团都应在计划生育委员会统一布置下，积极开展计划生育工作。同时，加强思想政治动员。批示认为，这是开展计划生育工作的关键。从党内到党外，从干部到群众，要把计划生育的重大意义讲深讲透，要根据不同的对象和不同的思想情况，有计划、有目的、深入细致地进行宣传教育，克服种种思想障碍，做到家喻户晓，使计划生育成为群众自觉自愿的行动。批示也强调，宣传时要注意不能违反国家的法律、法令。要严防乱提口号、订指标、搞竞赛等错误做法。[①]

四、灵活执行中央政策

北京市精简城镇人口工作是在中共中央的指导下进行的，但并不是对中央的指示都死搬硬套地执行，而是结合了自身的具体情况，灵活对待中央政策。前文讲到的石景山钢铁公司在处理多余人员上的做法，就是创造性执行中央的政策。为了减少城镇人口，1962 年中共中央就提出了缩小城市郊区范围和撤销一部分城镇建制的措施。到了 1963 年，为了继续压缩城镇人口，中共中央再次提出缩小城市郊区和调整市镇建制的问题。而北京市经过分析，认为划小城市郊区范围和撤销一部分城镇建制不能减少北京市的人口。

北京市共有 17 个郊区、县建制，其中：城区 4 个，郊区 4 个，县 9

---

① 《北京市重要文献选编（1963）》，中国档案出版社 2006 年版，第 769 页。

个。[①]1960 年前共有 9 个郊区(朝阳、海淀、丰台、门头沟、昌平、通州、顺义、大兴、周口店),后来 1960 年 1 月报经国务院批准,将远郊的昌平、通州、顺义、大兴、周口店 5 个区撤销,恢复为县的建制(通州区改为通县,周口店区改为房山县)。到了 1963 年,北京市只有朝阳、海淀、丰台 3 个近郊区和门头沟区。北京市委精简小组指出:3 个近郊区实际已是市区,与市区不可分断,工厂、机关、学校很多,职工聚居,同市区交叉,都是当前城市建设所必需,同时为本市蔬菜的主要生产基地,无法单独划出为农业区。门头沟区是京西煤矿所在地,矿工和家属等非农业人口占全区总人口的 57.8%,由于矿业生产发展的需要,也不能单独划为农业地区。更关键的是,在统计城市人口和供应商品粮、副食等商品时,北京市并没有按照国家统计局和公安部的规定,把郊区的农民也算作城市人口,按城市人口的标准供应商品,而是以非农业人口为依据来划分城乡不同标准的。因此,即使改变这几个区的建制,也不可能减少城市人口。最后,北京市建议这 4 个区仍作为市郊区不变。北京市 9 个县共有 17 个镇,总人口 28.3 万多人,其中非农业人口 19.7 万多人,农业人口 8.6 万多人。[②]对于这些农业人口,北京市也从来没有作为城镇人口统计,粮食、商品、副食等的供应也都是按照农业人口的标准。此外,在 9 个县内,除了城镇以外,在农村中也还有中央、市属的工矿企业、机关、学校等的干部、工人、学生和职工家属等,这些人都算作城市人口,按城市人口的标准供应粮食等生活必需品。住在各县城镇和农村的城市人口,包括中央、部队、市区级的机关干部、工矿企业职工和他们的家属,以及一部分独立手工业劳动者和城市居民,也不

---

① 《中共北京市委精简小组关于本市精简职工的情况和今后意见的报告》,1963 年 5 月 10 日,北京市档案馆藏,档案号:110–001–01502。

② 《北京市重要文献选编(1963)》,中国档案出版社 2006 年版,第 657 页。

能因为取消城镇建制而把他们划为农业人口。因此，市委精简小组指出：根据本市的情况，撤销城镇建制和划小城市郊区，并不能减少吃商品粮的非农业人口，也不能减少城镇人口。① 因此，北京市根据实际情况，向中共中央、国务院申请保留原行政规划不变。1964 年 7 月 21 日，国务院批准了北京市保留现有郊区的申请。

随着经济的逐渐好转与恢复，企业、单位的工作任务加大，对临时工的需求也随之增大。在精简城镇人口的大环境下，要增加临时工人，主要靠调剂职工。这样既可以满足生产工作的需要，又可以控制职工人数的增加。为了便于调剂工作的进行，1963 年 3 月，国务院发布《关于企业、事业单位职工调剂问题的若干规定》，这个规定明确了调剂职工的原则和审批手续，解决了"条条"与"块块"之间在调出与调入职工方面的矛盾。9 月，国务院又发布《关于从社会上招用职工的审批手续的通知》，加强了招工工作的管理。北京市增加临时工的需求也很大，以财贸系统为例，由于市场供应情况好转，1963 年的临时任务很大。1962 年蔬菜上市时期，使用临时工高达 15000 人。由于 1963 年上半年完成了精简职工的任务，原有的临时工大部分都已被减掉。6 月以后，蔬菜上市量每天达 800 万斤以上，但城区、近郊 7 个区的收菜人员只有 4800 人，远不能完成销售任务，造成了很大损失。② 针对这种情况，1963 年 10 月 16 日，北京市劳动局作出批示，企业需要增加的临时工，应该首先从市内其他单位多余的职工中调剂解决，如果调剂后确实满足不了需要，可以招收一部分临时工，但要尽可能从城市人口中解决。如

---

① 《中共北京市委精简小组关于本市精简职工的情况和今后意见的报告》，1963 年 5 月 10 日，北京市档案馆藏，档案号：110–001–01502。

② 《北京市精减职工的情况和劳动计划中的问题》，1963 年 7 月 18 日，北京市档案馆藏，档案号：110–001–01489。

果市内解决不了，可以在不影响农业生产、不增加城市粮食销量的条件下，适当吸收一部分人。① 经过各方面的努力，北京市 1963 年全年共调剂工矿企业在职劳动力 1669 人，为国防工业、边疆和国外建设需要，抽调技术工人 378 人。②

1963 年 7 月 6 日，中央精简小组向中央递交了《关于精减任务完成情况和结束精简工作的意见的报告》。7 月 31 日，中央同意了这个报告。至此，全国性精简工作基本结束。中共中央指出："根据目前精简任务完成的情况，同时，考虑到各地区、各部门和各单位急需集中力量在城市开展增产节约和'五反'运动，在农村进行社会主义教育和四清运动，八月份又要调整职工工资，我们认为，这一次全国性的减人工作，现在可以宣布基本结束。"③

根据中共中央的精神，北京市的精简工作于 1963 年年底基本结束。从 1961 年初步展开精简城镇人口开始，到 1963 年 6 月底，共压缩城镇人口 80.3 万人。④ 从 1960 年 9 月到 1963 年年底，北京市共精简职工 63.02 万人，其中回农村的有 35.03 万人，同期新增加职工 25.68 万人，增减相抵净减少了职工 36.61 万人，其中 1960 年 9 月至 12 月净减少 1.16 万人，1961 年净减少 14.01 万人，1962 年净减少 14.82 万人，1963 年净减少 6.62 万人。⑤

开始于 1960 年，1961 年、1962 年进入高潮的大规模精简城镇人口，

---

① 《北京市重要文献选编（1963）》，中国档案出版社 2006 年版，第 696 页。

② 《1963 年工作总结》，1964 年 3 月 18 日，北京市档案馆藏，档案号：110–001–01381。

③ 《建国以来重要文献选编》第十六册，中央文献出版社 2011 年版，第 482 页。

④ 《关于北京市压缩城市人口的情况和今后的意见（稿）》，1963 年 8 月 23 日，北京市档案馆藏，档案号：110–001–01489。

⑤ 北京市地方志编撰委员会编：《北京志·综合经济管理卷·劳动志》，北京出版社 1993 年版，第 91 页。

从政策的制定、贯彻和执行力度和效果上来说，与 1959 年的精简工作有着明显的区别。1959 年的精简工作可以说是试点、试验，1960 年以后的是推广普及和大规模进行。在四个阶段的工作中，北京市根据中共中央的统一部署，结合北京的实际，作了扎实有效的工作，坚决完成了精简城镇人口的重任，而且保证了首都的稳定以及各项工作的稳步有序推进，并且在政策的落实上有不少创造和探索，比如结合精简工作探索了加强企业管理和提高劳动生产效率的办法，成绩是显著的。

第三章

被精简城镇人口的安置

安置被精简城镇人口是开展精简工作的关键。被精简人口在安置地能否尽快地适应生产和生活上的转变，决定了精简工作能否顺利进行。然而，安置工作涉及各方面关系的处置，牵涉各类人群的切身利益，是一项非常复杂的工作。鉴于安置工作的重要性和艰巨性，中央从大力精简城镇人口开始，就十分重视安置工作。1961 年 6 月，中共中央发出通知，指出："对于回乡的职工，城乡两方面都必须做深入细致的工作，认真安排，负责到底……各地区和较大的企业单位在精简一批人员以后，应该及时地派人到回乡职工较多的地方去了解情况和协助当地解决安置中的问题……总之，应该切实负责安排好他们的生产和生活。"各级有关部门"都应该积极参与这项工作，在党委的统一领导下协助各单位和农村人民公社共同把从精减、到旅途照顾、到回乡安置等一系列的工作自始至终地切实做好"①。在中共中央的指导下，北京市着力做好安置工作，比较好地解决了被精简职工的后顾之忧，这对精简工作的顺利进行，既没产生大的反弹，也未引起社会动荡，产生了重要的积极

---

① 《建国以来重要文献选编》第十四册，中央文献出版社 2011 年版，第 440—441 页。

意义。可以说，做好安置工作，为顺利推进精简城镇职工提供了重要保障。

为了使被精简人员能够离开工作单位而没有后顾之忧，从而支持精简工作，又能在安置地安心生活和从事生产，使得精简成果得到巩固，中共中央制定了一系列的安置措施。北京市既严格执行了中共中央的这些政策和措施，在具体执行政策的过程中，又结合具体情况，进行了一定的调整。在安置中，北京市根据中央的政策，根据安置人员的不同，采取了不同的安置政策和措施，起到了很好的效果。从安置去向上看，北京市主要是市内安置，根据中央的政策，主要有下乡安置、就地安置、顶替安置、转化安置、上山下乡开荒生产安置、编外安置和放假安置七种。① 从职工种类上看，被精简城市人员主要分为城镇职工和非城镇职工。而非城镇职工非常复杂，包括各种类型的人员，因而安置措施也很复杂。但是，作出分类以后，这项复杂的工作就逐渐清晰起来。

第一节　城镇职工的安置

需要安置的城镇职工，占安置人员的大部分。但是，相对于其他人员而言，情况也比较明了简单，它的政策是明确的，主要采取发放工资和补助、发放口粮两种方式进行。不过，即使如此，这两项措施也根据安置人员的不同情况，采取了不同的具体政策。

一、发放工资和补助

1962 年 6 月 1 日，国务院全体会议通过《国务院关于精简职工安

---

① 参见《建国以来重要文献选编》第十五册，中央文献出版社 2011 年版，第 325—326 页。

置办法的若干规定》（以下简称《规定》），对待遇问题作了具体的规定。6 月 12 日，北京市人民委员会转发《规定》，要求各单位依照《规定》执行。

（一）安置到农村的职工，按工作时间给予不同待遇

1958 年之后的新工人从始至终都是精简的对象，工作的时间短，再加上 1957 年年底以前参加工作的职工在精简时基本是出于自愿还乡，所以 1958 年之后的新工人的待遇就比不上 1957 年年底之前工作的老职工。《规定》指出："1958 年以来参加工作的职工，除了发给他们精简的当月的工资以外（当月工资的发法：工作不满半个月的，发给半个月的工资；工作超过半个月的，发给全月的工资），另按照以下标准发给生产补助费：临时工和合同工：工作在半年以上不满二年的，发给半个月的本人标准工资；工作在二年以上不满三年的，发给一个月的本人标准工资；工作在三年以上不满四年的，发给一个半月的本人标准工资；工作在四年以上的，发给两个月的本人标准工资。工作不满半年的不享受生产补助费的待遇。长期工和学徒：工作（或学习，下同）不满一年的发给一个月的本人标准工资（学徒为生活补贴，下同）；工作在一年以上不满二年的，发给一个半月的本人标准工资；工作在二年以上不满三年的，发给两个月的本人标准工资；工作在三年以上不满四年的，发给两个半月的本人标准工资；工作在四年以上的，发给三个月的本人标准工资。"①

实际上，在 1960 年精简工作刚开始时，北京市对下放农村劳动的临时工和合同工的待遇，就根据不同的工作时间作了不同的政策规定：凡 1958 年 1 月 1 日以后录用的临时工以及县营工业、基建、交通、商

---

① 《北京市重要文献选编（1962）》，中国档案出版社 2005 年版，第 380—381 页。

业等部门的本县工人，工资发至离厂之日，另外 1958 年后入厂的，发给相当于本人一个半月工资的补助费，1959 年入厂的，发给相当于本人一个月工资的补助费，1960 年入厂工作已满半年的发给相当于本人半个月工资的补助费。① 对比可以发现，1960 年规定的待遇比 1962 年的是要高一些的。

对 1957 年年底以前参加工作的职工（包括临时工、合同工），《规定》要求按照 1958 年 3 月公布试行的《国务院关于工人、职员退职处理的暂行规定（草案）》发给退职补助费。该《草案》规定了四种人员按退职处理：（1）年老体衰，经劳动鉴定委员会或者医师证明不能继续从事原职工作，在本企业、机关内部确实无轻便工作可分配，而又不合退休条件的；（2）本人自愿退职，其退职对于本单位的生产或工作并无妨碍的；（3）连续工龄不满三年，因病或非因工负伤而停止工作的时间满一年的；（4）录用后在六个月以内，发现原来有严重慢性疾病，不能坚持工作的。这四种人员发放退职补助费的标准是：连续工龄不满一年的，发给一个月的本人工资；一年以上至十年的，每满一年，加发一个月的本人工资，十年以上的，从第十一年起，每满一年，加发一个半月的本人工资。但是退职补助费的总额，最高不得超过三十个月的本人工资。②

除此之外，考虑到一些职工回乡确实有实际困难，对于这些人，适当多发一些补助费：那些因本乡是灾区，或者回乡职工过多，无法安置，而安置到外乡的职工，原来就生长在城里现在自愿下乡落户的职工

---

① 《关于精简下放参加农业劳动的职工的工资福利待遇处理意见》，1960 年，北京市档案馆藏，档案号：123–001–00782。

② 《中国共产党组织史资料文献选编（下）（1949.10—1966.5）》第九卷，中共党史出版社 2000 年版，第 1244 页。

和因工部分丧失劳动能力原来享受因工残废补助费待遇的回乡、回家职工，他们应得的生产补助费或者退职补助费之外，另酌情一次加发一个月至三个月的本人标准工资的安家补助费。对于那些因公负伤而又自愿回乡的职工，北京市劳动局决定再多发一些补助费：除按照规定发给生产补助费或退职补助费外，可根据本人身体情况和生活情况酌情多发给一些医药补助费或生活补助费，但多发给的补助费最多不得超过本人四个月的工资。① 除了工资补助之外，职工本人及其随行的供养亲属回乡所需的车旅费及途中伙食补助费，也由原单位按标准发放。

（二）安置到农、林、牧、渔场的职工，由接收地发放工资

精简下来无家可归和城镇中无法安置但具有下乡条件的职工，一般安置到农场（也包括牧场、林场、渔场）。

对于安置到农场，当时主要有三种情况：首先，现有的生产条件许可的国营农场可吸收安置一批。其次，企业、事业、机关自办的农场安置一部分，这类农场应当另列编制，独立核算，并且力求尽早实现经费、粮食自给。最后，各地还可以在条件较好、所需投资较少和收效较快的地方，开办一些新的农场，来安置职工。

中共中央规定，到农场劳动的职工，如果是属于关闭、合并的单位的，应当由地方的和原单位的主要领导干部带头，成批地前去。到农场劳动的职工的工资，由农场发给，第一年仍执行本人原来的工资标准；满1年后，改行农场职工的工资标准，但是可以另加发本人原来标准工资的30%—50%的津贴一年；满2年后，即完全执行农场的工资制度。② 北京市严格执行了中央制定的上述政策。

---

① 《北京市劳动局关于因公负伤有轻微残疾的职工自愿回乡多发给一些补助费的通知》，1962年5月30日，北京市档案馆藏，档案号：125-001-01191。
② 《北京市重要文献选编（1962）》，中国档案出版社2005年版，第385—386页。

（三）做退职退休处理的老、弱、残职工，按身体条件、资历不同给予适当待遇

1962 年 6 月，北京市转发《国务院关于精简职工安置办法的若干规定的通知》：合乎退休条件的，按照 1958 年 2 月公布施行的《国务院关于工人、职员退休处理的暂行规定》做退休安置，按月发给退休费；全部或者大部分丧失劳动能力、不合乎退休条件的老、弱、残职工，做退职处理。其中家庭生活有依靠的，按照规定发给退职补助费；家庭生活无依靠的，不发给退职补助费，改由当地民政部门按月发给救济费，救济费的标准为本人原标准工资的 30%，作为本人的生活费用，他们的家属生活有困难的，另按照社会救济标准给予救济。①

为了切实做好精简下来的老、弱、残职工的安置救济工作，1962 年 8 月 1 日，北京市民政局结合具体情况，把救济标准按照职工参加工作的时间进行了区分：1957 年年底以前参加工作、全部或者大部分丧失劳动能力，不合乎退休条件的老、弱、残职工，可以做退职处理。其中不发给退职补助费的家庭生活无依靠的职工（孤身一人、无家可归的或退职后家庭直系亲属中没有正式职工，也没有其他固定收入，或因收入少全家不能维持一般市民最低生活的），由当地民政部门按月发给救济费，救济费的标准为本人原标准工资的 30%，作为本人的生活费用。1958 年以后参加工作的、被精简下来的老、弱、残职工，不按退职处理，按规定发给生产补助费，其中被精简后家庭生活确有困难的，可由民政部门按城市贫民救济标准给予救济②；1945 年 8 月底以前（即抗日战争时期及以前）参加革命工作的干部和相当于副教授以上的高级知识分子，因年老、体弱不能工作，又不宜做退休、退职处理的，由原

---

① 《北京市重要文献选编（1962）》，中国档案出版社 2005 年版，第 383 页。

② 《北京市重要文献选编（1962）》，中国档案出版社 2005 年版，第 514 页。

单位或者人事部门将他们列为编外人员，按照 1955 年 12 月发布施行的《国家机关工作人员病假期间生活待遇试行办法》的规定享受工资福利待遇。①

除了按照退职、退休或列为编外安置的老、弱、残职工外，还有一批老、弱、残职工既无条件还乡，又不符合退休退职的条件，成为各单位无法处理人员。这些人员在原单位已经不能做什么工作，也不能调剂给其他部门，即使列为编外，仍需国家照发工资。北京市委精简小组建议把这批人（男性年龄 60 岁以下，女性年龄 45 岁以下）安置到国营农场和林场去做些力所能及的劳动。但是这批安置到农林场的老、弱、残职工的待遇不能与安置到农林场的一般职工的待遇相同，如果相同的话，一方面农场会增加负担（这些人不是壮劳力，干活有限）；另一方面这些人中大部分人的家庭生活将难以维持，这样他们就会不愿去农场参加劳动。为了使更多的老、弱、残职工去国营农场参加劳动，同时又不给国营农场增加过多的负担，市委精简小组决定：工资一律由原单位照发，人员列为编外，但算作原单位的精简任务，计入精简人数之内。②

（四）留在城镇安置的职工，按不同去向给予合理待遇

留在城镇安置的职工大体有三种。

第一种是调剂顶替到其他单位的职工。这类职工一般是工龄长的老职工、必须保留的技术工人中具有特殊技能的骨干和技术人员，或是某些家居城市而又必须照顾的职工，在他们本单位被裁并后，可以调剂给精简后定员不足的单位和新建单位补充缺额，或者调剂到定员后还有合

---

① 《北京市重要文献选编（1962）》，中国档案出版社 2005 年版，第 383—384 页。
② 《关于安置精简后不好处理的职工、不能就学的中学生和社会无业人员到国营农场的意见（稿）》，1962 年 11 月 1 日，北京市档案馆藏，档案号：110-001-01360。

乎精简条件的职工的单位，顶替一些回乡、回家人员。调剂到其他单位的职工，一律执行新工作单位的工资标准。如果本人原工资标准（不包括各种津贴）高于新定的工资标准的，其差额部分可以保留一年，满一年后即予取消。由于调剂顶替，必然会在地区之间调动职工。按照规定经过批准调动的职工，调入地区应当准许落户，并且按照当地标准供应口粮及其他生活必需品和发给工资。[①]

第二种是所在单位的性质转化的职工。原由集体所有制转化为全民所有制的农业、手工业、商业、服务业企业和文教卫生单位，凡是现在适合于转回去的，都应当转回为集体所有制。全民所有制单位中某些宜于转到集体所有制单位去的人员，也应当转到集体所有制单位去。转回和转到集体所有制单位的人员，由于他们仍有固定的工作和收入，所以都不发给生产补助费或者退职补助费。在转化过程中，个别单位和个人确有困难而又无法解决的，当地政府应当设法帮助解决。

第三种是原本就生长在城里的职工。这些被精简下来原来就生长在城里的职工，可以从事家庭副业、家务劳动和一些适宜的个人开业的社会劳动，例如从事手工业、服务业、修理业、行医、教书、演艺等。这些职工在精简的时候，根据其参加工作时间的迟早，按照《国务院关于精简职工安置办法的若干规定》中安置到农村的职工待遇标准发给生产补助费或者退职补助费。[②]

（五）停止工作等待安置的职工，其工资和补助逐步削减

截止到 1963 年 9 月，北京市属各单位生产和工作上不需要、待处理的职工有 2 万多人，其中工业交通部门 7000 人，财贸部门 4000 人，基本建设部门 3000 人，文教卫生部门 4700 人，国家机关团体部门

---

① 《北京市重要文献选编（1962）》，中国档案出版社 2005 年版，第 384 页。
② 《北京市重要文献选编（1962）》，中国档案出版社 2005 年版，第 385 页。

3000 人。各单位待处理的职工中，还有少数人符合退休、退职、暂列编外的规定，但一直没有处理。没有处理是因为有的单位领导上抓得不紧，有的是职工本人强调生活困难，经动员多次本人表示"不自愿"退休、退职。

教育系统中，据教育局统计，待处理的 4000 名教职工中就有 600余人是符合退休退职条件的。待处理的 2 万职工中，多数人是因为没有明文规定可以遵循，因而不能得到处理，分以下 5 种情况：（1）患有慢性病，不能胜任本职工作，调做轻便工作，也不能坚持正常出勤。这些人员既不符合退休、退职处理，也不够暂列编外条件。（2）家庭拖累重，不能正常出勤的女职工，其中有的经常请假或迟到早退，有的只能上白班，不能上夜班。（3）思想落后，不安心工作，或者生活作风不正派，有小偷小摸行为，既不够开除、除名条件，调动工作也有困难。（4）工作业务不称职，又不适合调做其他工作。教育局系统待处理的 4000 名教职工中属于这类的有 976 人，占 24.4%，其中多数是接管下来的老教职工，这些人员年龄大、政治条件差、教学方法陈旧。（5）政治历史有问题，目前表现不好，而又不够公安部门逮捕、劳改条件的人员。这些人绝大部分是接管下来的旧人员，以文教部门和国家机关系统为最多。①

中共中央规定，对于这部分职工，在等待安置期间，既要保证其生活，也应当逐步适当减发工资。第一个月照发原工资（由原单位或者原单位的主管部门发给，下同）；从第二个月起的半年内，1958 年以来参加工作的发给本人标准工资的 60%，1957 年年底以前参加工作的发给本人标准工资的 70%；第二个半年内，分别改为 55% 和 65%；第三个

① 《关于北京市市属单位待处理的职工情况和解决意见》，1963 年 9 月 9 日，北京市档案馆藏，档案号：110–001–01489。

半年内分别改为 50% 和 60% ；第四个半年内分别改为 45% 和 55%。学徒生活补贴从第二个月起一律改发 95%。县和县以下的单位精简下来的职工，则不实行这种逐步减发工资的办法，而是在精简后就采取一次发给生产补助费或退职补助费的办法，以便及时地使他们下乡去参加生产或对他们作其他处理，不要长时间留在本单位内等待安置。①

然而，对于停止工作等待安置的职工，逐步削减其工资和补助并不是长久之计，最根本的还是要妥善处理和安置这些职工。为此，北京市劳动局提出了处理意见：（1）凡是符合退休、退职、暂列编外条件的职工，各单位应该严格认真地按照国家规定的政策原则，分别进行妥善地处理和安置。对这些职工处理时，单位应该以负责到底的精神，做好思想动员工作，适当的解决这些人的生活问题，但是也不能迁就一些人不合理的要求，迟迟不进行处理。（2）适当放宽《国务院关于老、弱、残职工暂列编外的通知》中的规定的范围。（3）凡家务拖累重，不能坚持正常出勤的职工，在最近三年（由 1961 年 1 月开始），实际工作不满二年，目前仍不能正常出勤的，可以动员退职。(4) 各单位招用的临时工，如果生产或工作不需要，单位有权辞退。其中 1957 年底以前招用的老临时工，应按照 1958 年 3 月公布施行的《国务院关于工人、职员退职处理的暂行规定（草案）》的规定发给退职补助费。（5）对一些思想落后，不安心工作，无故旷工、怠工或生活作风不正派，有小偷小摸行为的职工。首先由单位对他们加强教育，经教育无效的，应按照《国营企业内部劳动规则纲要》第四章有关规定给予适当处分，直至开除。其中连续旷工十天以上的，予以除名。（6）对一些不够依法逮捕、劳动教养条件，也不符合退休、退职、暂列编外条件，政治历史有较严重问题的

---

① 《北京市重要文献选编（1962）》，中国档案出版社 2005 年版，第 387 页。

人员，其中有条件还乡的，应该坚决动员他们回乡参加农业生产；不能还乡的，由系统内部调换工作，控制使用，或根据需要下放到郊区国营农、林场劳动。（7）适当解决待处理人员的实际困难。即：①对退休、退职后家庭生活困难的职工，单位可以在定员人数内，吸收他们合乎条件的子女参加工作。②有些职工顾虑退职后不能享受公费医疗待遇，坚决不同意退职，对此，劳动局建议，家居城市的退职职工，可以继续享受公费医疗待遇。③对有些职工退休、退职后，家庭生活困难，凡家庭有从业人员的，由在职职工单位给予适当补助；没有依靠的，其家属生活困难补助费的标准应高于一般社会标准为宜。①

由此可见，为了严格贯彻精简政策，中共中央和北京市对于拖延不执行政策的被精简人员，主要是从经济上进行"制裁"。在经济"制裁"背后还有进一步的行政手段。从这个政策的制定来看，最大的特点是原则性和灵活性结合得比较好，政策给被精简人员思考和缓冲的时间，待遇是逐渐减少而非骤然停止，从经济上步步督促被精简人员。同时，对于拒不执行政策，经济限制也依然没能发挥作用的对象，则用更严厉的行政手段进行处置，政策的刚性又得以体现。需要指出的是，当时确实有一部分人没法精简下去，或者说在确定其为精简对象时考虑不周，因此北京市在政策上又有一个补救措施，对一些有特殊困难的群体在医疗和生活上进行了救济。

除了以上几类被精简的职工外，还有一些特殊的职工，中央也对其待遇作了规定。比如少数属于编制定员以内但目前生产上、工作上暂不需用的职工，不论家居农村或者城镇，都可以带部分工资（回农村的带20%、30%的工资，家在城镇的带 30%、40%的工资）暂时回乡、回家，

---

① 《关于北京市市属单位待处理的职工情况和解决意见》，1963 年 9 月 9 日，北京市档案馆藏，档案号：110–001–01489。

日后生产上、工作上需要时，经过主管上级批准再调回来。这些职工在回乡、回家期间，不享受原单位的劳保福利待遇。还有一些必须保留下来的条件适当的多余干部、技术人员和工人中具有特殊技能的骨干，可以调到一定的学校学习或者组织轮训，照发原工资。①

二、发放口粮

口粮问题是市民生存的根本问题，向被精简职工发放口粮也是安置的一项重要措施。只有解决了温饱问题，职工才有可能愿意离开原单位，被精简回乡或去其他去处。1962 年 6 月 1 日，国务院颁布《国务院关于精简职工安置办法的若干规定》，对被精简职工的口粮问题作了规定。6 月 12 日，北京市人民委员会转发了《规定》，按照《规定》发放口粮。而且，北京市粮食局根据北京市的具体情况，作了《关于精减职工口粮问题几项意见的报告（草稿）》，对职工的口粮问题提出了具体意见和补充。

（一）安置到农村的职工及随行家属的粮票由原单位和安置地共同发放

《关于精简职工安置办法的若干规定》指出：安置到农村的职工及其随行家属，在他们前往安置地时，由原工作单位发给旅途需用的粮票和到达安置地点后第一个月所需的粮票。一个月的粮票的发法是：原定量在 30 斤以内的，按照原定量发给；原定量超过 30 斤的，按照 30 斤发给；旅途所需粮票也根据上述标准按照旅途天数计算发给。他们到达安置地点后的第二个月起直到接上当季或者下季新粮的口粮，由所在生产队（或者生产大队、公社）按照一般社员的实际吃粮水平（包括公社

---

① 《北京市重要文献选编（1962）》，中国档案出版社 2005 年版，第 386 页。

生产队分配的口粮、超产奖励粮和自留地收获部分的口粮总的平均数）和国家的统销价格，从机动粮中售给。如果公社范围内确实没有机动粮可以售给的时候，应当由县以上政府从地方统销粮中售给。①

（二）留在城镇安置的职工，因具体安置去向有异，发放口粮标准不同

《关于精减职工口粮问题几项意见的报告（草稿）》规定：调剂顶替的职工，根据国务院和市人委指定的批准机关的证明，由调入单位按同工种报请调整定量，该增则增，该减则减；由全民所有制转为集体所有制的单位或个人，如果转为农业人口的职工，则按农业粮食标准供应，如果转为非农业人口的职工，仍按商品粮供应。享受商品粮供应的职工，如果工作的劳动强度没有什么变化，定量暂不发生变化。如果转回以后，劳动强度发生了很大变化，则根据实际情况另行处理；精简下来的城镇职工，在家从事家务劳动，搞副业或独立开业搞手工业、服务员、行医、演艺等的，精简后第一个月的粮食定量可以不变化，从第二个月起降为居民定量，可以根据实际情况定为较高水平的 28 斤左右。但如果降低幅度过大，生活安排确实有困难的，可在第二和第三个月适当给予过渡补助。如果回家后从事的劳动较重，按居民定量确实不够吃的，可按参加街道生产的办法，酌情给予补助。②

（三）安置在国营农场从事农业劳动的职工，参照国营农场同等劳动的农业工人定量

安置在国营农场从事农业劳动的职工，原来定量在 40 斤以上的重体力、特重体力的劳动工人，参照国营农场同等劳动的农业工人定量，

---

① 《北京市重要文献选编（1962）》，中国档案出版社 2005 年版，第 381—382 页。
② 《关于精减职工口粮问题几项意见的报告（草稿）》，1962 年 6 月 16 日，北京市档案馆藏，档案号：078–001–00546。

高的降下来，低的不再增加。原来定量在 40 斤以下的轻重体力工人，可按 36—37 斤左右定量，高的降下来，低的调上去。在机关、企业自办的农副业基地劳动的一般定 36 斤左右，高的降下来，低的不增，而且在秋收以后，争取能够自给自足。①

（四）待安置职工的口粮，采取逐步降低的策略

国务院规定："中央、省、自治区、直辖市和省辖市、专区直属的企业、事业单位、机关、学校，精减下来的职工，在安置期间，其工资和口粮待遇，除了某些继续执行工作任务的照旧不变而外，凡停止工作等待安置的，既要保证其生活，也应逐步适当减发工资和降低口粮供应标准"，并规定，对停止工作等待安置职工的口粮第一个月按原定量；第二个月起特重体力劳动者改按重体力劳动者定量；重体力劳动者改按轻体力劳动者定量；轻体力劳动者改按脑力劳动者定量；半年后一律改按市民口粮定量。②

结合国务院的规定，北京市提出了对待安置职工口粮发放的具体标准：中央和市属各机关、厂矿、企业、学校，定编以外的多余职工，一律按精简下来待安置的人员处理，如果他们的本职生产、工作已经停止，那么就按国务院规定的停止工作等待安置的人员降低口粮。但为了这些职工的生活，不能一次性降低口粮标准，而是分阶段逐步降低，这样也易于职工接受。除了脑力劳动者的口粮按原定量不再降低以外，特重体力、重体力和轻体力劳动者的口粮定量逐月降低。③

还有一些职工在编制定员内，但为了今后任务的需要没有被精简，

---

① 《关于精减职工口粮问题几项意见的报告（草稿）》，1962 年 6 月 16 日，北京市档案馆藏，档案号：078-001-00546。

② 《北京市重要文献选编（1962）》，中国档案出版社 2005 年版，第 386—387 页。

③ 《关于精减职工口粮问题几项意见的报告（草稿）》，1962 年 6 月 16 日，北京市档案馆藏，档案号：078-001-00546。

但又开工不足，劳动量很低，这些职工适当减少口粮。保留的多余干部、技术骨干、参加轮训学习的干部和脑力劳动者定量不变。[①]

对城镇职工的安置措施，除上述详细介绍的发放工资和补助、发放口粮外，还包括接收地对他们的安置。《关于精简职工安置办法的若干规定》强调：回乡职工及其亲属到达安置地点后，接收地准予落户，分给他们每人一份自留地，并发给他们建房费、小农具购置费和家具补助费等，解决他们在住房、必要的生活用具（如卧具、炊具）和生产用具（如自用小农具）等方面的问题，以便回乡人员能迅速安定下来参加生产。

第二节　其他城镇人口的安置

20世纪60年代初被精简下去的城镇人口中，城镇职工占绝大部分，但还有其他的城镇人口也被精简，包括干部、学生、城市人民公社的生产服务人员、工业企业的小业主、工商业者和小商小贩、社会闲散劳动力、外地精简来京人员等。这些人员，情况复杂。对他们的安置，不能笼统地都按职工的安置标准进行。因此，北京市在安置这些人时，具体问题具体分析，制定了不同的安置政策，巩固了精简城镇人口的成效。下面从干部和城市人民公社生产服务人员的安置、商业人员的安置、社会闲散劳动力的安置、外地精简来京人员的安置四个方面分类介绍不同人员的不同安置政策和措施。

一、干部和城市人民公社生产服务人员的安置

被精简的干部是一个比较特殊的群体。他们大多数人具有一定的文

① 《关于精减职工口粮问题几项意见的报告（草稿）》，1962年6月16日，北京市档案馆藏，档案号：078-001-00546。

化水平和管理水平，思想觉悟和政治素养也比较高，对他们的安置相对灵活，安置的去向也比较多元。

（一）干部的安置

精简下放干部是一项复杂的工作，有的干部适合下乡参加劳动，有的则不适合。为此，1958 年 2 月，中共中央颁发《关于下放干部进行劳动锻炼的指示》，规定不能下放参加劳动锻炼的干部的条件：（1）年龄在 45 岁以上的；（2）体弱多病不能参加体力劳动的；（3）孕妇、有哺乳婴儿和因子女拖累的女同志；（4）最近二三年内从资本主义国家回国的华侨、留学生和科学工作者，一律暂不下放；（5）公私合营企业中的资方人员目前也不要下放。① 结合中央政策，北京市根据干部自身的条件，确定不同的安置地点，并给予相应的待遇。根据规定，主要有以下几种情况：

安置到农村人民公社参加工作或劳动。这批干部都是一些政治思想好、身体健康的干部。到农村人民公社工作的，原来的级别工资、福利待遇都不变。到农村人民公社参加劳动锻炼的干部主要是机关中没有经过劳动锻炼、缺乏基层工作经验而又有条件参加体力劳动的干部，特别是青年知识分子干部和一部分适于在农村人民公社劳动的干部。参加劳动的干部与在公社工作的干部一样，工资待遇都暂时不动，家庭生活困难补助也仍由原单位负责。下放干部的口粮按农民的口粮标准发放。

安置到国营农场劳动。这类干部主要是精简下来有劳动力但是不适于到农村人民公社的人员，比如不够开除公职条件的"五类分子"、有严重政治历史问题和思想品质不好的以及其他精简下来不适于做干部，

---

① 《关于安置精简后不好处理的职工、不能就学的中学生和社会无业人员到国营农场的意见（稿）》，1962 年 11 月 1 日，北京市档案馆藏，档案号：110-001-01360。

需要逐步创造条件转为农场工人的和机关的一部分勤杂人员。① 另外，不符合退休退职条件的，难以分配工作的老、弱、残干部，也下放到国营农场参加劳动。② 这批人的工资福利待遇与下放至农村人民公社劳动的干部相同。

安置到国营企业劳动。这些干部主要是由于工作需要而下放到本企业进行劳动锻炼或因工作能力弱、不够干部条件的。把这些人安置到企业劳动，有利于他们学习生产技术、创造条件转工人。但无论这些干部是属于劳动锻炼的或创造条件转工人的，工资待遇都暂时不变。③

安置到学校工作。安置到学校工作的一般是中央机关精简下放的干部。中央机关精简下放干部的吸收工作，从1960年11月19日开始到1961年3月31日基本结束。吸收下放干部的基本条件是：政治历史清楚（有一般政治历史问题已做结论，本人表现好，或家庭、社会关系虽复杂，但本人界限清楚的亦可吸收），整风反右斗争及反右倾学习中无问题；作风正派；具有初中以上文化程度；身体健康能坚持工作，做教师的能讲普通话。

对于吸收干部的分配，北京市按照中央的精神和北京市的实际，根据每一个干部的具体条件，首先解决急需干部、师资的单位和重点学校的需要，其次考虑一般学校的干部师资缺额的补充，对有困难的干部尽量分配在居住较近地区和交通方便的学校给予照顾，所以被分配的干部大多数都比较愉快地走上了工作岗位。

---

① 《关于行政机关、党群系统精简下放干部工作中一些问题的处理意见（草案）》，1960年，北京市档案馆藏，档案号：123-001-00782。
② 《关于安置精简后不好处理的职工、不能就学的中学生和社会无业人员到国营农场的意见（稿）》，1962年11月1日，北京市档案馆藏，档案号：110-001-01360。
③ 《关于行政机关、党群系统精简下放干部工作中一些问题的处理意见（草案）》，1960年，北京市档案馆藏，档案号：123-001-00782。

安置到学校工作的干部，为教育事业的发展提供了后备力量，解决了部分外文教师的缺额补充问题、部分学校教师因病休养无人教课的问题，以及使一些学校、单位摆脱了急需配备教师和干部的困境。比如1961年下放的干部，分配到农技校的有13名专业教师，分配去外国语学校4名外文教师；配备了师专人事室主任1人，教工休养所所长1人。分配到各区和学校的干部，绝大部分表现是好的，他们工作积极，虚心向有经验的教师学习，但是也有少数人（仍占10%左右）表现的不够好，强调困难，不安心做教育工作。中央机关对吸收精简下放干部的工作，大部分单位积极支持、认真负责地介绍干部情况，并对调到教育部门的干部充分进行思想动员工作，但也有些单位介绍干部情况不够负责，思想动员工作做得很差，甚至有的甩"包袱"，因而带来了一些麻烦。如中央气象局分配的5名干部，原单位介绍身体健康，都能讲普通话，但报到后却发现其中有2名严重病号，2名口音很重，这4人根本不能教书。对于不符合条件的干部，均都退回原单位。吸收的中央精简下放干部给北京市的教师队伍增加了一部分新力量，为更好地帮助他们在政治上、业务上进步，充分发挥他们的作用，各区积极采用少排课、多进修、集中见习、带徒弟等办法对他们进行培养，使其较快地成为教育工作的内行。①

（二）城市人民公社生产服务人员的安置

北京市城市人民公社的生产服务人员的安置去向基本是返乡参加农业生产。在刚开始精简时，对其待遇的发放问题，北京市并没有做统一的规定，而是由各区自行规定，导致各区的标准很不一致。少数地区参照国营企业1958年后参加工作的正式职工的还乡待遇，发给生产补助

---

① 《关于吸收中央机关精简下放干部工作汇报》，1961年5月10日，北京市档案馆藏，档案号：001-023-00226。

费、车船费、旅途伙食补助费等；多数地区只发给半个月到一个月本人工作的生产补助费；有的地区甚至不给还乡费。

由于待遇不一致，有的单位特别是不给还乡费的单位被精简人员意见很大，影响了还乡工作的顺利进行。为了解决这个问题，北京市委精简小组统一了城市人民公社生产服务人员的还乡待遇。市委精简小组考虑到城市人民公社的积累水平和经济负担能力，规定：公社生产服务人员的还乡待遇一般应低于国营企业 1958 年参加工作的职工的还乡待遇。为了避免互相影响，各公社的待遇应大体一致而又要照顾少数确实发不起工资的单位。同时，市委精简小组对各类公社还乡人员的待遇作出具体规定。

公社的一般生产服务人员，在返乡时除了发给当月的工资，还发给生产补助费：工作不满一年的发给半个月至一个月的工资；工作在一年以上不满二年的，发给一个月至一个半月的工资；工作在三年以上的，发给两个月至三个月的工资。少数无力按照这个标准发给生产补助费的工时可以酌情少发，或只对少数经济上有困难的人员进行补助。可见，补助费的多少是由工作时间的长短决定的，工作时间长，补助费就多一些，反之则少一些。

公社还乡人员如果是由机关、国营合营企业下放的职工或下放公社的 1957 年以前参加工作职工，按退职或退休处理。符合退职条件的，发给退职补助费；符合退休条件的，发给退休费，不发退职补助费。对于编制已经转到公社的人员，其退职补助费的发放由公社发放，退休费由区工会从劳动保险基金中开支；编制在原单位的，退职补助费由原单位发放，退休费由原单位从劳保金中支付；原属机关、事业单位工作人员的，退休费由区民政部门按国务院规定支付；由合作社下放公社的手工业从业人员，按退职处理，在返乡时参照合作社的规定发放退职补助费。

还乡人员因本乡是灾区或回乡人员过多无法安置而安置到外乡的、原来就生长在城市现在自愿下乡落户的、因工部分丧失劳动力的，对于这些人员，一般除发给应得的生产补助费或退职补助费外，本着节约原则可酌情一次加发一个月至两个月的本人工资的安家补助费。分散的生产服务人员，除少数有公共积累的以外，一般按居民的待遇标准。少数有公共积累的公社可以酌情发放一定的还乡费。

除了以上的工资和补助费之外，公社还根据实际需要给还乡人员本人发放车旅费和途中的伙食补助费，一般应稍低于或相当于国营企业还乡职工的标准。①

二、商业人员的安置

虽然经过"三大改造"，国有经济和集体经济占国民经济的主体。但是，因为采取赎买政策和"包下来"的方针，一些工业企业小业主、资产阶级工商业者和小商小贩也存在精简安置的问题。对他们的安置，涉及资本主义工商业和手工业的政策，也事关此前中央在政策上对他们的承诺，因此采取了一些特殊的政策和措施。

（一）工业企业小业主的安置

北京市相当一部分中央国营、地方国营和公私合营工厂都有一些小业主，他们是 1956 年及 1956 年以前走合作化道路参加手工业生产合作社，于 1958 年前后由手工业合作社转厂并厂时带过来的，其中有不少人是手工业独立劳动者，转厂并厂后没有吸收他们入工会。这些人既不是工人，不能享受劳保待遇，也不是资本家，不能按照处理资本家的办

---

① 《关于城市人民公社生产服务人员还乡待遇的规定》，1962 年 8 月 23 日，北京市档案馆藏，档案号：110-001-01361。

法处理。特别是一些年老体弱，已经丧失劳动能力需要退休的人，由于没有退休办法，一直未能妥善安置处理。

这些小业主长期得不到处理，必然引起工厂领导和职工的不满情绪，对企业的精简工作极为不利。尤其是对一些年老体弱的小业主，工厂人员对他们干不了活却仍占着编制、照拿工资很不满。这些人调到哪里，哪里都不愿意接收。工人们说："六、七十岁的老头、老太太，啥也不能干了，碍手碍脚的，没他们也能完成任务。"有的小业主家庭生活并不困难，也要求退休，他们说："工人有劳保法，资本家有'退休法'，我们啥时候有个退休办法？"① 因此，各厂都再三要求尽快解决这一问题。

为了妥善安置处理年老体弱，或者因工残废完全丧失劳动能力的小业主，北京市劳动局明确了安置办法：凡年龄符合《国务院关于工人、职员退休处理的暂行规定》中的退休条件，而在合作化以前被雇佣满五年以上及在合作化以后参加工作满五年以上的，可做退休处理，其待遇按照《国务院关于工人、职员退休处理的暂行规定》办理。因工残废，经劳动鉴定委员会确定完全丧失劳动能力的，也应该退休，退休后的待遇，也按照该《规定》办理；不符合退休条件，而符合《国务院关于老、弱、残职工暂列编外的通知》中规定条件者，可以暂列编外，并且按照 1963 年 4 月 1 日《国务院批转劳动部、内务部、全国总工会关于安置和处理暂列编外的老、弱、残职工的意见》办理。②

---

① 《关于工业企业小业主安置处理的意见》，1963 年 7 月 9 日，北京市档案馆藏，档案号：078–001–00708。

② 《关于工业企业小业主安置处理的意见》，1963 年 7 月 9 日，北京市档案馆藏，档案号：078–001–00708。

（二）资产阶级工商业者和小商小贩的安置

在这次精简中，资产阶级工商业者和小商小贩是比较特殊的对象。当时，精简城镇人口、下放支援工农业生产第一线是全国的重要任务，而中共中央对资产阶级实行改造和赎买的政策。因此，在具体问题的处理上，采取了区别对待的方针，坚决贯彻"包下来、包到底"的精神，切实防止"甩包袱"的思想和做法。对于有定息的私方人员和资方代理人，可以根据身体条件定期参加农村支援工农业生产，但不在农村安家落户。

对于有定息的私方人员和代理人的处理办法，1960 年 12 月中共中央批转统战部《关于精简、下放支援农业生产第一线对资产阶级分子、小商小贩区别对待问题的几点意见》。该《意见》规定：凡在国营、公私合营企业、城市人民公社工作有定息的私方人员和代理人，不下放农村安家落户。但可根据生产需要和他们的身体条件定期（如半年、一年等）下放参加劳动生产，支援工农业生产第一线。下放方式，一般是下放本行业、本企业或城市其他企业基层、国营农场、企业经营的副食品基地，如本人愿意，又有条件，也可以下放农村人民公社生产队。下放人员的职位、工资、福利待遇和定息照旧不变。私方人员（包括私方代理人）的家属，凡参加国营、合营、城市公社和街道工作的，不下放农村，但可组织他们参加临时劳动。对年老、体弱、多病的人，不能借口整编机构、紧缩人员把他们"推出去""甩包袱"，应按照 1960 年 4 月 28 日《中共中央关于资产阶级分子的高薪、病假期间工资和"退职退休"等问题的指示》办理。县以上代表性人物，不精简也不下放农村参加生产劳动。对已经下放农村的私方人员（包括资方代理人），尚未明确下放期限的，应该明确期限；对那些已经宣布在农村安家落户的，应该改为定期劳动，并及时通知本人，使他们安心劳动。对于已经下放到农村的和年老有病的私方人员，应该立即调回来。① 关于下放农村劳动的私方人员的劳动时间，1961 年中央统战部再次强调：对下放劳动的资产阶级分子，必须明确期限，下放期满的，应由原单位负责安排他们的工作，原来担任领导职务的人应恢复原职或分配相应的职务。如果有必要在一个时期内带职深入基层做具体工作的，也应同本人谈清楚，不改变他们的政治待遇和生活待遇，并定期调回。②

1962 年，国务院发布《关于在精简工作中妥善安置资产阶级工商业者的若干具体规定》，再次强调，对于国营、公私合营企业中在职的资产阶级工商业者（指全面公私合营高潮期间和以前参加公私合营的资本家、资本家代理人以及有定息的其他私方人员）和他们的家属（妻或夫），不下放农村。个别家在农村而又确系自愿申请回乡的，可以同意，但不要动员，更不能强迫。在这次精简中，已经下放农村的，如非本人自愿，应该调回，对于自愿回乡的资产阶级工商业者，给予各项回乡待遇，资金不退，定息照发。对于因企业关闭或被裁并而必须精简下来的资产阶级工商业者，不要下放农村；凡保留下来的企业，一般不要精简资产阶级工商业者。对于年老、体弱、多病，合乎退休条件的，或者虽然不具备退休条件，但本人完全丧失劳动能力的资产阶级工商业者，按照《国务院关于处理资产阶级工商业者退休问题的补充规定》，分别做退休安置，或者准其请长假，列作编外。③ 可见，在精简过程中，中央对资产阶级工商业者是很照顾的。

对于小商小贩的处理，则与资产阶级工商业者不太相同。1960 年

---

① 《关于精简、下放支援农业生产第一线对资产阶级分子、小商小贩区别对待问题的几点意见》，1960 年 11 月 30 日，北京市档案馆藏，档案号：123-001-00728。
② 《建国以来重要文献选编》第十四册，中央文献出版社 2011 年版，第 496—497 页。
③ 中华人民共和国国家经济贸易委员会编：《中国工业五十年：新中国工业通鉴第四部》（1961—1965）上卷，中国经济出版社 2000 年版，第 541 页。

中共中央规定，有定息的资产阶级工商业者可定期下乡参加劳动，但不落户。而对于没有定息的小商小贩，只有家在大中城市市区和近郊区的，才可以参照有定息的私方人员的方针办理。那些家在县城集镇和大中城镇远郊，本人条件又适宜参加农业生产的，可以精简下放到农村落户，其工资福利待遇等问题暂时不变。①

到 1962 年，由于精简任务的加大，中共中央放宽了小商小贩下放农村的标准：1958 年以后来自农村和 1957 年年底以前即从事商业经营、家在农村、有参加农业生产能力的，一般应当回乡，但其中少数有专业技能的人员可予保留。家庭长期居住城镇的，一般不下放农村。如果有条件下放落户，确系自愿申请的可以批准。②1960 年下放农村的只是家在县城集镇和大中城镇远郊的，而 1962 年下放农村的人员不仅包括 1958 年后来自农村的，还包括 1957 年年底以前从事商业经营、家在农村、有参加农业生产能力的，精简范围扩大了。

1962 年变化的不仅只有对小商小贩的精简范围，还包括对下放农村安家落户的小商小贩工资、福利待遇和股金问题的规定。1962 年 3 月 28 日，中共中央批转中央统战部、财贸办公室《关于下放农村安家落户的小商小贩工资、福利待遇和股金问题的处理意见》，要求各地参照执行。

该《意见》指出："关于下放农村安家落户的小商小贩的工资、福利待遇问题，1960 年 12 月中共中央批转《关于精简、下放支援农业生产第一线对资产阶级分子、小商小贩区别对待问题的几点意见》中，曾

---

① 《关于精简、下放支援农业生产第一线对资产阶级分子、小商小贩区别对待问题的几点意见》，1960 年 11 月 30 日，北京市档案馆藏，档案号：123–001–00728。

② 《关于妥善安置国营商业、公私合营商业、供销合作社、合作商店和合作小组的小商小贩下放农村参加农业生产的意见的报告》，1962 年 9 月 13 日，北京市档案馆藏，档案号：002–014–00003。

经规定'暂时不变'，继续由企业负责。当时作这样的规定是必要的，但现在时间已过了一年多，不宜再继续下去。今后对于这些已经下放落户了的小商小贩的工资福利问题，各地可按照以下原则处理：（1）他们的工资一律发至今年四月为止，过去有些地区在下放以后停发或者减发了他们工资的，应由原企业补发（补发时扣除劳动分配所得部分）。（2）对于他们的工资福利，凡是参加农业生产的，按照农村人民公社社员待遇；参加农村供销合作社、合作商店、合作小组工作的，按照所在单位的成员同样待遇。（3）下放农村参加农业生产的小商小贩的股金，应当一律退还本人。"[1]

小商小贩中有一部分是老、弱、残人员，这部分是要区别对待的群体。全国国营商业、公私合营商业、供销合作社、合作商店和合作小组的 276 万小商小贩中，据典型调查推算，年满 60 岁以上的约占 20%，即 55 万人左右；已丧失劳动能力的约占 9%，即 25 万人左右。[2] 大量的老、弱、病、残人员留在国营、公私合营商业和供销合作社里面，同企业提高工作效率、加强经济核算的要求有矛盾；合作商店老、弱、残人员过多，也会增加企业经营上的困难，加重负担。北京市对小商小贩中的老、弱、残和丧失劳动能力人员的待遇问题也不一致。有的发给本人月工资 50%，有的发给 70%，甚至有少数单位停发了工资。[3]

为了统一老、弱、残小商小贩的待遇问题，中央工商行政管理局对

---

① 《中共中央文件选集（1949 年 10 月—1966 年 5 月）》第三十九册，人民出版社 2013 年版，第 239—240 页。

② 《关于妥善安置国营商业、公私合营商业、供销合作社、合作商店和合作小组中老弱残的小商小贩的意见的报告》，1962 年 9 月 28 日，北京市档案馆藏，档案号：002-014-00003。

③ 《北京市工商行政管理局给北京市长的信件》，1962 年 10 月 17 日，北京市档案馆藏，档案号：002-014-00003。

老、弱、残的小商小贩作了具体规定：（1）国营、公私合营商业和一部分私营企业中的老、弱、残的小商小贩，凡属于全面公私合营高潮期间和以前参加公私合营有定息的，应当按照 1962 年 7 月 16 日国务院《关于资产阶级工商业者退休问题的补充规定》办理。除此之外，国营、公私合营商业和供销合作社中尚有一定劳动能力的老、弱、残小商小贩，属于 1957 年年底以前进来的，除少数自愿要求退出去搞合作商店、合作小组的可以允许以外，其余的原则上不退出去，由原单位安排他们力所能及的工作。1958 年以后进来的老、弱、残小商小贩，则可以退出去组织或参加合作商店、合作小组和从事个体经营。对已经丧失劳动能力的小商小贩，家庭有人赡养的可以退职。退职时，发给退职补助费并退还股金。（2）合作商店的老、弱、残小商小贩中尚有一定劳动能力的，应当在合作商店中安排他们力所能及的工作。如果家庭有辅助劳动力，自愿退出去参加合作小组或从事个体经营的，可以允许。对已丧失劳动能力、家庭有人赡养、本人自愿退职的，可以允许。退职时，除退还股金和发给本人当月工资以外，可根据参加合作商店时间（包括国营、公私合营商业和供销合作社工作的时间）的长短，另发给本人 3—7 个月工资的退职补助费。对已丧失劳动能力无依无靠的小商小贩，可以参照对无依无靠的老、弱、残职工的救济费标准，按月发给生活费。（3）合作小组中已丧失劳动能力小商小贩，可以由合作小组的互助合作基金或者行业、地区的联合公益金中按月支付生活费，也可以商同民政部门按社会救济对象发给救济费。①

---

① 《关于妥善安置国营商业、公私合营商业、供销合作社、合作商店和合作小组中老弱残的小商小贩的意见的报告》，1962 年 9 月 28 日，北京市档案馆藏，档案号：002-014-00003。

三、社会闲散劳动力的安置

社会闲散劳动力是一个特殊的群体。在计划经济时代，往往不用失业这种说法，因此社会闲散劳动力是一个比较笼统的说法，涉及各种类型的人员。而且，当时就业渠道比较窄，如何解决这部分人的安置问题，比较复杂，也比较关键。大量的社会闲散劳动力不仅造成社会的负担，还影响社会治安和城市管理。

（一）社会闲散劳动力界定和安置困难

自从精简工作开展以来，社会上闲散劳动力增长很多。不少具有劳动能力的人一时没有就业出路，生活困难，迫切要求工作。为此，1962年劳动部对闲散劳动力的界定作了说明：指常住户口在城市，在劳动年龄以内（男性 16—60 周岁，女性 16—55 周岁），具有劳动能力，适于就业，本人又要求就业的人员。

根据劳动部的规定，北京市劳动局进一步确定了闲散劳动力的范围：一是未能升学和自动退学的青年学生；二是精简、退职和自动离职的职工（不包括未超过劳动年龄的退休职工）；三是开除、除名和劳改、劳教释放人员；四是具备参加社会劳动求职的家庭和原来无业现在要求工作的人员；五是在一个用工单位从事工作不足一年的临时工。至于在一个用工单位从事临时工作已经一年以上，在短期内又不能下来的临时工，则不算做闲散劳动力。①

根据上述界定，截止到 1963 年，北京市的社会闲散劳动力约有 5 万人，其中办理求职登记的有 36100 人，比 1962 年年底的 29000 人增加 7100 人。没有登记的人数，市劳动局据典型调查资料推算，估计有

---

① 《关于安定门办事处管界内闲散劳动力的调查报告》，1963 年 11 月 16 日，北京市档案馆藏，档案号：110-001-01467。

1 万多人。在已登记的人员中，其中男性 15500 人，女性 20600 人，而生活困难的约有 12000 人。这些人的来源主要是：（1）1961 年以来陆续精简下来的退职职工 10100 人，占 27.8%，其中女性占 65.2%。（2）辞退的临时工有 3200 人，占 8.9%。（3）开除、除名、自动离职的有 5700 人，占 15.7%。（4）历届毕业和退学学生有 9700 人，占 26.8%。（5）原来没有工作，现在有条件出来工作的家庭妇女，有 4500 人，占 12.4%，这部分人生活一般比较困难。（6）劳改释放、组织劳动退队等其他人员有 2900 人，占 8.2%。在这 36100 人中，有的正在做临时工，有的在街道做临时服务，还有一些病残人员无法安置，除此之外，等待安置的有 26000 人，比 1962 年年底的 17000 人增加 9000 人，增加了 53%。① 由于大量精简职工，社会闲散劳动力还有不断增加的趋势。

总的来看，安置这些人的工作压力很大，就业出路比较少，特别是有相当一部分人生活困难，迫切要求工作。除了学生的就业条件比较好以外，这些人中男多女少，体力差，壮年中又有很多人有政治历史问题，不适合去国家机关、企业做壮工。除了国家严格控制从社会上招工的原因外，闲散劳动力的就业条件与招工单位条件对不上口径是安置工作上的一个比较突出的问题，也是导致社会上存在大量闲散劳动力没有安置的主要原因。以安定门办事处管界内的社会闲散劳动力为例，在管界内的 629 人当中，年龄在 25 岁以下、文化在高小以上、身体健康的有 298 人。按道理讲，这部分人就业条件较好，容易安置，但是在实际安置工作上也有一定的困难。一方面，劳动力本身存在一些问题。有的因本人或家庭有政治历史和其他问题；有的因为家务拖累一时出不来；还有的因为挑拣工作而未能及时就业。据安定门办事处第二联组清

---

① 《关于社会闲散劳动力的情况和问题》，1963 年 7 月 18 日，北京市档案馆藏，档案号：110-001-01468。

理统计，在 106 名社会青年中，本人有政治历史问题的 1 人，"四类分子"子弟 3 人，曾有小偷小摸行为的 8 人，流氓和乱搞男女关系的 11 人，劳教释放和组织劳动过的 6 人，共有 29 人，占 106 名社会青年的 27%。又据办事处同志反映，在现有闲散劳动力中，有各种问题的人员占 25% 左右，① 例如有的人因为个人私生活问题被开除，难以安置。

还有相当一部分青年，嫌脏怕累，过分挑拣工作，如第十三居民委员会登记就业的 9 名青年当中，曾经多次分配工作因挑拣而不干的就有 5 名。某青年多次介绍工作不干，最近动员他去北大荒农场，他说："我也没有犯罪，到北大荒是'发配'"。② 至于那些年龄较大和有家务拖累的妇女，以及那些劳教释放的人员，在安置工作上困难更多。

另一方面，有些用人单位要求条件过高，挑剔过严，不仅是厂矿企业如此，农、林场招工也如此。例如卢沟桥农场招工时，办事处挑选过的 84 人中，只审查同意录用 44 人，在未被录用的人员中，有的只是因为身材矮小、体格稍瘦，有的因为其父当过伪兵（现在在业），有的因为在学校时曾偷拿过同学的一点东西，等等。又如市建工程局装卸队招收 20 名装卸工人，他们提出的用人条件是：年龄要 18—45 岁，身体强壮，没有问题，全要男的不要女的，结果在办事处提供的 41 名闲散劳动力的材料中，只审查录用了 19 名，有的身体很壮，只是年龄差一岁（17 岁）也不要；有的只是因为过去曾有过小偷小摸行为，或者家庭有一般性的问题也未被录取。有些厂矿企业的用人条件要求更严，一般都是要男的不要女的，要年轻力壮的不要年岁大的，在政治条件上，普遍

---

① 《关于安定门办事处管界内闲散劳动力的调查报告》，1963 年 11 月 16 日，北京市档案馆藏，档案号：110-001-01467。

② 《关于安定门办事处管界内闲散劳动力的调查报告》，1963 年 11 月 16 日，北京市档案馆藏，档案号：110-001-01467。

要求没问题的。这就增加了安置工作上的困难。[①]

（二）社会闲散劳动力的安置措施

为了克服困难，解决社会闲散劳动力的安置，北京市作了大量的调查研究，并根据不同的情况采取了各种办法。总结起来，当时主要采取了组织闲散劳动力上山下乡参加农业生产、组织成立劳动服务站、安置做临时工和合同工、给不能升学的学生特殊照顾四种主要措施。

组织闲散劳动力上山下乡，参加农业生产，这是安置的一个首选方向。因为不仅在精简城镇人口的情况下，城市中存在过多的闲散劳动力，而且在以后的一定时期，城市中新生长的需要就业的劳动力也会越来越多，势必超过城市国民经济各部门必须补充的人数。再加上农村可以容纳大量的城市下乡人口，所以，将这些多余劳动力安置到农村是必然的，也符合当时国家发展国民经济以农业为基础和城市支援农村的方针。

动员闲散劳动力下乡，首先是对有条件下乡的劳动力，尤其是社会青年，坚决动员他们回乡参加劳动生产。能够回乡参加农业生产的劳动力还是有一部分的。据东华门街道办事处调查，1963 年社会闲散劳动力 995 人中，在原籍农村有生产生活条件的就有 30 人。[②]

另外，国营农场、林场也可以安置不少人。为了有组织地安置闲散劳动力，国家拨了一笔专款，并新建了一些国营农场、林场、牧场和渔场，而且各地在经费和土地等条件都具备的地方都有计划地扩充和新建若干农林牧渔场。据安定门的了解，辖区内 1963 年共有 629 名闲散劳

---

① 《关于安定门办事处管界内闲散劳动力的调查报告》，1963 年 11 月 16 日，北京市档案馆藏，档案号：110–001–01467。

② 《关于社会闲散劳动力的情况和问题》，1963 年 7 月 18 日，北京市档案馆藏，档案号：110–001–01468。

动力，其中可以参加国营农场、林场和下乡插队的有 50—60 人。其他因为本人或者家庭有各种问题而在城市不宜安置工作的，计划由农垦部门同公安部门组织农业劳动的有 100—120 人。与可以参加国营农场、林场和下乡插队的人数加起来，共可组织参加农业劳动的有 150—180 人，占 629 名闲散劳动力的 28% 左右。① 经过安置，从 1963 年 10 月到 12 月，仅仅 3 个月的时间，全市去东北国营农场和本市郊区农场、林场的就有 2879 人。②

组织成立劳动服务站。劳动服务站主要是由生活困难、体力稍差的社会闲散人员组成，从事居民及机关单位的零活服务工作，截止到 1963 年，北京市各区在街道办事处领导下，已经成立了 60 多个自负盈亏、有活干、无活闲的劳动服务站，组织了 6000 多名生活困难、政治历史清楚、有劳动能力的社会闲散人员。③

起初，劳动服务站的主要任务是为各事业单位、机关、团体和居民供应临时需要的劳动力，同时根据市、区下达的调配任务提供劳动力。它对解决某些单位对临时工的需要，完成市、区调配任务，适当安排社会劳动力，解决闲散人员的工作与生活问题，以及代替私人包工，打击地下把头，防止私自招工都起了很大的作用。后来，劳动服务站的性质发生了变化。由于北京市的临时工计划指标不足，为了解决各单位临时用工和闲散劳动力的工作与生活问题，劳动服务站则由负责供应、调配和管理闲散劳动管理的行政单位变成包工单位，主要

---

① 《关于安定门办事处管界内闲散劳动力的调查报告》，1963 年 11 月 16 日，北京市档案馆，档案号：110-001-01467。

② 《关于本市无业人员的情况报告》，1963 年 12 月 21 日，北京市档案馆藏，档案号：002-020-00397。

③ 《关于社会闲散劳动力的情况和问题》，1963 年 7 月 18 日，北京市档案馆藏，档案号：110-001-01468。

承包一些生活服务性的零杂活，如抬煤球、清除垃圾、平整场地、下户服务等。这无疑解决了一部分无业人员的生活出路问题，也适应了社会的需要。比如东城区各办事处成立劳动服务站，组织1300多人，开展了抬煤、临时保姆等零活服务工作，宣武区组织600多人在各办事处成立修缮服务组，两个月来共修房4000间，有力地支援了街道房修任务。每人每月还可以得到30元左右的收入，他们非常感激政府的关怀和照顾。①

但是，由于劳动服务站性质的转变，其工作人员的主要精力则陷入了承揽包工、对外营业、估工造价、结算工资和征收管理费等经济工作中。这样就造成一些消极影响：一是劳动服务站只根据包工任务的需要来确定调配的闲散劳动力人数，基本放弃了日常的组织管理工作。二是承揽包工对劳动工资计划管理也有很大影响。因为劳动服务站所承包的任务主要是装卸、搬运、抬煤等工作，一部分属于零星工作，应该由用工单位采取招用临时工的办法来解决，如果劳动服务站以包工代替供工，必然会掩盖劳动工资计划的真实性。此外，劳动服务站除了对发包单位收缴包工费以外，还征收一定的包工管理费，这就增加了用人单位的开支。但总体来看，劳动服务站的设置对解决闲散劳动力的出路问题还是起了很大作用的。

安置做临时工和合同工。这一措施可就地组织参加临时劳动，使一部分生活困难的无业人员暂时有活干、有饭吃。由于过去使用普通工方面存在很大的浪费现象，经过几年的精简，各企业事业单位都减掉了不少职工。但是，各企业事业单位，甚至包括一些机关团体，有时却需要一定数量的临时工。但如果各单位依靠自身来挖掘劳动潜力，却又一时

①　《关于社会无业人员的安置情况的汇报》，1962年7月17日，北京市档案馆藏，档案号：110-001-01339。

挖不出来，这种现象在当时是普遍存在的。因此，从社会闲散劳动力中调配一些人去做临时工和合同工，是非常合适的。这样既能满足各企业事业单位对工人的需求，又能妥善安置一部分闲散劳动力。

从城市的临时性、季节性的需要来看，除企业生产需要临时工以外，财贸、机关、团体事业单位都需要非生产服务性的季节工。特别是财贸系统的临时性任务很多，必须有一定的社会劳动力随时调配解决。例如，1962 年蔬菜水果上市量大，储存任务重，在有关方面配合下，组织了临时劳动力 3 万多人次，完成了 200 多万工日的工作，降低了商品损耗，提高了治理。① 并且还为煤矿、建筑部门以及商业、煤建系统补充了一部分劳动力，顶替了部分职工还乡，适当地解决了各单位需要的壮工。这些工作对进一步精简城镇人口起到了一定作用。1963 年 10 月以后，北京市由安置做各种临时工、合同工 9400 人。在安置了大量的社会上没有职业的闲散劳动力之后，进一步安定了社会秩序，有些无业青年就业后反映，"现在有了工作，不好好干真对不起政府"，有些无业青年的家长见到子女就了业，非常欣慰，纷纷感谢党和政府的关怀和照顾。②

在社会闲散劳动力中，没有工作的青年学生相对来说是比较特殊的群体，一是他们都比较年轻、文化水平比较高、有一定的技术，是劳动力的主要来源；二是除了一部分学生不愿参加农业劳动外，部分家长对学生的期望值高，希望能在城市安排到好的工作，这就增加了安置的难度。

---

① 《关于城市闲散劳动力安置处理情况的报告和今后意见》，1963 年 2 月 12 日，北京市档案馆藏，档案号：110–001–01468。
② 《关于本市无业人员的情况报告》，1963 年 12 月 21 日，北京市档案馆藏，档案号：002–020–00397。

在精简工作进行的过程中，由于有一部分初中、高中毕业生不能升学，由于一部分精简回城市街道的人员生活困难没有及时得到解决，所以有一部分职工、学生、居民的思想动荡不安，谣言和反动标语不断出现，一些闹事的苗头也不断被发现，社会秩序也受到一些影响。[①] 因此，为了防止继续闹事，缓和矛盾，北京市委向学生和家长做了大量的宣传解释工作，并对不能升学的毕业生安排了各种出路。

安排城市初高中毕业生就业是一项艰巨复杂的工作。除了就业人数多的问题外，还会有国家需要和本人志愿之间的矛盾。例如，有些行业需要人，但学生不愿意去；有些行业学生愿意去，但又不可能吸收人；等等。这就需要向学生做深入的政治思想工作，使他们认识到劳动不分贵贱，凡是国家需要的，都是受人尊重的。而且要通过思想工作让他们明白"行行出状元"的道理，无论从事哪一行，只要好好学习劳动，都是大有可为的。初高中毕业生的思想，在相当大的程度上，是受家长和社会舆论影响的。因此，为了使学生就业安排工作能够顺利进行，充分向学生和家长做好宣传解释工作、取得家长的理解和帮助尤显重要。

对于毕业生的工作安排问题，北京市委秉持的总精神还是加强农业战线。凡是考不上学、家在农村的毕业生，一律动员回乡参加农业生产。家在城市地区的，结合城市调整、精简职工和减少城市人口的工作进行安排，但总的来看，家居城市地区的毕业生大都在城市安排了工作，到国营农场参加劳动的只是一小部分。首先是顶替职工还乡，允许招工单位对职工子弟优先录用。1962 年，城市地区不能升学的学生增加到 21000 人，市委经请示中央精简小组同意，尽了最大

的努力，由工业、财贸、国营农场各方面用顶替来自农村的职工还乡生产和顶替城市老弱职工退休、退职等办法，勉强安置了 16000 人。[①] 其次是补充精简后的定员缺额和调整人员的质量。这样，虽然暂时安置了一批不能升学的毕业生，但是到了 1963 年，城市地区毕业学生的就业问题变得更加困难。一方面，不能升学的人数增加到 3 万人之多；另一方面，就业的出路十分有限。到 1963 年，安排落实的只有 13500 人，其中：征兵 2000 人，技工学校招生 2000 人，代劳动部培训徒工 3000 人，在京中央直属企业超额完成精简任务，经中央各部批准可以吸收学生 2000 人进企业工作，1962 年国营农场、林场获中央批准 1100 万元投资额，可再安置学生 4500 人，但还有 16500 人的安排尚未落实。[②]

为了增加安置的出路，劳动部党组提出：一方面可以组织未能升学的青年自学或自费入各种补习学校学习，以提高日后就业或者继续升学的条件；另一方面由政府利用停办的中等专业学校和技工学校尚未处理的人员和设备，或者改变一批多余的普通中学，举办技术业务训练学校，招一批初中或高中毕业生，分别给以长期或短期的技术业务训练（首先应当是农业方面的，以适应农业技术改造的需要），然后输送到农村或者其他需要的岗位上去。这种办法，既可以为国家训练后备技术力量，又安置了相当一批社会青年，也不会多增加国家的财政负担。[③] 另外，按照国家征兵规定，在自愿的原则下，可以动员一部分合乎条件的

---

① 《中共北京市委关于北京市高、初中毕业生安置问题的报告》，1963 年 8 月 7 日，北京市档案馆，档案号：001-005-00438。

② 《中共北京市委关于北京市高、初中毕业生安置问题的报告》，1963 年 8 月 7 日，北京市档案馆藏，档案号：001-005-00438。

③ 《1958—1965 中华人民共和国经济档案资料选编》（劳动就业和收入分配卷），中国财政经济出版社 2011 年版，第 132 页。

高等学校和中等专业学校的学生参军。①

　　除了上面的几种安置方式外，根据国民经济的发展和人民生活的需要，闲散劳动力还可以从事各种家庭副业（生产性的或服务性的），鼓励个人开业（行医、教书等）和多方面的自谋正当职业，这些办法都可以安置一部分闲散劳动力。

　　（三）社会闲散劳动力的管理

　　由于闲散劳动力居住分散，人员也经常变化，为了及时地、全面地了解和掌握他们的具体情况，合理地安置就业，必须要加强对闲散劳动力的管理工作。北京市对闲散劳动力的管理，主要通过三方面进行：一是恢复劳动力介绍所，二是加强街道办事处的管理工作，三是发挥街道妇联、青年团和派出所各方面的组织作用。

　　恢复劳动力介绍所。劳动力介绍所是市、区劳动部门的一个组成部分，专门负责闲散劳动力的组织、管理、安置和教育工作，其具体任务是：（1）通过调查登记（公开的或内部的），切实掌握闲散劳动力的具体情况，并且根据实际可能，分别把他们组织起来，以便分配使用或做其他安置；（2）根据用人单位的需要，及时介绍和调配劳动力，监督用人单位和工人双方认真履行劳动合同或协议；（3）对闲散劳动力进行日常的思想政治教育和组织必要的短期技术、业务训练，以逐步提高他们的政治觉悟和就业条件。②

　　解放初期，全国城市普遍建立了劳动力介绍所，1958 年以后，由于几乎完全消灭了城市失业现象，这一机构就大都撤销了。由于安置和

---

① 《必须负责地妥善地安置裁并学校的学生》，1961 年，北京市档案馆，档案号：015–001–00201。

② 《1958—1965 中华人民共和国经济档案资料选编》（劳动就业和收入分配卷），中国财政经济出版社 2011 年版，第 132 页。

管理城市闲散劳动力是一项经常性的关系到城市的生产建设、人民生活和社会秩序的重要工作，没有专门的机构是不行的。因此，中央认为有必要恢复劳动力介绍所。

为了加强社会无业人员的管理，逐步合理地安置他们的工作，解决各部门生产、工作和人民生活需要用的临时工、季节工，达到减少国家固定职工，节约地、合理地使用劳动力的效果，根据中央的指示，北京市劳动局对恢复劳动力介绍所的工作提出意见，主要有：一是劳动力介绍所的任务。劳动力介绍所的主要任务是按照国家有关劳动力管理、使用的政策法令，做好对社会无业人员的管理和介绍工作。具体任务有六项：（1）对社会无业人员进行登记，调查了解他们的劳动条件、政治条件与生活收入等情况；（2）根据各方面需要和无业人员的情况，逐步地安置他们到各部门做临时工、季节工，介绍私人零星用工，如家庭雇用保姆等；（3）经常对社会无业人员进行思想教育，掌握他们的思想、活动和变化情况，认真做好无业人员的来信来访工作；（4）检查各单位招用临时工合同执行情况，了解无业人员在用人单位工作时的表现情况；（5）在可能条件下，组织社会无业人员中一部分有劳动能力的人员从事临时性服务工作；（6）定期向上级领导汇报管理、介绍无业人员情况。二是要在各区、县原有工作基础上，恢复区、县劳动力介绍所，加强对社会劳动力的集中统一地管理工作。一方面，劳动力介绍所仍以各街道办事处原有劳动力管理工作的基础为主，对社会无业人员进行登记，了解和掌握他们的变化情况；另一方面，劳动力介绍所对无业人员的经常管理，应建立必要的制度，如建立卡片、档案的管理，人员变化月报表，检查临时工合同执行情况等制度。三是劳动力介绍所的组织领导与机构设置。劳动力介绍所可设正、副所长各一人，干部人选由各区、县按编制人数自行配备。干部的配备应该是政治条件好，有一定的政策水平，有群众工作经验的人员。① 截止到 1962 年 8 月，北京市共恢复了 11 个区劳动力介绍所。

加强街道办事处的管理工作。为了合理地安置闲散劳动力，仅仅依靠劳动力介绍所是不够的，还必须切实加强街道办事处对闲散劳动力的管理工作。街道办事处的主要任务之一就是管理和安置闲散劳动力，并且由办事处的指定人员负责这项工作，经常了解和组织研究这方面的情况和问题，定期开展清理、核对工作。

北京市劳动局提出，在管理方法上，采取"内外结合，上下联系，一竿子插到底"的办法。具体来说，就是街道办事处应设置专职内勤干部，负责办理日常登记、建立卡片、统计报表以及清理、核对、介绍工作，办事处的外勤干部在进行其他工作的同时，应了解闲散劳动力的变化情况、就业要求和思想状况，并提供安置工作的意见。这样做，不仅不会影响外勤干部进行其他工作，而且还便于他们了解群众生活，解决居民困难。为了便于办事处内勤和外勤干部配合工作，应对闲散劳动力建立两套卡片，一套卡片由内勤干部集中掌握，一套卡片由外勤干部分散掌握，除了定期进行统一清理、核对以外，外勤干部还应随时把闲散劳动力的变化情况告诉内勤干部。同时，还必须利用居民委员会的力量，通过居民委员会及时了解情况，反映情况，做到上下通气。只有这样，才能满足这一工作的需要，真正做到情况明、调配灵、安置快。②

此外，做好闲散劳动力的工作也是街道妇联、青年团和派出所各方面的共同责任。这三者的主要任务是结合中心工作，配合搞好对闲散人员的思想教育。妇联不仅要做好闲散劳动力中妇女的工作，而且要做好

---

① 《北京市重要文献选编（1962）》，中国档案出版社 2005 年版，第 568—569 页。
② 《关于安定门办事处管界内闲散劳动力的调查报告》，1963 年 11 月 16 日，北京市档案馆藏，档案号：110–001–01467。

社会青年的家长教育；青年团在对在职青年布置和安排学习的同时，也要进行对社会青年的思想教育，以防止他们的不良思想的发展；派出所除了做好一般思想教育工作以外，还必须加强对有各种问题的闲散人员的日常管理和教育，了解闲散劳动力的变化和思想政治情况并及时提供有关政治方面的审查意见。①

四、外地精简来京人员的安置

安置精简人口的工作不仅包括安置本市精简人员，而且还包括外地精简来京的人员。对于外地精简来京人员，北京市根据《国务院关于精减后返回原籍城镇人员落户问题的通知》，对符合条件的外地来京人员批准入户，对不符合条件入户的人员进行了一次性清理。

截止到 1962 年 7 月中旬，外地精简来京要求入户的共 1081 人（包括随带家属 205 人）。通过清理，已有 486 人被批准入户，剩下的 595 人（被精简的职工 456 人，随带家属 139 人），既不符合国务院规定的入户条件，外地有关单位事前也没有同北京市联系。他们来自 25 个省、自治区、直辖市，较多的有河北 75 人，内蒙古 56 人，甘肃 48 人，山西 35 人，青海 33 人，陕西 28 人，辽宁 23 人。②

据北京市各区的反映，有的单位把原来从北京市招去或调去的职工和学生，成批地减回北京市城区。突出的如河北省宣化市龙烟钢铁公司，据各区不完全统计，已遣返北京市 58 人，都是身强力壮的青壮年职工。据他们反映，公司对他们讲"中央规定，哪里来的哪里去"。但

---

① 《关于安定门办事处管界内闲散劳动力的调查报告》，1963 年 11 月 16 日，北京市档案馆藏，档案号：110–001–01467。
② 《北京市委精简小组关于外地精减来京人员安置问题的请示报告》，1962 年 8 月 21 日，北京市档案馆藏，档案号：110–001–01361。

是这些人员，实际上不应该完全精简回北京市，存在各地区"甩包袱"的情况。

这些不应遣返回北京市的人员，主要有三种情况：一是原籍农村、应由外地直接动员回农村的和外地应当就地安置参加农业生产的。这些人中有的是外地农村公社的干部，有的家属都在当地农村，甚至有的本来已在当地农村安置为农业社员。比如兰州评剧团的一名演员，父母都在原籍山东黄县农村，其妻和三个小孩 1960 年由黄县来京，是北京市动员回乡对象。该演员也理应回乡参加农业生产，但 1962 年 1 月竟被遣返回北京市。二是到北京市郊区县参加农业生产但在市郊区县根本没有落脚点的，例如青海省玻璃厂的一名徒工，原籍河南省新蔡县，1962 年被遣回北京市。据这名徒工讲，单位从地图上查出有个顺义，就把他的户口迁到顺义县城关公社，现住他姑母（中央建筑工程部干部）家。三是大量的符合国务院规定、被遣返北京市城区的职工和家属。北京市为了贯彻执行中央和国务院的有关指示，更为了早日安置这些外地来京人员，市委精简小组同外地有关单位取得联系后，商请他们收回这些来京人员，就地进行安置。但是有些单位迟迟不作答回复，有的甚至经过多次交涉仍无结果。如山西省电力厅工程公司发电一处（现改为发电工程安装处）的工人王福英，原籍河北省涿县，生长在北京，于 1961 年 9 月退职回到北京市宣武区的伯父处。宣武区于 1961 年年底连续三次给山西省电力厅和山西省委精简办公室发函请他们收回，均无回信。1962 年 3 月 14 日与山西省委精简办公室的一名工作人员电话取得联系，该工作人员答复："核对一下情况，与领导研究后答复。"半个月后，宣武区又发电催问，仍没有答复。而此时该工人也写信给山西省电力厅要求回去，电力厅给他回信叫他去河北省涿县投奔其叔父，参加农业生产。根据该工人的要求，宣武区介绍他去涿县。然而，涿县不收，他又回到北京。山西省电力厅又拒绝他回原单位。经宣武区再次与山西省委办公厅联系，山西省委精简办公室回信说，该工人"是于 1961 年 9 月自愿申请，由组织批准离职回老家涿县的，并未言及去北京，同时北京并非王福英的原籍，我们同意电力厅意见，不作复职处理，请动员其仍返乡参加农业生产"。宣武区因该工人是被遣送来北京市（有户口迁徙证明）的，不是遣返原籍，所以连续两次给山西省去信说明情况，仍没有答复，后又联系山西省委精简办公室，对方竟说，"他到北京已经这么长时间了，你们入户吧！"①

　　针对这种现象，北京市委精简小组提议，各地应根据国务院 1962 年 6 月 9 日下发的《国务院关于精减后返回原籍城镇人员落户问题的通知》和中央精简小组 1962 年 7 月 11 日批转上海市委精简小组《关于执行国务院关于精减后返回原籍城镇人员落户问题的通知的请示报告》的精神，把不应精简遣返到大城市的职工做一次清理。凡是应当收回的，应当主动收回，不要再拖延下去，以免造成社会问题。同时，已经遣返回北京市的人员，凡确属不应遣返的，经过几次联系外地有关单位没有答复的，即由市委精简小组介绍他们回有关省、自治区、直辖市党委精简办公室，由外地予以安置。②随后，中央精简小组同意了北京市委精简小组的意见，要求"对于现在已经减到北京的人员，其中确属精减遣返不合理又无法安置的，由北京市再与原减人的地方联系，原减人的地方应该准许介绍回去"③。

---

①　《北京市委精简小组关于外地精减来京人员安置问题的请示报告》，1962 年 8 月 21 日，北京市档案馆藏，档案号：110–001–01361。

②　《北京市委精简小组关于外地精减来京人员安置问题的请示报告》，1962 年 8 月 21 日，北京市档案馆藏，档案号：110–001–01361。

③　《中央精简小组批转北京市委精简小组关于外地精减来京人员安置问题的请示报告》，1962 年 9 月 4 日，北京市档案馆藏，档案号：110–001–01361。

第三节　安置效果分析与评价

北京市采取的一系列政策和措施，保证了安置工作的基本完成。在安置的去向上，北京市既遵守了中共中央对安置去向的普遍规定，又根据北京市的特殊情况，重点在下乡安置、农场安置、顶替安置上做文章。总体来看，北京市的安置效果是比较好的，安置地和安置者两方面都没有出现大的纰漏，几万被精简人员主要通过市内安置得以自己消化，没有将主要"包袱"抛给外地。

几十年后，我们回顾历史，客观考察北京市的安置工作，可以得出这样一个基本结论：安置总体上做得比较好，积累了不少成功的经验。但毕竟是一个应急性政策和措施，不可能短时间做得那么完美，存在一些问题，一些人作出了牺牲，这是不可回避的缺陷和不足。

一、安置的基本效果

根据被精简城镇人口的类别、不同的安置去向，中央和北京市有针对性地采取了不同的安置措施。各接收地（包括各级人民公社、街道、农村、国营农场林场等）绝大部分按照中央和北京市的指示行事，妥善地安置了被精简人员，收到了良好的效果。在被精简的城镇人口中，回农村从事农业劳动的占绝大多数，这部分群体是否被安置妥当，也最能反映出安置的效果。因此，本书主要从接收地安置情况和还乡安置者是否安心农业生产两个方面来考察安置的基本效果。

（一）接收地安置妥善

从 1961 年 6 月到 1963 年 6 月底，据不完全统计，北京市郊区、县农村共接收回乡人员 19.4 万人，其中北京市各单位回乡的 16.1 万人，由外省市回乡的 3.3 万人；职工 11.1 万人，职工家属 4.8 万人，社办企业人员 1.5 万人，学生 2 万人。①

据市劳动局的多次检查，各安置地对还乡人员的安置总体还是很好的。郊区、县社各级党委政府对回乡人员的工作极为重视，多次向广大农村干部和社员进行了宣传教育。郊区、县、社各级党委和各生产队根据中央和市委的指示，对于还乡人员做到了妥善安置，热情接待。郊区、县和公社成立了接待回乡人员办公室，生产大队指定专人负责这项工作。不少公社和大队还召开了回乡人员座谈会，进行访问，向他们介绍情况，传达政策，听取回乡人员的意见和要求。对回乡人员的口粮、自留地、住房以及必要的生产和生活用具，一般都按照中央和国务院的规定予以解决。多数干部和社员对还乡人员也很热情，帮他们解决一些实际问题，稳定了他们的思想情绪。②

以怀柔县农村为例，1962 年精简回本县农村的有 152 名中小学教职工，大多数教职工都得到了比较好的安置。户口方面，户口迁移手续已全部办理好的有 111 人，占总人数的 73%，尚未全部办理好的有 41 人，占 27%。这 41 人中，有 10 人是因回乡时间紧迫而学校没有及时办理，剩下的有的是由于忙于料理家务而被耽搁等原因没有迁移户口。口粮方面，回乡后口粮供应已经完全落实的有 92 人，占总数的 60%。生产队均从回乡后第二个月起供应口粮，定量标准一般是按当地社员的实际吃粮水平（包括劳动力基本定量，增产奖励粮食和开荒粮），个别生产队略有高低，最低 28 斤，最高 42 斤，多数在 30 斤至 35 斤之间。

① 《关于北京市郊区、县农村安置回乡人员的情况和问题》，1963 年 9 月 11 日，北京市档案馆藏，档案号：110–001–01489。
② 《关于北京市郊区、县农村安置回乡人员的情况和问题》，1963 年 9 月 11 日，北京市档案馆藏，档案号：110–001–01489。

生产队已经答应供给口粮，而正在研究定量标准和供应办法的有 24 人，占 16%；由于没有向生产队交户口因而回乡后的口粮问题还没有解决的有 36 人，占 24%。自留地方面，已经分到应得数量自留地的有 68 人，占 45%；还处于划分地块阶段的有 49 人，占 32%；因没有把户口交给生产队而未分到自留地的 35 人，占 23%。此外，回到山区社队的职工还分到了应得数量的自留地。农活安排方面，70%以上的回乡职工都参加了生产队集体劳动，其余的人多数准备把家务安置妥当后就到队里工作。多数生产队是先派他们一些力所能及的轻活，并在工分上适当给予照顾。还有一些表现好的职工，社队还准备安排他们做生产队长、会计、统计、卫生员等。①

（二）被精简人员安心生产

检验安置的效果，不仅要看接收地是否贯彻了上级的政策，而且最终还是要落实到被精简人员本身。只有他们在接收地安定了下来，能够安心从事生产劳动，这样才达到了精简的目的。

1963 年，北京市劳动局对顺义、通县、昌平、大兴 4 个县的 9 个公社 26 个生产大队接收的回乡职工 632 人进行调查，以掌握他们在安置后的思想动态及表现。经过调查了解，这 632 人回乡后的表现大体有四种：第一种，积极参加集体劳动、维护集体利益，热心为群众服务，敢于向不良现象作斗争的有 168 人，占 26%。第二种，基本上安心农业生产，参加集体劳动，遵守纪律，但参加社会活动不够积极的有 368 人，占 59%。第三种，留恋城市生活，嫌农村苦，轻视农业劳动，不安心农业生产的有 48 人，占 7.5%。第四种，单干搞投机倒把，偷窃或有严重流氓行为的有 48 人，占 7.5%。从上述情况可以看出，回乡人员

---

① 《怀柔县精简后回本县农场的一部分教职工的安置情况》，1962 年 7 月，北京市档案馆藏，档案号：153–001–00314。

大部分表现是好的，对加强农业集体经济，起了积极作用。

据统计，在632名回乡人员中，45岁以下的青、壮年有569人，占91.5%，原来干过农活的有463人，占69%。有些社员说："青、壮年劳力回来了，人心就稳住了，生产没个搞不好。"在回乡的438名技术工人中，有49人担任了大队和生产队的电、木、瓦、石、铁工，还有些人平日参加农业劳动，需要时抽调做技术活，增强了农村的技术力量。此外，他们中的一些人还成为农业战线的领导力量。在632名回乡人员中，有79人担任了大队和生产队的领导工作。其中，大队党支部正副书记、正副队长12人，监察委员、治保委员8人，团支部书记、妇女主任和兵民连长14人，生产队正副队长45人。此外，还有82人担任了大队和生产队的会计保管员、记工员，充实了人民公社基层的业务力量。①

也就是说，不仅还乡人员中的精壮劳动力加强了农业生产第一线，而且还乡人员中的干部和技术人员加强了农村管理工作，加强了领导农业生产的力量，以及农村的教育文化事业和农村手工业的技术力量。

二、安置的成功经验

北京市妥善地安置20多万精简人口，而且主要以市内安置为主，能到达这种安置的效果，除了中共中央在总的政策上的设计、广大人民群众的支持外，还必须承认在安置政策、安置操作过程中，采取了许多好的做法，积累了许多成功的经验。总结起来，主要有如下四个方面的成功经验。

---

① 《关于北京市郊区、县农村安置回乡人员的情况和问题》，1963年9月11日，北京市档案馆藏，档案号：110-001-01489。

（一）加强对被精简人员的管理教育工作

被精简人员到安置地后，大多都能适应新环境，安心从事生产劳动，但也有部分人员思想并不稳定，因此，对他们的思想教育工作显得尤为重要。

加强思想教育工作，最大的特点就是突出政治。首先是要加强广大干部，特别是社、队基层干部的思想教育工作，纠正他们的各种错误思想、提高他们对做好安置工作重大战略意义的认识，使他们真正理解这是党和国家给他们的一项十分重要的政治任务，使他们对回乡人员秉持热情欢迎，积极帮助的态度，克服消极对待，甚至歧视、排挤、打击的错误态度。这是做好安置巩固工作的最根本的一环。只有这样，广大干部才能自觉承担起安置工作的重任，更好地教育广大回乡人员。

当然，思想教育工作不仅只针对广大干部，更要做好被精简人员的思想工作。要使广大回乡人员巩固在农村，最根本的问题，是要稳定他们的思想情绪。在还乡人员中青年数量还是比较大的。这些青年要么有一定的文化，要么在厂矿中学到了一定的专业技术，回乡后思想问题比较多。有些青年认为自己的文化知识和专业技术到农村无用武之地，是"屈才""浪费"，一时安不下心来；也有少数回乡青年认为农业劳动"低人一等"，缺乏长期奋斗的精神准备；还有一部分青年只是暂时看到农村的口粮多一些，又有"小自由"，才跑回农村的。据一些地方调查，完全安下心留农村的只有 30% 左右；能积极劳动但计划将来或留农村或外出的占 60% 左右；还有 10% 的人不安于农村，不参加集体劳动，或回乡后又离家外出等。①

根据中央《关于妥善安置和热情接待下乡职工的通知》和《关于减

---

① 《关于回乡青年的一些情况和工作意见》，1961 年 11 月 10 日，北京市档案馆藏，档案号：100–001–00738。

少职工和城镇人口的宣传要点》，北京市进行了广泛深入地宣传，使党的以农业为基础的方针深入人心，改变轻视农业劳动的旧习惯。1961年北京市委也发出了一份宣传提纲，提纲向广大被精简人员说明了农村的大好发展形势，以让他们能够安心农业生产。宣传提纲指出："今年的庄稼比去年种的好，种植面积也扩大了，社员的房前屋后也都种满了粮食和蔬菜，社员户养猪和副业也有发展。总之，在全国各地农村都已经出现了许多新的气象。我们回乡生产的人员应该正确地看到农村当前的有利形势，认清搞农业的光明前途。"①

为了进一步使广大被精简人员能够稳定情绪，认清形势，北京市各区、县都加强了对他们的管理教育，各县、社、队各级都有干部专门负责这一工作，能够及时了解回乡人员的意见和要求，教育他们认清形势，鼓足干劲，遵守国家的政策法令，搞好集体生产，对表现不好的抓紧教育。通过一系列措施，回乡人员绝大多数思想稳定，表现较好。其中，顺义县的管理教育工作做得是比较好的。有的县主要对回乡人员管理教育工作比较差，因此回乡人员中问题也就比较多，如昌平县阳坊公社西贯市队对回乡人员没抓紧进行管理和教育，在 40 名回乡人员中，就有 8 人搞投机倒把活动，4 人又流入城市。②

（二）安置计划落实到两头

做好安置工作的前提就是要制订好完整而合理的安置计划。安置工作的进行涉及两大方面，一方面是原精简单位，另一方面就是接收地。因此，安置计划也要落实到这两头，一头落实到城市，根据需要预计安

---

① 《中共北京市委关于动员回乡生产，支援农业的宣传提纲》，1961 年 7 月 5 日，北京市档案馆藏，档案号：110–001–01460。
② 《关于北京市郊区、县农村安置回乡人员的情况和问题》，1963 年 9 月 11 日，北京市档案馆藏，档案号：110–001–01460。

排到农村或农场去的人数，以及这些人的思想情况和动员工作情况，提出分批下乡的具体安排；另一头就是要落实到接收地，安排好具体由哪个单位、哪个生产队或农场安置，能够安置多少户、多少人，等等。只有两头做到很好地衔接，才能顺利地进行安置工作。

以北京市教育局为例，1962 年对全市城镇地区不能升学需要安置的初、高中毕业生人数作了统计。经统计，全市城镇地区不能升学的初、高中毕业生共 28000 人，其中征兵走掉 1500 人，因此，需要进一步安置的有 26500 人。再加上近郊的小学之前吸收了一批初中毕业生当教员，后来为了提高教师质量，计划用师范毕业生和未升学的高中毕业生把他们顶替出来转到其他部分工作，被顶替人员大约有 2500 人。此外，还有社会失学青年约 3000 人也需要安置，共计需安置 32000 人。统计了需要安置的人数之后，北京市教育局和劳动局党组对全市的精简职工情况进行了摸底，发现有些单位精简后需要补充劳动力。比如有些生产任务足的企业精简后定员缺额需要补充，有些单位尚有一部分职工需要顶替以后才能回农村，财贸等系统需要充实财会人员，国营农场也需要劳动力。

经过摸底了解后，市教育局与相关需要补充劳动力的单位共同进行了研究，对不能升学的初、高中毕业生作了安置计划：公安局、财贸系统、教育局、工业交通口、农林局所属国营农场等 8 个单位都需要劳动力，一共可安置 30600 人。① 也就是说，剩余的应届毕业生、社会青年以及小学教师中顶替出来的初中毕业生的总人数和各部门需要补充职工的总人数基本平衡。由此可见，北京市教育局的安置工作就很好地做到了安置计划落实到两头，一头统计了需要安置人员的人数，另一头统计

---

① 《关于城镇地区不能升学的初、高中毕业生安排意见的报告》，1962 年 7 月 13 日，北京市档案馆藏，档案号：110–001–01266。

了接收地能够安置的人数，做到了心中有数，以便能进一步安排安置工作。

（三）做好回访调研工作

被精简人员还乡后，有的在生产、生活上确实存在一些实际困难需要加以解决，比如住房、口粮、衣被、疾病治疗等问题。对于这些实际问题，中央指出"要反对那种漠不关心、官僚主义态度和单纯依赖国家救济的现象"[①]。也就说，对于这些实际问题，本人能够自己解决的都尽量解决，自己确实解决不了的，原精简单位和基层组织要负责解决。为了能够及时发现问题，并能够有效解决，原精简单位对回乡人员的访问工作是必不可少的。原精简单位的访问工作除了对回乡人员进行思想教育、鼓励其积极性之外，主要还是协同当地社、队，帮助安排好生产，解决生活上的困难。

为了使回乡人员得到妥善安置，帮助他们解决一些实际困难问题，加强对他们的教育，在 1962 年下半年根据市委的指示，市劳动局组织企业、事业单位对精简回乡人员普遍进行了访问。

1962 年 6 月 17 日，怀柔县文教局组织小学支部书记、校长、主任等 40 余人对回本县农村的 152 名教职工作了一次访问。通过访问，发现虽然大多数教职工回乡后安置得都比较好，但还有少数教职工存在一些困难。比如有 9 人住房拥挤或破漏；个别人生产补助费领的少，以至于没有钱买口粮；有的教职工回乡后体力劳动多了，但口粮定量比在学校时还低。[②] 这些问题有的已经反映给有关生产队，并汇报给了公社党

---

① 《中共中央文件选集（1949 年 10 月—1966 年 5 月）》第四十九册，人民出版社 2013 年版，第 208 页。

② 《怀柔县精简后回本县农场的一部分教职工的安置情况》，1962 年 7 月，北京市档案馆藏，档案号：153–001–00314。

委，公社和生产队都答应进行解决。少数公社无力解决的问题，县文教局与有关单位取得了联系，设法帮助他们解决困难。通过访问工作，不仅能稳定回乡人员的思想情绪，帮助解决他们的实际生活问题，而且还能达到密切党与群众关系的效果。例如，顺义县酒厂的一名工人，精简回乡时患腿痛症，回访人员就专门看望他的腿好了没有，这种做法使该工人感动地说："我都回来了，党和领导上还惦念着我，派人来看，我一定好好劳动，报答党和领导上对我的关怀。"①

（四）提高被精简人员技能

要使被精简人员能够在农村安心生产，除了解决住宿等必需的生活条件外，还必须提高被精简人员的自身素质，这一方面包括提高他们的农业技术，因为有些还乡人员之前并没有干过农活，不懂农业技术，这样就失去了在农村生存的技能，就不可能安心留在农村。回乡人员只有在某种农业技术上有了专长，才有助于他们在农村扎根。另一方面是提高他们的文化素质，尤其是中小学毕业生和一些青年十分关心文化素质能不能继续提高的问题，这也是影响他们能否安心生活在农村的重要因素之一。

一些回乡人员，尤其是青年在参加劳动后迫切要求学好农业生产技术。他们说：没有技术"挣不到工分"，没有技术"干活总是落后"，没有技术"连自留地也种不好"。但是农、林、牧、副、渔各业和农村手工业门类很多，技术繁杂，要把这些技术欠佳的人在短期内培养成全能型的人员，是不可能的。因此，对回乡人员的要求就是先学会若干项基本农活，然后再学习一两项技术性较强的活。组织回乡人员学习技术的形式多种多样，例如对基本农业知识的学习，主要通过组织业余技术夜

---

① 《关于北京市郊区、县农村安置回乡人员的情况和问题》，1963 年 9 月 11 日，北京市档案馆藏，档案号：110-001-01489。

校、技术讲座的形式；对基本农活，主要是随做随学；对技术活，有的通过师傅、父子传授，有的组织训练班。为了满足回乡青年学习文化的要求，根据以往的经验采取了三种不同的学习形式：开办业余文化夜校，根据农闲多学、农忙少学、大忙停学的原则，让青年学习文化知识；创建自学小组，把相同水平、有共同爱好的人组织起来学习文化知识；组织个人阅读，提倡回乡知识青年自定计划进行学习。[①]

总之，北京市成功安置被精简人员的关键就在于很好地做到了城乡结合，即一手抓城市，一手抓接收地，原精简单位和接收地都采取了妥善的措施来进行安置工作、巩固安置效果。

三、安置中存在的问题与不足

北京的安置政策总体上贯彻不错，但除了有许多成功之处外，也依然存在一些缺陷与不足。这一方面是政策本身的先天性不足造成的，也就是说精简城镇人口本身就是一项形势所迫下的政策，会损害到成千上万人的利益，对被精简人员而言，无论多好的安置，也都是作出了重大的牺牲。另一方面则是因为思想认识不足、工作没做好或者说一些工作没做到位所引进的问题和不足，这些问题的存在虽然有特殊的历史背景和历史条件，但毕竟是可以避免或者说可以做得更好，这部分问题是值得总结和引以为戒的。这些技术性失误或工作性失误产生的问题和不足，主要包括以下三个方面。

（一）被精简人员存在一些思想问题

中央和地方虽然制定了一系列的安置政策和措施，妥善安置了被精简人员。但是有部分人在安置地不能安心工作，要求返回原单位。

---

① 《关于回乡青年的一些情况和工作意见》，1961 年 11 月 10 日，北京市档案馆藏，档案号：100–001–00738。

1963 年北京市人民委员会办公厅反映，仅 1—3 月，就有 328 名职工来信、来访（包括国务院等上级机关转来的），反映了精简职工方面的一些情况和问题。这些来信来访人，绝大部分是原在市属各单位和各区、县工作的，其中以市建筑工程局、化学工业局、机电工业局、纺织工业局、轻工业局、手工业管理局和丰台、朝阳、东城、西城、大兴、平谷、房山、通县等区县为最多。

从来信来访的内容来看，除少数在职人员申请还乡以外，主要是被精简人员反映没有得到妥善安置，生活上存在一些困难。有 170 名被精简回农村的职工来信来访，反映他们的情况和问题。除了反映安置不妥善的问题外，还有些被精简人员还乡以后要求复职。这些人由于身体有病不能劳动、双职工分居后生活困难、单身汉自己不会做饭，以及某些人不安心农业生产等原因，不同意还乡，要求复职。①

不仅安置到农村的人员有复职要求，其他安置地的人员也存在同样的问题。1963 年以来，北京市部分单位从精简多余职工中正式调给农、林场转为农场林场正式工人的 1012 人（男性 564 人，女性 448 人）。这些人调到农、林场后，经过一段时间的劳动锻炼和教育，一部分人思想情绪逐步稳定下来，也有一部分人一直不安心从事农业生产，不断要求回原单位，有的人甚至闹事。如五四七厂调给卢沟桥农场的 62 人中，有 30 人不断要求回原单位，七一八厂调给龙泉寺家禽厂的 200 人，曾包围该厂去农场做工作的干部，喊口号，质问干部，要求回原厂。

这些人要求回单位的原因，除了工作、生活条件改变不习惯，生活费用开支增大，不安心从事农业劳动以外，还主要有三种原因：一是有的单位在调动这些人工作时，工作方法简单，思想教育工作没有做透。

① 《北京市重要文献选编（1963）》，中国档案出版社 2006 年版，第 332 页。

再加上有的农场对调入的人员并不感兴趣，认为病号多、身体差，干不了重活，而农场的轻活又没那么多，因此，农场怕背包袱，想把这些人退回去。二是有些调出的单位，将一些有病、怀孕或是家庭生活确有实际困难的工人调到农场去了。如五四七厂调到卢沟桥农场的 62 人中有 30 人不适合在农村劳动，其中：孕妇 5 人，还在哺乳期的妇女 5 人，患有各种疾病需进一步查实的 20 人。三是被调职工对到农场后的工资待遇问题有顾虑。原单位在调动他们工作时，单位都按国务院的规定向工人说明调动后的工资待遇方法（即：第一年仍执行原来工资标准；满一年后，改行农场职工的工资标准，但是可以另加发本人原来的标准工资30%—50%的一年津贴；满两年后，即完全执行农场的工资制度）。工人到了农林场后，了解到农、林场工人工资一般为 32 元，身强力壮的工人才 40 多元的情况后，便考虑到虽然当前的工资不变，但过两年后，如果工作量达不到农场工人的生产水平，还得降工资。这种考虑使他们不能安心从事生产，存在调回原单位的心理。

根据这种情况，市劳动局建议，对有病确实不能参加农业劳动、怀孕、在哺乳期和确实有困难的工人，应由原单位调回。对于那些身体有一些疾病、不安心工作、思想不稳定的但仍可以从事农业劳动的工人，原单位要配合做好思想工作和教育工作，继续留在农、林场参加农业生产。个别无正当理由不参加劳动、在群众中又煽动闹事而影响农业生产的，可按违反劳动纪律处理。①

（二）部分安置地不愿接收被精简人员

在安置的过程中，有些接收地从自身利益出发，对于一些被精简人员是不愿接收的。有的接收地是对被下放人员的质量不满意，有的担心

---

① 《关于本市精简工作情况和对安置大、专、中毕业学生就业等若干问题的意见的报告》，1963 年 8 月 4 日，北京市档案馆藏，档案号：110-001-01460。

下乡人员会挤占社员的土地和生产工具等，出于各种考虑，接收地对被精简人员的安置也不是那么顺利。

到 1963 年 6 月底，北京市各单位组织多余人员上山下乡参加农业、林业生产的已有 4274 人，这些人员分配在南口、永乐店、红星、卢沟桥等农场和十三陵、西山、永定河、八达岭、密云等林场劳动。但这批人员，一般年龄较大、工资待遇较高、身体较弱，劳动效率不高，各农场、林场反映，这些人的劳动一般是 3 个人才能顶 1 个本场职工。市劳动局原计划从这批人中间由各农、林场挑选一批条件适合的转为农、林场职工，但是从下放后的情况来看，各农场、林场都表示不愿要这批人，工业部门也希望能全部退回原单位。南口农场表示，希望最好把现有的 1300 多名下放人员由原单位收回，给他们补充中学生或社会青年。如果一定要转一些人，他们只同意留下 3 个人，其余都退回。他们指出，这些人劳动 3 个人不顶 1 个人，但是住房子、用农具、炊具、炊事员、耗费水电煤等，都得每人一份。西山林场为了安置机电局的上山下乡人员，修房子、建炉灶、买农具、炊具等花了 12000 元，也很不划算。十三陵林场负责人说，这批人造林，每亩成本相当于现在实际成本的 3 倍，因此他们表示不能接收这批人转为林场职工。

这批人下去之后，情绪也一直不够稳定。因为他们一般工资较高，身体较弱，劳动效率不高，怕转为农场、林场的职工以后收入降低，所以一般都不愿意转为农、林场职工。同时上山下乡后原单位取消了他们一部分福利待遇（如北钢到十三陵林场的工人停发工作服、肥皂、毛巾），而农场、林场职工的某些福利待遇他们也不能享受，对此他们意见很大。他们上山下乡的过程中，增加了鞋袜衣服和伙食、路费等开支，对此也很不满意。另外，农场、林场职工对他们工资高、福利待遇高，而劳动效率低、劳动态度不够好也有意见。因此，上山下乡的人员和农场、林场本来的职工互有矛盾，互相影响。一方面，农场、林场不是很愿意接收这些人员；另一方面，有些单位由于工作需要又提出要把上山下乡人员抽回，如商业局拟将下放到永乐店农场劳动的 175 人全部抽回，建材局拟将下放到永乐店农场的 176 人全部抽回，冶金局拟将下放到永乐店农场的 30 多人抽回，手工业局、轻工业局拟将下放到南大荒苗圃的 109 人和永定河林场的 47 人抽回。①

鉴于这种情况，市劳动局认为这批上山下乡人员凡是适合转为国营农、林场职工的，请各地农、林场确定下来，迅速把工作关系转过去，并进行政治思想工作，使他们的情绪稳定下来，凡是不适合转为国营农、林场职工的人员，可以按照原来的协议，退回原单位，以便腾出地方来安置中学生和社会无业青年。除此之外，有些生产队，尤其是地少人多的生产队，怕背包袱，对要接收的下放人员更加挑剔，不愿接收，比如不愿接收一些生产队出嫁姑娘，顺义县南石槽生产队干部说："是我村的媳妇就接收，是出嫁的姑娘一律不要。"孩子多或年老体弱的不欢迎；对没有房屋的人也不愿安置。② 有的生产队甚至直接不接收，导致一些人的安置问题没有落实，口粮长期得不到应有的供应。如通县供销社的一名精简回乡人员来信说，他的妻子去年 5 月从西集供销社还乡以后，生产队不收，报不上户口，口粮至今无处供应。③

至于口粮问题，不被接收的人员，其口粮自然得不到供应。但是被接收的人员，他们的口粮供应也存在问题。有些生产队不按中央的规定办事，尤其是没有机动粮的生产队，更是不按规定的标准发放口粮。例

---

① 《关于本市精简工作情况和对安置大、专、中毕业学生就业等若干问题的意见的报告》，1963 年 8 月 4 日，北京市档案馆藏，档案号：110–001–01460。
② 《关于北京市郊区、县农村安置回乡人员的情况和问题》，1963 年 9 月 11 日，北京市档案馆藏，档案号：110–001–01489。
③ 《北京市重要文献选编（1963）》，中国档案出版社 2006 年版，第 333 页。

如，通县觅子店公社前尖平大队干部认为："回乡人员是跟社员争口粮来了。"发给回乡人员的口粮低于一般社会的实际吃粮水平。1962年社员男劳力实际吃粮每人每月40斤左右，而回乡人员只合25—30斤。此外，还有少数生产队特别是地少人多的生产队不给或者晚给回乡人员自留地。如大兴黄村公社三间房生产队有两名职工从1962年4月回队后，至今还没有拨给自留地。由于这些问题的存在，增加了回乡人员生活上的困难，影响了他们回乡后从事农业生产的情绪。[1]

（三）一些地方存在安置政策执行不力的情况

对于回乡人员的安置工作，北京市各区县领导总体上是比较重视的，贯彻执行了安置政策，使回乡人员在住房、农具等方面都得到了满足，多数区县的大部分回乡人员也都分到了自留地，很多地方的生产队或生产大队还对回乡人员举行了欢迎会。但有些领导则对安置工作重视不够，没有贯彻落实安置政策，导致出现了回乡人员分不到自留地等现象的发生。

自留地是回乡人员生存的基本条件，但有的区县回乡人员大多数都分不到自留地，这一现象在大兴和顺义比较普遍。如大兴县黄村等6个公社的26个生产队共有回乡人员197人，已分到自留地的只有36人，占16.6%。据顺义县委精简办公室统计，李桥、城关、沿河等15个公社共回来1259人，已给自留地的只有434人，占34%，其中李桥公社95人，俸伯公社76人全部没给自留地，沙岭公社回来26人，只有1人给了自留地。不少生产队干部不肯分给回乡人员自留地，他们认为现在没有白茬地，已种上的庄稼眼看就要成熟了，想拖到秋后再给。如密云河南寨大队兴隆庄生产队队长说："现在庄稼长得顶好，要是分给他

---

[1] 《关于北京市郊区、县农村安置回乡人员的情况和问题》，1963年9月11日，北京市档案馆藏，档案号：110-001-01489。

们自留地，说心里话，真舍不得。"昌平镇崔村大队长说："多大干部，多大功劳回来给青苗地也不行，青苗地是我们种上的。"通县马驹桥公社西店生产队会计也表示："他们过去出去抄肥，现在庄稼快熟了回来，不费力气就得一块自留地，太便宜了。"有的社、队干部借口影响三包任务，有的借口回来一个分一个太麻烦，要等将来回乡人员到齐以后再一块分。通县马驹桥公社一街生产队苏桂云说："给他们自留地，怕包产任务完不成，影响我们的超产量。"西店生产队干部认为："工作这么忙，回来一个分一个太麻烦，等回来齐了再一块儿给吧！"有的社队干部认为现在给了自留地，秋后还要按户调整，太麻烦，不如给点粮食算了。如顺义俸伯公社第一书记表示："庄稼都快收了，干脆等秋后按平均产量给点粮食算了。"①

　　通过第三章的梳理可以发现，精简城镇人口的安置，属于善后问题，工作比较复杂，因为主要有两个棘手的问题需要解决。

　　第一个棘手的问题是，被精简的人员情况复杂，涉及方方面面的人员，既要考虑到被精简者政治方面的因素，也要照顾到被精简者的实际经济情况。因为被精简者身份的不同、情况的不同，因此很难有一个统一的政策来执行，即使是出台了一些原则性政策，对不同类型的人员采取不同的政策，但同一类型人员也存在不同的情况，具体的划分和尺度也难以把握。北京市在处理这个棘手的问题时，采取的最成功的办法是对不同类型人员进行细分，规定不同的政策，然后又通过回访等，对政策进行微调或者对特殊个体采取补偿性政策，尽量照顾到方方面面的情况。

　　第二个棘手的问题是安置地和被安置人员之间往往存在利益的冲

---

① 《安置回乡人员情况》，1961年8月13日，北京市档案馆藏，档案号：002–013–00111。

突。精简人口，主要是安置到农村，从而加强农业生产第一线。但是，大量被精简人员还乡，必然要解决土地、劳动资料、生活资料等问题，也就势必要占用农村本来就不太多的资源，在资源紧缺的情况下这种矛盾难以协调。对北京地区来说，农村土地并非特别富裕，主要在市内安置，安置地和被安置人员之间的矛盾是难免的。当然，安置地和被安置人员之间的有些矛盾，则是人为造成的，比如被安置人员并不适合安置地的工作或环境，造成双方的对立情绪。应该说，通过回访调研、加强政策执行督查，北京市在化解和解决安置地和安置人员之间矛盾方面也进行了很多探索，取得了不错的效果。其中的不足和缺点，值得在类似安置工作中引以为戒。

第四章
精简城镇人口的评价与启示

　　20 世纪 60 年代初精简城镇人口，是中共党史上一个重大的事件，事关几千万人的人生命运。在以北京市为例对精简城镇人口政策的提出和贯彻做系统梳理的基础上，有必要对这一重大事件从整体上作出评价。毫无疑问，作为一项应对国民经济严重危机的重大"应急政策"，精简城镇人口实现了预期的目标，对缓解国民经济困难起到了重要的作用。为了平稳顺利地推行精简政策，中共采取了卓有成效的措施，充分展示了特定历史条件下传统体制的优势。其成功的经验，值得深入总结，值得后来者学习借鉴。但是，精简城镇人口毕竟是因形势所迫采取的"非常手段"，是一种逆城镇化进程的政策，大批被精简人员为此作出了巨大牺牲。政策中所存在的问题，也值得深刻反省和铭记，以作历史镜鉴。

第一节　成功精简城镇人口的原因

　　经过中央和地方的共同努力，全国共精简了 2600 多万城镇人口，基本实现了精简城镇人口的目标，达到了政策的预期目的。虽然在精简的过程中，存在这样或那样的不足，有部分政策上的不成熟，有贯彻操作上的简单化，由此也曾引起少数人对精简和安置的不满，出现了上访等现象。但总体来看，这个政策是相当成功的：2600多万人的大迁徙顺利实现，城市农村人口的大流动、工农业生产布局的大调整，并没有引起社会的不稳定，也没产生特别严重的社会问题，工农业生产也没有受到大的影响。那么，有哪些具体的政策和措施，有哪些制度和机制，有哪些社会历史文化因素，是成功背后的"秘诀"？这是值得认真总结和研究的。

一、系统的政策和措施

系统而完善的政策和措施是精简成功的保障。从1959年上半年精简工作开始，中共中央就出台了一系列精简城镇人口的政策。由于精简工作刚刚开始进行探索，经验不足，政策并不具体系统。到1960年再次启动精简工作时，因为有此前的经验积累，政策和措施逐步趋于成熟。中共中央、国务院从精简对象、精简措施到被精简人员的安置等都作了系统的规定。很多政策，对各种情况及处理意见，作出了详细的规定。根据实际中反映的问题，一些政策又作出了调整，使政策更符合实际情况和现实需要。其中，最具典型性的就是精简对象政策和安置政策。

（一）精简对象由易到难，特殊群体区别对待

在精简对象方面，迫于精简任务的逐步增加，中共中央规定的精简对象范围有一个由小到大的过程，精简对象遵循了由易到难的原则。这种分批分层的精简办法，对于减少精简的阻力发挥了重要作用。同时，精简对象虽然有明确界定，政策上保证公平公正，但政策也并未简单化"一刀切"，对一些特殊群体有政策上的明确照顾。

1959 年上半年实施精简政策时，经济困难的严重形势并未被充分认识，城镇人口的膨胀并没有严重到不可挽回的程度，因此精简的力度也不大。当时中共中央精简的对象，主要是遏制农村人口盲目流入城市和精简来自农村的临时工和合同工。

由于 1959 年七八月间庐山会议导致由"纠左"到"反右倾"的转向，精简工作一度中断。1959 年下半年"跃进"风再度刮起，城镇人口急剧膨胀，中共中央逐渐意识到问题的严重性，开始再次启动精简工作。从 1960 年开始，中共中央连续下发《关于农村劳动力安排的指示》《关于全党动手，大办农业，大办粮食的指示》和《关于开展以保粮、保钢为中心的增产节约运动的指示》等文件，明确提出要精简非生产人员。由于精简工作还只是处于初步启动的阶段，因此精简对象的范围相对较小，也没有具体详细的精简方针与政策。

1961 年，"调整、巩固、充实、提高"八字方针提出后，中共中央把精简城镇人口作为一项重要的经济调整政策，精简力度空前加大。1961 年 4 月，中央精简干部和安排劳动力五人小组在《关于调整农村劳动力和精简下放职工的报告》中，把精简对象由 1960 年的非生产人员和事业单位、机关人员扩大到企业职工、干部和其他城镇人口。6 月，中共中央发出《关于精减职工工作若干问题的通知》，对精简职工的范围作了细化，明确规定精简 1958 年 1 月后参加工作的来自农村的新职工、1957 年年底前参加工作的来自农村的职工，自愿回乡的可以回乡，而原来就是城市居民的职工，不论新老，一般都不精简。

1962 年，精简任务加重，精简对象的范围继续扩大。按之前的规定，1957 年年底前来自农村的职工自愿回乡，原来是城市居民的职工不精简，而 1962 年规定 1957 年前的能回乡的都应动员回乡，原来是城市居民的职工有条件回乡落户的也回乡，职工家属也要与职工一起下乡。中共中央规定了要精简哪些对象，对于不能精简的对象也作出明确规定。

为了巩固统一战线，团结台籍人士、资产阶级工商业者以及一些归国华侨等，在精简城镇人口中，中共中央对这些特殊群体作了专门规定。1962 年，台湾民主自治同盟总部向中共中央统一战线工作部反映台籍人士的精简状况。当时大陆的台籍人士有近一半的人口是解放后由日本归国的华侨，这些人都按照归侨职工的办法处理，剩下的一半绝大多数居住在大中城市，他们多数是厂矿企业职工、国家机关干部和医药卫生、文化教育、科学技术、工商业等各界人士，在农村从事农业生产的很少，大约只有四户。① 由于当时的台湾尚未解放，台籍人士本非来自大陆的农村，绝大多数在农村无亲可投。因此，台盟中央提议这些人一般可以不作为精简对象，不下放农村。这个建议报到中央精简小组后，组长杨尚昆批示："对台籍职工要给予照顾。"② 后来，中央精简小组形成了《关于在精简职工压缩城市人口中，对台湾籍人士一般不作为精简对象和不下放农村的意见》，照顾了台籍人士。

对于归国华侨，中共中央也采取了特殊的照顾政策，对新中国成立以来安置在国家机关、学校和厂矿、企业的归侨工人、干部一般不作为精简对象，其中有符合退休条件本人又自愿退休的可以按退休处理；自愿到家乡或农村投亲的，经同地方或农场联系妥当后，可以允许其退职回家或到农场。由于企业撤销、合并，学校停办而需要另行处理的归侨职工，以及居住在本市没有工作的归侨，在农村有家的由原工作单位和民政部门协助他们回乡参加生产；农村没家的，安置就业。归侨、侨眷

① 《关于精减职工压缩城市人口中对台湾省籍人士的处理意见》，1962 年 7 月 27 日，北京市档案馆藏，档案号：110–001–01361。

② 徐萌山：《杨尚昆同志关心台湾同胞》，《人民日报》（海外版）1998 年 10 月 6 日。

（包括港澳同胞家属）在本市有房屋居住，依靠侨汇（包括依靠投资股息和银行利息）维持生活，要求在城市居住的，应予允许。对于须安排就业的侨生，都尽可能安置在本市厂矿、企业、学校工作，对其中有家在农场和农村的，才动员他们到农场或农村。①

除了这些出于统战因素特殊照顾的群体外，中共中央在精简时也十分注重对人才的保留。为了保留国家建设事业各方面的骨干力量，1962年 5 月，中共中央和国务院通过的《关于进一步精简职工和减少城镇人口的决定》，对于专门人才的保留问题作了原则规定："工龄长的老职工，必须保留的技术工人中具有特殊技能的骨干、技术人员、归侨职工和其他政治上需要照顾的人员，要注意保留，不要精简。"②1962 年 8 月9 日，中央精简小组发出《关于国家分配的高等学校和中等专业学校毕业生一般的不要作为精减对象的通知》，指出："职工中凡是经国家分配的高等学校和中等专业学校毕业生，不论是哪一年分配工作的，除了少数适合到农村工作或者适宜转到城镇集体所有制企事业单位（也包括个人开业）的，本人提出申请，原单位又能够离开的，可以准予离职以外，一般的不要作为精减对象。已经精减了的，应该进行审查，如果精减不当，原单位应该负责安排工作。"③针对各地各单位的贯彻执行并不彻底，一些机关、企业、学校和科学研究机构中，部分高等学校毕业的干部，甚至还有留苏学生都被精简的现象，中共中央批评指出，解放以来，国家花了很大力量培养出这些人才是很不容易的，如果把这些人才弄散了，过几年后重新把他们调集回来就会有困难，而且调回后也会因

---

① 《中共中央文件选集（1949.10—1966.5）》第四十册，人民出版社第 2013 年版，第 305—306 页。

② 《建国以来重要文献选编》第十五册，中央文献出版社 2011 年版，第 464 页。

③ 《关于国家分配的高等学校和中等专业学校毕业生一般的不要作为精减对象的通知》，1962 年 8 月 9 日，北京市档案馆藏，档案号：110–001–01361。

业务荒疏而不能起应有的作用，而调整时期的各个领域又需要这些专门
人才。再加上高等学校毕业生被精简退职，在政治上也会带来不良影
响，会引起学生、一般知识分子和社会上的疑虑不安。① 考虑到这些因
素，中央强调在经济调整时期，对专门人才一定要加以保存、调整。因
此，1962 年 8 月 10 日发布的《中共中央、国务院在精简工作中处理高
等学校毕业生问题的若干规定》，对精简工作中高等学校毕业生的处理
作了具体说明。该《规定》发出以后，截止到 1963 年 8 月，全国对高
等学校毕业的干部不适当地做退职处理的现象，已经基本制止。对退职
处理不当的，也都进行了清理、收回的工作，并妥善安排他们的工作。

这些特殊群体的照顾，从政治高度和长远发展着眼，符合实际的需
要，不仅减少了精简的阻力，而且为后来国民经济的恢复和发展保留了
人才，是精简工作中一个比较成功的做法。

（二）安置措施完善细致，根据实际及时调整

再美好的动员，不如精心的安置。做好安置工作是精简成功的关
键。一方面只有把安置工作做好，才能去除被精简者的后顾之忧。安置
工作做得好，就是无声的精简动员。另一方面，安置好，是巩固精简成
果的最重要保障。只有做好安置工作，才能使被精简者在农村安心农业
生产，而不至于上访闹事，一心想回城市工作。精简城镇人口的成功，
与中央到地方的一系列完善细致的安置措施分不开。

安置工作很复杂，涉及安置者的情况和安置地是否匹配、是否合适
的问题。因此，根据精简对象和安置去向的不同，中央和地方制定了不
同的政策。总的来说，安置政策主要包括三个层面：一是精简时，原单
位发放一定的工资、口粮、补助费以及车旅费等。二是安置时，接收地

---

① 《建国以来重要文献选编》第十五册，中央文献出版社 2011 年版，第 464—465 页

适当分给他们自留地以解决生存问题，另外还会发放建房费、农具购置费和家具补贴等，并准予他们落户，使他们能够安定下来。三是加强被精简人员的培训。尤其是下乡青年，他们中大多数人书本知识丰富但无劳动实践经验，培训他们一定的农业技术使其有在农村安身立命之本，是重要的安置措施。在这些政策的基础上，在安置地的处理上也有一些特殊措施，有些被精简人员并不是下放农村或是国营农场等地劳动。比如一些生活有困难的老弱病残人员，就发给救济费。

根据不同的对象和不同的安置地，中央和地方都采取了不同的安置措施，兼顾了各方。但地方在贯彻执行安置政策时，出现了各种问题。为了避免出现政策和落实的脱节，积聚社会矛盾，中央和地方又加大检查和回访工作，确保政策基本落实到位。

北京市在安置被精简人员时，就出现了一些问题，影响了安置工作的顺利进行。一方面是被精简人员自身存在问题。一些被精简人员存在各种思想问题状况，在安置地不能安心从事农业生产，总想着回京工作。也有一些人员身体较弱，无法长期从事农业劳动，导致接收地不满意。另一方面接收地贯彻政策不力，没有妥善安置被精简人员。有些安置地的本地社员担心新来的被精简人员跟他们争口粮、争资源，对其采取不欢迎的态度；有的本地干部担心新来的下放干部能力比他们强，会与他们争职位、争地位；还有的农村生产大队不给或晚给回乡人员自留地等。针对这些问题，北京市根据中央的政策，制定了详细的解决办法。一方面，加强思想教育工作，这既包括对被精简人员的思想教育工作，使其能够安心生产，也包括对接收地领导干部和社员的思想工作，使其能够热情欢迎被下放人员，做到妥善合理地安置。另一方面，加强对精简的检查、访问工作。对于那些确实不适宜参加农业劳动的人员，予以收回，另做安排。另外，对于那些返乡后不好安置的人员，北京市在政策上作出调整，不再精简。1962 年 6 月 16 日，中共北京市委精简小组办公室向各局各党组、市委直属厂矿党委和高等院校党委发出通知，指出："原籍是本市近郊区农村，而其家乡土地因国家建设被占用的，由于这些人回去后当地确实不好安置，今后各单位对这一种人不要再减回当地。但是，对于外地减回来的这一种人，当地仍应按照安置回乡人员的政策规定，设法妥善安置，当地公社生产队确实安置不了的，由所属区在其他公社安排。"[①]

对于被精简人员的安置，中央和地方从精简单位的安置措施到接收地的安置措施，甚至到后续的巩固安置，都作了详细而完备的规定，并根据安置过程中出现的各种问题及时调整了政策。重视安置，妥善安置，对精简城镇人口的顺利推进和巩固，意义很重大。

二、有效的社会动员

社会动员是指有目的地引导社会成员积极参与重大社会活动的过程。作为一种工作方法，它主要是为了实现特定目标而进行的宣传、发动和组织工作。[②] 社会动员这个名词是舶来品。虽然中国社会长期没有使用社会动员这个名词，但社会动员方法，历来是中国共产党克服困难、取得胜利的重要法宝。早在民主革命时期，中共就运用社会动员来发动农民群众进行革命，并积累了丰富的经验。在社会主义革命和建设时期，中共更是运用社会动员的传统来解决经济建设中的困难，比如新中国成立初期，为了顺利推行"统购统销"的政策，中共中央开展了社会动员，运用宣传教育的动员方式来传达政策，收到了很好的效果。精

---

① 《通知》，1962 年 6 月 16 日，北京市档案馆，档案号：125–001–01191。
② 参见吴忠民：《渐进模式与有效发展——中国现代化研究》，东方出版社 1999 年版，第 184 页；龙太江：《社会动员与危机管理》，《华中科技大学学报》2004 年第 1 期。

简城镇人口政策的施行，涉及几千万人的切身利益，被精简者的思想工作很关键，有效的社会动员发挥了重要作用。

（一）精简工作中存在各种思想阻力

在推进精简城镇人口工作的过程中，各类被精简人员普遍存在各种思想疑虑。他们中的很大一部分人都是由农村进入城市工作的，把他们再减回农村，绝非易事。再加上有些职工本来就是久居城镇的居民，把这些人精简下放，更是有困难。因此，思想问题成为精简城镇人口顺利推行的一大阻碍。

1961 年 7 月 5 日，中共北京市委向全市各企事业单位发出了一份只供口头宣传、不得登报、不得广播的《动员回乡生产，支援农业的宣传提纲》。向群众讲明了精简城镇人口的必要性和紧迫性，作了初步的动员。然而，听完动员报告之后，各种思想问题涌现出来。北京市各工矿企业工人对还乡参加农业生产出现了三种不同的态度：第一种是愿意回农村，持这种态度的人只占 15%。这部分人中从认清形势、了解支援农业意义考虑的只是极少数。这些人员主要是党、团员和积极分子，他们之所以愿意回去，大多数人也是被农村的自留地和自由市场所吸引。第二种是不愿回农村，约占 60%，其中除了 20% 的人有实际困难外，多数人是留恋城市生活，表示坚决不回农村。第三种是抱观望态度，这类人占约 25%。他们既向往农村的自留地和自由市场，又不舍得城市生活。[①] 毫无疑问，对于精简政策的态度，主要取决于对个人的利益受损情况。但精简政策本身就是需要作出牺牲，因此要做通思想工作并不容易。

对于还乡生产，1957 年前来城参加工作的职工和 1958 年后来城参

---

① 《关于工厂企业精简职工工作的主要经验》，1961 年 7 月 31 日，北京市档案馆藏，档案号：101-001-00150。

加工作的职工态度也是有区别的。由于 1958 年后参加工作的职工始终是被精简的对象，因此除了自愿回乡的，其他人一般思想态度波动比较大。而对于 1957 年前参加工作的职工来说，由于刚开始的精简政策只是精简 1958 年之后的职工，所以他们有的就不大关心，觉得事不关己，认为"没有直接什么事"。只有那些家属随行来京工作的职工有波动。例如东城区联合洗染店中心店的 130 多户家属中，有 25 户 40 人是 1958 年以后来京的。他们说："咱们思想好搞通，家属工作不好做，她给你泡着不走，也没办法。"也有的家属听说了此事，和职工吵架。[①] 不仅仅是职工存在各种思想问题，被精简下放的干部也存在同样的思想问题，找各种理由不愿下乡参加生产。

除了被精简人员之外，做精简工作的干部也存在思想不通的问题。总的看来，绝大多数干部对精简还乡工作的意义是有一定认识的，思想上比较重视，工作抓得比较紧。但也还有不少人对这一工作的意义认识不足，决心不够大，思想上存在一些不同的顾虑：

一是有些干部舍不得精简生产骨干。有些生产骨干符合还乡条件，但领导舍不得动员他们还乡。朝阳门公社精简办公室主任在党委会研究动员还乡工作时提出："骨干问题应考虑，咱们公社骨干本来就少，不留的话，骨干就更少了。"和平里公社文化卫生部副部长认为，"培养一个保育员可不容易，好容易培养成了又要动员还乡，来个新骨干又不顶事，这样咱们托儿所怎么能够办下去？"该公社鞋厂党支书三番五次要求公社"千万别让骨干走，他们一走我们厂子就不好办了"。[②]

---

① 《财贸部门减少城镇人口和精简职工的工作情况》，1961 年 7 月 29 日，北京市档案馆藏，档案号：001–028–00033。

② 《城市人民公社干部在精减还乡工作中的思想情况》，1961 年 10 月 21 日，北京市档案馆藏，档案号：001–028–00033。

二是有的干部有畏难情绪。他们觉得公社生产服务人员思想觉悟不高，实际问题较多，有些人又留恋城市生活，不好动员。呼家楼公社党委副书记认为："能走的第一批都走了，剩下的你再怎么动员也动员不走了，摸底排队也是白搭。"和平里公社副主任说："第一批花了那么大力量才走了二十多个光棍汉，这次面这么大，这个工作真够作的了。"广外公社金属厂人事干部对精简工作有些发怵："这些人真不好动员，费劲不小，效果不大，作的工作不少，走的不多，真没法办。"少数人顾虑家庭妇女心眼窄，怕动员紧了出事。如白纸坊公社缝纫长党支书说："这个工作不好作，你说的浅了不行，说的深了也不行。说的浅了她不走，说的深了她抹脖子（自杀）怎么办。"①

三是有的干部有消极抵触情绪。少数人顾虑公社发展前途，个别人有些消极抵触情绪，比如和平里公社生活服务部副部长在一次座谈会上说："咱们街道生产人员大部分是还乡对象，这些人一走公社工业就办不下去了。公社积累主要靠工业，没工业就等于没有基础，公社和事业单位这么多干部靠谁养活？咱们的日子还怎么过？"该公社文化卫生部副部长接着他的话说："公社集体福利事业单位过去主要靠工业的积累来过活，积累少了以后福利事业单位还怎么办呢？"个别干部在精简还乡工作开展后对生产抱消极态度。如和平里公社金属加工厂党支书消极地说："这次还乡精简人员不少，今后我们有多少人就干多少人的活吧。"② 有的甚至在安排生产时有些抵触情绪。如和平里公社鞋厂原给崇文鞋厂加工，崇文鞋厂找该厂研究订立第四季度合同，该厂党支书拒

---

① 《城市人民公社干部在精减还乡工作中的思想情况》，1961 年 10 月 21 日，北京市档案馆藏，档案号：001-028-00033。

② 《城市人民公社干部在精减还乡工作中的思想情况》，1961 年 10 月 21 日，北京市档案馆藏，档案号：001-028-00033。

绝说："现在减多少人留多少人还不知道，订了合同完不成任务怎么办，我们不订。"此外，还有些干部对精简还乡工作有错误认识。如和平里公社文化卫生部副部长认为："1958 年敲锣打鼓办起公社，现在又大批精减人，这是不是倒退？"①

精简还乡牵涉每个人的切身利益，他们出现各种思想问题也是无可厚非的。但这些思想的长期存在必然会阻碍精简政策的推行。因此，进行社会动员十分重要。

（二）采取灵活多样的社会动员方式

针对形形色色、五花八门的思想问题，中共中央和北京市并非采取简单的灌输教育，而是开展了形式多样的社会动员，从思想政治动员到社会舆论动员和利益动员，用各种办法引导城镇人口还乡。

强调政策动员。为了加强社会动员，根据中共中央制定下发的《关于减少职工和城镇人口的宣传要点》（以下简称《宣传要点》），北京市普遍地向广大职工、干部和他们的家属进行宣传教育，向他们讲清经济生活的实际状况，目的是使他们了解缩短工业战线、减少城镇人口的重要意义，从而自觉服从国家的调动和分配，以便克服困难，争取财政经济状况的根本好转。北京市通过《宣传要点》首先向广大群众交代了国内经济形势，指出经济存在严重困难，克服困难最根本的方法就是增加农业生产，而"减少职工和城镇人口，这是在目前情况下，加强农业和调整工业内部关系的最有效的办法"②。北京市通过《宣传要点》还向广大群众宣传了被精简后安置的具体工作，以解决后顾之忧。广大群众听完，除了少数人对《宣传要点》表示怀疑，产生埋怨情绪之外，大多数

---

① 《城市人民公社干部在精减还乡工作中的思想情况》，1961 年 10 月 21 日，北京市档案馆藏，档案号：001–028–00033。

② 《中共中央文件选集（1949.10—1966.5）》第四十册，人民出版社 2013 年版，第 118 页。

都是比较支持的。例如，北京国棉二厂的工人听了宣讲报告后说，这次报告形势讲得清，底子交代明，困难揭开来，大家想办法。还有的工人说："回想旧社会，给资本家干活时，早上讲不要你，你早上就得滚蛋，没有路费，只有卖衣服，卖铺盖。现在我们的党不一样，什么都给你安排了，旧社会哪能有这样好，这不能叫解雇。"一位老工人说："党把我从上海调到北京，我没讲二话，这次党叫我回农村，也不讲二话。"[①]7月，中共北京市委根据北京市的实际情况，又进一步制定了《关于动员回乡生产，支援农业的宣传提纲》。这些宣传政策，大力宣传安置的措施和农村的大好形势，鼓励群众返乡参加农业生产。

营造正面舆论引导。北京市建筑市政系统有 2 万多名职工回乡探亲，上班以后，都普遍反映亲眼看到农村的一派大好形势。他们说："从前，在社会主义教育中，对'前途光明'这句话体会不深，这次回家一看，可真是前途光明。"[②] 按照他们的说法，农村形势一片大好：一是按劳分配政策好，社员劳动情绪高。一名来自河北的工人说：按劳，你就分不出谁是干部谁是社员。还有工人说，以前听说社队干部对职工家属两样看待，这次回家看到可不是那么回事。家中分了粮食分了菜，小孩吃得又白又胖，八月节干部还到家访问，送来肉和月饼，谁要再说干部不好真是亏心。二是庄稼管得好长得好。顺义县的工人刘某说，回家一次心眼里高兴，庄稼长得真好，到处都是粮，到处都是菜。工地的王某说，今年河北宝坻县收成好，抵得上 1958 年。1958 年糟蹋粮食多，今年收得净。现在，农民都争着去缴公粮，情绪很高！建筑系统的工人

---

① 罗平汉：《大迁徙——1961—1963 年的城镇人口精简》，广西人民出版社 2003 年版，第 219 页。

② 《局关于精简职工、压缩城市人口的工作意见和总结报告》，1961 年 10 月 18 日，北京市档案馆藏，档案号：125-001-00165。

反映，从前职工回乡探亲，都是从城里往乡下带东西，现在很多工人都从农村带回粮菜。此外，还有很多工人反映农村的农副业和手工业也普遍发展起来了，家家养鸡养猪。① 这种通过农村形势大好的宣传，能够使被精简人员减少顾虑，减少对还乡的抵制心理。

通过经济利益动员引导。各单位和企业在精简城镇人口时，按照国家规定发给还乡工人一定的工资、退职补助费、口粮和路费等，还根据实际情况，解决他们的经济困难。有些工人因正当理由欠下了债务，又无力偿还，对此，精简单位酌情给予了补偿。第四建筑公司壮工王某，因病负债 45 元，领导考虑他确实无力偿还，就给予补助。他感动地哭着说："我 1958 年来工地，1959 年就闹病，领导给我医治，调整工作，这次又给我还外债，回去一定在农业战线好好劳动。"②

树立典型。在动员过程中，各单位十分注意培养精简人员中的典型，利用具体的人和事开展实际的思想政治教育工作，这样不仅能使典型事例起到表率作用，而且对还乡人员的启发教育也起了很大作用。例如，市政工程局七公司二处的赵某（家在河北宝坻县）在返乡人员的欢送会上说："咱们运输有困难，我们想办法，不给领导添麻烦"，"我的东西用自行车可以拖回去"。结果赵某说到做到，用了三天时间把自己的东西拖回去了。在他的带动下，其他同志也都自觉把自己的东西拖运了回去。③

---

① 《局关于精简职工、压缩城市人口的工作意见和总结报告》，1961 年 10 月 18 日，北京市档案馆藏，档案号：125-001-00165。

② 《关于工厂企业精简职工工作的主要经验》，1961 年 7 月 31 日，北京市档案馆藏，档案号：101-001-00150。

③ 《精减干部压缩城市人口的工作总结》，1961 年 12 月 23 日，北京市档案馆藏，档案号：125-001-00165。

经过动员，绝大部分干部职工都对下乡支援农业的重大政治意义有了重新认识，积极响应党的号召。尤其是对于干部，为了使他们到农村后能发挥更大的作用，进一步打通其思想，北京市委组织他们集中学习关于农村形势、党的政策等的报告。为了使每一个下放干部完全自觉自愿，学习期间对他们进行进一步的思想动员，既讲清当时农村的大好形势，也讲清了少数地区的缺点和不足，并将下放农村后可能遇到的工作上、生活上的困难向他们进行了交代，使其有充分的思想准备；同时宣布如果自己考虑有困难，或者思想没搞通，允许向组织上提出不去。经过这些工作，全党上下信心倍增，情绪很高。但在下放过程中，也有些单位工作做得不细致，思想动员不充分，把一些留恋城市生活、思想没有搞通的人下放回乡，有的对被精简下放人员存在的实际困难没有认真摸清，以致精简了少数身体有病，或者家庭牵累确实不宜下放的人回乡。对于那些确有实际困难不宜下放的以及那些经过教育思想仍然不通的人员进行了收回工作。

三、充分运用经济和制度手段

在计划经济时代，行政手段确实往往是最直接有效的。但是相对于行政措施这种比较硬性的手段，其他手段的配套使用，能够减少对立与冲突。特别是经济手段和制度手段，能够产生立竿见影的效果。在精简城镇人口时经济手段和制度手段发挥了重要作用。

（一）建立和健全粮食管理制度

粮食问题是关系国计民生的大事。解决好粮食问题，一方面要靠发展生产，增加粮食的数量；另一方面要加强粮食的管理，在总量有限的情况下增加利用的效率，保证广大人民群众的最基本需要。1961年 6 月，中共中央决定用一个半月时间，对全国城镇的人口数和粮食供应数进行一次彻底的普查核实工作。根据中央的指示,北京市从1961 年 6 月起,在全市各部门开展了为期一个月的普查核实工作,查出一批非京籍人口,这就为精简工作摸了底。查出问题后,多数单位进行了整顿,加强了管理,建立和健全了管理制度,克服了虚报冒领和浪费粮食的现象。如铁道部丰台桥梁厂,领导一贯重视粮食管理工作,1959 年以来,不断整顿食堂,检查粮食浪费,撤换了违法乱纪的粮食管理人员,配备了忠实可靠的党员干部管理粮食。1961 年核实以后,该厂又根据市委指示精神,进一步确定在党委和厂长领导下,由人事科负责统一掌握户口和粮食管理工作,并以车间为基层单位,建立一套严密的内部联系制度,做到一人一分粮,人、粮、钱三相符。对散居厂外的职工粮食定量也由厂统一管理起来,人员离厂,定量变化,由工厂主动通知住家所在地街道办事处按规定办理核减粮食的手续。

1962 年北京市粮食局对部分机关、厂矿、企业粮食管理情况再次进行检查,虽然多数单位经过 1961 年的核实已经加强了管理,但在检查中仍发现有些单位粮食管理未引起重视,管理制度不够健全,有的还存在虚报冒领和浪费粮食的现象,个别单位甚至还很严重。

一是有的单位继续虚报冒领和浪费粮食。如市建筑材料工业局所属通县土桥砖瓦厂,在 1961 年核实以前,用虚报定量等办法冒领国家粮食 47252 斤,但核实时只报 23201 斤,并用虚报冒领粮食做牲畜饲料、制酒、做副食品等用去 17993 斤,实际交回粮食部门 4974 斤。1962年 1 月,又以同样方法继续虚报冒领粮食 4132 斤,又用这些粮食喂猪、喂马、做副食品等用去 3000 多斤。到 1962 年 3 月检查时为止,连1961 年虚报冒领的粮食还存 21152 斤。

二是有些单位仍未按照市委的规定对旷工 10 天以上的工人除名,

并继续领粮。据西城区检查，第四市政公司等 15 个单位，自核实以来，人走后不及时注销户口的有 151 人，多领粮食 12734 斤。

三是有些单位虚报工种，不合理地调整定量。如京西矿务局煤矿学校，有 41 名技术工人，工种未变，却假报变更，上调定量 263 斤。

四是有些单位对散居在街道上干部、职工的粮食定量仍未建立起管理制度。有的离职后不及时通知其住家所在地的户口和粮食部门，如储运公司马连道仓库职工景衍平，1961 年 11 月动员回乡，但未办好转移户口、粮食手续，直到 1962 年 3 月查出后才动员走。

五是有些单位虚报营养补助人数，冒领食油。据西城区检查，第一轧钢厂、弹簧厂、低压电器厂等单位，共虚报 799 人次，冒领食油 454 斤。①

针对核查过程中出现的问题，北京市粮食局制定了《关于加强对集体单位粮食管理的几项规定》：

（1）各机关、团体、厂矿、企业、工地、医院、学校等集体单位，要严格遵守国家粮食统购统销政策和粮油供应制度，加强管理，堵塞漏洞。各单位要在党委和行政负责人领导下，指定人事或劳动部门切实管好人口变动和粮食定量工作，并与户口、粮食部门配合，做好户口登记和粮食管理工作。

（2）各单位应配备忠实可靠并且责任心强的干部担任户口和粮食管理工作，建立内部联系和核对制度，每月人事、劳动工资、户口、粮食、财务各部门，共同进行一次核对，要求做到：①户口人数、领粮人数与实有人数相符；②工种与定量相符；③集体户口和散居户口职工总数与发工资人数相符。

---

① 《北京市重要文献选编（1962）》，中国档案出版社 2005 年版，第 416—417 页。

（3）各单位人员减少，要及时核减粮食供应：①职工逾假不归及无故旷工 10 天以上者，应即停止粮食供应。②参军人员在接到入伍通知书后，应即注销户口和粮食关系，开给粮食转移证，在出发前将粮食转移证交给区、县新兵征集办公室，证明已注销户口和粮食关系。新兵征集办公室汇总后移交所在区、县粮食部门。③动员回乡人员无论集体或散居户口都应先办好转移户口和粮食关系的手续，然后再发给回乡的粮票和费用，粮食部门凭办理转移粮食关系的证明核销回乡补助粮。④离职、退休、退职、开除、被捕、劳动教养、长期出国以及死亡的职工，应即办理集体户口和粮食关系的注销或转移手续。散居街道上的职工，应由单位负责通知其户口所在地派出所和街道办事处办理注销或转移户口和粮食关系的手续。

（4）各单位增加人员时，须先报户口，然后根据户口卡片和粮食转移证办理粮食定量手续。为了避免户口和粮食关系脱节，在报户口时，没有粮食转移证的，公安部门也不予办理入户手续。

（5）因工种变更需要增减粮食定量，应由本单位按规定报市人民委员会指定部门审查批准，然后再到所在区、县粮食部门办理增减粮食手续。对散居街道的职工，开给二联单归户办理增减手续，由单位负责督促按时办完，交回回执。

（6）各单位每月申请核批粮食时，应将粮食定量月报表与当地公安派出所进行核对，经公安派出所证明户口人数与领粮人数相符时，粮食部门才能核批粮食。

（7）各单位对散居职工，也要建立粮食定量卡片或底册，随时登记增减变化，月终统计人数、粮数和定量水平，随集体户口申请粮食报表一并上报粮食部门。

（8）各单位对补助粮要专粮专用，在批准的指标以内实报实销，用不完的一律退回粮食部门。①

粮食是人生存的最基本生活资料。建立了严格完善的粮食管理制度，就能够对全社会的人员产生有效的约束。因此，我们可以发现，在精简措施中，对不同情况的精简人员采取不同的粮食政策，是一个贯彻执行精简政策的重要手段。

（二）加强户口管理

20 世纪五六十年代，中共中央对人口流动的管理相对比较宽松，城乡人口的流动性比较大。1958 年到 1960 年三年中由北京市外迁入人口达 130.9 万人，是北京市市外迁入人口的第二个高峰期。其中，1960 年各工商企事业单位急需劳力，从农村招来一批工人，中共北京市委决定给这部分人转为北京市常住户口。各户籍派出所审查核实后，给 7.9 万人办理了北京市户口，这是北京市的第三次无证入户②。面对人口的空前膨胀，北京市开始精简城镇人口，户籍制度再次受到重视，成为控制城乡人口流动的有力武器。

1960 年 10 月，中共北京市委批准了北京市公安局提交的《关于控制入户的意见》，进一步严格了市外迁入的标准和入户手续。可归纳为五条：（1）首次对干部、职工调入，招生录取学生的入户标准作了规定，严格了审批手续。（2）来自农村（包括本市农业人口）迁入转为本市非农业人口的，原则上不予入户。特殊情况要经市公安局审批。（3）首次规定对外地农民来京入农户的，只准许外地农村妇女与本市农民结婚的方可入户。（4）对外地精简来京和本市精简去外地被拒绝接收的，暂不予入户。（5）对入户审批权限规定，凡在京申请入户的，由

---

① 《北京市重要文献选编（1962）》，中国档案出版社 2005 年版，第 418—420 页。

② 北京市地方志编撰委员会：《北京志·综合卷·人口志》，北京出版社 2004 年版，第 288 页。

派出所受理，上报公安分局、县公安局，由主管公安分局、县公安局长审批，特殊情况报市公安局户籍处审批。①

1962 年 5 月 30 日，北京市公安局发出《关于加强暂住人口管理的意见》，指出：根据大力压缩城市人口的精神，为了及时掌握暂住人口的情况，加强管理，特通知如下：（1）本市各单位（包括中央、市区级及外省市驻京单位、饭店、招待所，下同）须对本单位现有的暂住人口迅速进行一次核查，将现有人数、来京原因（如开会、调查材料、采购等）、从何处来的、暂住时间，告知当地公安派出所。（2）住在居民户和旅店中的暂住人口，各公安分（县）局、派出所应迅速进行一次普查，对住在公共户中的暂住人口，各公安分（县）局、派出所也应积极协助有关单位核查；各公安派出所应按市公安局的规定，将居民户、公共户和旅店内暂住人口的现有人数、来京原因、从何处来的、暂住时间等，按时逐级上报市公安局。（3）本市各单位对今后来的暂住人口，一定要将人数、来京原因、从何处来的、暂住时间，于当天向公安派出派申报；走时要及时申报注销。公安分（县）局、派出所对住在居民户和旅店内的暂住人口应加强管理，每旬核查一次，遇有成批来的或因某项活动来人很多等突出情况，必须于当天逐级上报。（4）本市各单位对暂住人口应大力压缩，严加控制，要教育干部、职工积极动员现在暂住的家属还乡或返回外地，对准备来京的要积极劝阻，尽量不来或少来，必须来的也要缩短暂住时间。公安分（县）局、派出所和街道办事处应积极协助有关单位做好动员暂住人口还乡工作，并加强对群众的宣传教育，说明今后对暂住人口原则上不再补助粮食，以促使其早日返回。②

---

① 北京市地方志编撰委员会：《北京志·综合卷·人口志》，北京出版社 2004 年版，第 288 页。

② 《北京市重要文献选编（1962）》，中国档案出版社 2005 年版，第 399—400 页。

就精简城镇人口而言，严格的户籍制度，对于控制农村人口盲目流入城市以及维护社会稳定，产生了重要的积极意义。

第二节　精简城镇人口的影响

大规模精简城镇人口，给中国的国民经济带来了一系列影响。精简城镇人口最主要的目的和最直接的影响就是，减少了城市人口的数量，减轻了城市粮食等供应的压力，缓解了国民经济困难的严重局面。大批劳动力回归农村，给农业带来了活力，促进了农业生产和农村各方面建设。但是，如此大的城镇人口在短时间内被精简，所造成的社会创伤也是不容忽视的。政策的成功以被精简人员的付出为代价，这是值得历史铭记的。同时，精简城镇人口回归农村，是不得已的措施，是一种逆城镇化的活动，阻碍了城市经济发展，对工业化进程和城市化进程造成了负面的影响。而且，虽然在政策上照顾了知识分子、照顾了教育文化事业，但是从整体而言对教育文化事业还是造成了冲击。因此，今天回过头来考察这段历史，给其客观的评价，需要考虑到正面的负面的、短期的长期的、显性的隐性的等方方面面的影响。

一、产生的积极作用

评价精简城镇人口的影响，首先一个明确的态度就是利大于弊。这项政策的制定和执行，对于缓解国民经济严重的局面，使得国民经济迅速在严重困难中走出来，发挥了关键的作用。它不仅减轻了城市粮食供应的压力，而且减轻了农村征粮的困难，给农村和农民的生存发展缓了一口气。精简城镇人口的过程中还带来了一些溢出效应，为了精简城镇人口，有些领域有些地方探索了管理体制改革，提高了劳动效率，促进了生产结构调整，等等。

（一）遏制了农村人口进城的"盲流"

精简城镇人口过程中的第一项重要政策，就是制止农村人口大规模盲目流入城市，因此遏制农村人口大规模盲目进城，是精简城镇人口的一个重要作用。在很长一段时间里，学术界往往只关注到直接精简的城镇人口的数量，而没有充分考虑到当时的历史背景：在精简城镇人口之前，存在大规模农村人口涌入城市的潮流，一旦这个潮流没能得到遏制，不知道将有多少农村人口源源不断流入城市，给国民经济造成多大的负担。

1958 年的"大跃进"导致农民盲目流入城市，在前文已经提到，到 1959 年 2 月农民来京人数越来越多，形成了"人市"。从 1958 年 10 月始，中共中央连续下发了《劳动部、内务部关于制止从农村私招人员的联合通报》《中共中央关于立即停止招收新职工和固定临时工的通知》和《中共中央关于制止农村劳动力流动的指示》，一再强调各事业、企业、机关不得再招收流入城市的农民，要求把已流入城市的农民遣送回乡。

为了贯彻中央指示，北京市于 1959 年 2 月 25 日开展了收容遣送农民返乡的工作，取得了不错的成绩。但 1959 年下半年新一轮"大跃进"掀起后，私招乱雇的现象再次抬头，同样地，北京市再次进行了动员遣返工作，河北省为了协助北京市做好动员返乡工作，派出省劳动局和各专县干部 37 人，参加动员、遣送工作。[①] 至 1960 年 3 月底止，全市 7 个区共收容了农民 22756 人，其中最多的是河北省 14847 人，其他省市 4200 人，本市郊区农民 1031 人。至 4 月 7 日已全部遣送返乡。在收

----

① 《动员农民返乡工作情况》，1959 年 3 月 7 日，北京市档案馆藏，档案号：110-001-01108。

容遣送期间，组织参加劳动，自挣路费的有 7208 人，送公安局强制劳动的非法小商贩 585 人。① 经过一个多月大力收容和动员遣送农民返乡的工作，从各方面来看均收到了显著效果。一方面，基本上解决了无亲友投靠露宿街头车站的问题，居住小店、浴池的盲目来京找工作的农民人数也大大减少了。另一方面，经过一个多月的坚决取缔收容，至 3 月底，所有"人市"基本上没人了，初步遏制了农民进城的"盲流"。

（二）促进了农业生产的发展

精简城镇人口是以支援农业生产为动员口号的，实际也确实促进了农业的发展。"大跃进"之所以造成国民经济困难的严重局面，一个重要的原因是大批农村劳动力被抽调到城市和工业领域，造成农村劳动力空虚，影响到农业生产，出现了粮食来不及收割烂在地里的极端现象。精简城镇人口，不仅遏制了农业人口大规模涌进城市的混乱局面，而且北京市动员大量城镇人口返回农村，进行农业生产。据统计，北京市参加农业生产的人数 1960 年 90.6 万人，1961 年 99.8 万人，1962 年 116.3 万人，1963 年 118.7 万人，② 呈逐渐递增的趋势。

这些人员中，绝大部分都是壮劳力，不少人是从农村进入城市的具有熟练农业技能的青壮年农民，他们回归农村，壮大了农业生产的力量，对恢复和发展农业生产发挥了立竿见影的效果。有些社员反映："青壮年劳力回来了，人心就稳住了，生产没个搞不好。"③

1962 年，各区县全年粮食总产量估计为 14 亿斤左右，比 1961 年增加 15% 左右，其中大兴、怀柔、延庆、房山已经达到或超过了 1957

① 《动员农民返乡工作情况（三）》，1960 年 4 月 23 日，北京市档案馆藏，档案号：110–001–01108。

② 北京市统计局编：《北京 50 年》，中国统计出版社 1999 年版，第 132 页。

③ 《关于复员军人、回乡干部和技术工人返乡以后，参加农业生产情况的调查报告》，1963 年 7 月 11 日，北京市档案馆藏，档案号：110–001–01472。

年的总产量，蔬菜、水果产量有了大幅度的提高。1962 年 4 月至 9 月上市蔬菜 11.9 亿斤，比 1961 年同期增加 33%。干鲜果品产量预计可达 1.3 亿斤，比 1961 年的 9700 万斤增加 33%，比 1957 年的 10668 万斤增加 21%。1962 年蔬菜、水果不但上市数量多，而且质量好，满足了城市需要，对缓和市场供应的紧张局面起了很大的作用。猪、羊、鸡、鸭等家畜家禽也有显著增加。9 月末圈存猪 82.7 万多头，比 1961 年年末的 60.6 万头增加 36.5%。其中怀柔、延庆、密云、海淀等区县的养猪头数已经达到或者超过 1957 年。同时，大牲畜的头数也已开始回升。①1963 年，棉花和油料生产都比 1962 年有较大幅度的增长。1963 年播种棉花 22.5 万亩，比 1962 年增加 19%，油料播种 31.9 万亩，比 1962 年增加 23.6%。② 事实证明，农村第一线劳动力的增加，对农业增产起到了很大的作用。

（三）缓解了国民经济困难的严重局面

从 1959 年开始精简城镇人口的探索，到 1962 年精简城镇人口基本结束。1963 年 7 月，中央批转《关于精减任务完成情况和结束精减工作意见的报告》，宣布全国精简工作基本结束，北京市精简人口的工作也随之落幕。1960 年 9 月至 1963 年年底，全北京市仅职工就精简了 63.02 万人，其中回农村的有 35.03 万人。③ 城镇人口的大量减少，不仅减少了城市的粮食供应量，而且还提高了粮食的收购量。对城镇人口的供应，并非简单的粮食问题，还涉及衣食住行的方方面面，几十万人的迁出，大大减轻了市场供应的压力，使市场供应有所好转，市场秩序基

---

① 《北京市重要文献选编（1962）》，中国档案出版社 2005 年版，第 731 页。

② 《北京市重要文献选编（1963）》，中国档案出版社 2005 年版，第 905 页。

③ 北京志地方志编撰委员会：《北京志·综合经济管理卷·劳动志》，北京出版社 1999 年版，第 91 页。

本稳定。

1962 年 1—9 月，北京市农副产品购进额为 11984 万元，比 1961 年同期的 9268 万元增加 29%。一些主要农副产品，如猪、羊、鸡、鸭、鸡蛋、蔬菜、水果、干果等，收购数量都比 1961 年有很大增加。商品猪收购了 7.9 万头，比 1961 年同期的 4.9 万头增加 60%。鸡蛋收购 466 万斤，比 1961 年同期的 228 万斤增加 1 倍多。干鲜果品收购 6400 多万斤，比 1961 年同期的 3000 万斤增加 116%。市内日用工业品购进总额为 6.25 亿元，比 1961 年同期的 6.33 亿元减少 1%，其中以农产品为原料的针棉织品、肥皂、皮鞋等收购减少了，以工业品为原料的产品则多数有所增加，如百货、文教用品、日用炊具等日用工业品收购额为 44688 万元，比 1961 年同期的 37451 万元增加 19%。[1]

由于精简城镇人口，农副产品和日用工业品的生产、收购增加，再加上大量压缩集团购买力，市场供应紧张局面显著缓和，排队抢购现象大为减少。不少过去供应紧张的商品，如鸡、鸭、鸡蛋、蔬菜、水果等副食品和许多小商品的供应量，都有较大的增加。其中有些商品，如蔬菜、水果、冷饮等，已经能够充分供应；有些商品，如鱼肝油、葡萄糖等滋补药品、罐头食品、日用炊具以及部分日用小商品，也能敞开销售，一些供应不足的日用工业品，在实行购货券后，市场秩序也比较好。[2] 到了 1963 年，粮、棉征购和其他农副产品的收购与 1962 年相比，也都有显著的增加。

农副产品收购量的大量增长，进一步活跃了北京的市场，显著地改善了城市副食供应，支援了国家建设，缓解了国民经济困难的严重局面。

---

① 《北京市重要文献选编（1962）》，中国档案出版社 2005 年版，第 733 页。
② 《北京市重要文献选编（1962）》，中国档案出版社 2005 年版，第 734 页。

（四）给农业农村发展带来了活力

被精简人口不仅包括之前来自农村的职工，也包括一批干部、技术工人、知识青年等。这一大批曾在城市生活的城镇人口返回农村，属于第一批"新型农民"，不仅补充了农村的劳动力问题，还带来了城市的新信息、新风尚和新办法。在传统的计划经济体制下，城乡之间交流比较固化，难以构成信息的流通。而这次城镇人口的精简，则使城乡之间几千万人大规模流动，给农村的社会变迁带来了很大的影响。这批回乡的"新型农民"充实了农村基层队伍，增强了农村的技术力量。

一些回乡干部成为农村中大队和生产队的领导骨干，大大加强了农业战线的领导力量。他们担任了大队支部书记、队长、监察委员、团支部书记、妇女主任等职务，提高了生产大队的领导水平，使农村工作有了显著改进。如顺义县大孙各庄公社薛庄大队，原来干部弱，工作抓不起来，党员思想涣散，社员生产情绪不高。回乡干部绳某担任支部书记以后，有了很大变化。绳某从整顿党组织入手，健全了组织生活，建立了工作制度，坚持支部大会、小组会和党课的制度。有的党员说："经常开会学习，我的劲头也足了，再像以前那样，真不够党员资格。"在回乡人员中还有一部分人担任了大队和生产队的会计、保管员、记工员等，充实了业务力量。[①]

此外，回乡人员中还有部分技术工人。据顺义、昌平两个县统计，在回乡的 438 名技术工人中，有 49 人担任了大队和生产队的电、木、瓦、石、铁工，还有些人平日参加农业劳动，需要时也做些技术活，这些都增强了农村的技术力量。如顺义县前俸伯公社九王庄大队回乡的某工人，参加了修建扬水站工程，代替了从外社请来的瓦工，为队里节约

---

① 《关于复员军人、回乡干部和技术工人返乡以后，参加农业生产情况的调查报告》，1963
　年 7 月 11 日，北京市档案馆藏，档案号：110-001-01472。

开支 200 多元。① 这批回乡人员给农村的发展带来了新面貌，增强了农业农村发展的活力。

二、造成的负面影响

大规模精简城镇人口是一种被动的措施，它将产生一些负面影响在决策者意料之中，因此决策层下这个决定很不容易。周恩来指出："这个事情是领导的决心，也是全民的决心，震动极大，几乎要震动我们全民的生活。不是一个简单的事情，要意识到这个问题。"② 因此，中共中央也采取各种措施尽量减少其对社会造成的冲击。精简城镇人口的政策是经济严重困难局面下，两害相权取其轻的选择。

（一）被精简人员作出了巨大牺牲

对于精简城镇人口的负面作用，首先就必须承认被精简人员作出的巨大牺牲，这是对作出奉献者、作出牺牲者的历史的尊重。上千万人，拖家带口，为了国家的大局，离开自己熟悉的工作、熟悉的生活，被迫放弃辛辛苦苦奋斗而来的城市生活，这对被精简者个体和家庭带来的冲击是巨大的。每一个家庭在迁徙中，都有一部难以言说的故事。正如杨尚昆所强调的："当时精减回乡的职工，无论以后重返城市或留在农村，都是做出了贡献的。"③

被精简人员作出的很大牺牲是，整个家庭在生活水平上降低很多。他们本来在城市有份体面的工作，固定的收入，维持生活不成问题。但是被精简后，有相当一部分人的生活产生了困难。在部分家庭中，家属

---

① 《关于复员军人、回乡干部和技术工人返乡以后，参加农业生产情况的调查报告》，1963年 7 月 11 日，北京市档案馆藏，档案号：110-001-01472。
② 金冲及主编：《周恩来传》第四册，中央文献出版社 2018 年版，第 1483—1484 页。
③ 苏维民：《杨尚昆谈新中国若干历史问题》，四川人民出版社 2014 年版，第 129 页。

就业的工资收入是最主要的经济来源。精简职工家属的政策下来后，家属工被精简，相当一部分职工收入骤减，生活水平也随之大幅下降，甚至有的家庭无法维持生活。以石景山钢铁公司为例，1961 年共有 2403 名职工家属被精简回家。根据 426 户职工家属被精简后的调查，职工家属就业的收入相当于职工本人平均总收入的 40.2%。精简之后家庭平均生活水平降低了 4.8 元。426 户家庭中，平均生活水平在 10 元以下的困难户，由精简前的 16 户（占 3.72%）上升为 98 户（占 21.12%）；平均生活水平在 20 元以上的则由 100 户（占 23.5%）下降为 40 户（占 9.4%）。如四级工刘某的爱人陈某，1958 年到机械厂当家属工，每月收入 24 元，职工每月收入 61 元多，全家 7 口人（包括 5 个孩子），精简前，平均生活水平为 12.36 元。精简后，平均生活水平下降为 8.81 元，变成了困难户，陈某只好带着大孩子上山打草以贴补生活。又如干部朱某每月收入 83 元，全家总共 9 口人（包括 7 个孩子），爱人在托儿所当保育员时每月 29 元，平均生活水平为 12 元，日子勉强过得去。1962 年 7 月爱人被精简回家，平均生活水平下降为 9.2 元，每月供应的鱼、肉都不能全买了。[①] 又如，北京市冶金工业局的部分职工被精简回街道，生活水平也严重下降。平均生活费在 10—12 元的家庭遇到小孩生病、交学费、添置衣服等情况，就比较紧张，鱼类等副食的购买基本不考虑；平均生活费在 10 元以下的家庭生活困难更大，每月供应的细粮都换成粗粮吃，经常是窝头咸菜，很少买青菜吃，副食品除必买的盐、碱、酱之类以外，其他东西根本没钱买，有时计划好了，一个月能吃上一顿白面。[②]

---

① 《石景山钢铁公司职工生活问题的调查》，1962 年 8 月 28 日，北京市档案馆藏，档案号：110–001–01312。

② 《关于访问回城镇街道人员情况》，1962 年 8 月 16 日，北京市档案馆藏，档案号：130–001–00388。

这些人为了维持生活，有的要靠政府补助，甚至救济。

（二）一定程度上迟滞了城镇化的进程

从长远来看，精简城镇人口在一定程度上迟滞了城镇化的进程。新中国成立初期，户口政策比较宽松，人口可以比较自由地流动，大批农民流入了城市，加重了城市的负担。因此，中央政府采取了粮食统购统销、严格户口管理等政策来限制农民的盲目流入，控制城市人口规模。但到了"大跃进"时期，由于大招工，大批农民流入城市，造成了城市人口的空前膨胀。因此，中央提出精简城镇人口的政策，而严格控制农村人口向城镇的流入则成为精简工作的一个重要内容。

从 1961 年中共中央正式开展精简城镇人口工作起，先后通过《关于当前户口工作情况的报告》和《关于处理户口迁徙问题的通知》等文件，要求严格控制农村人口往城市的流动。1961 年，刘少奇指出："在十年八年内，只能从农村里面招很少的人，而且要等机械化程度比较高了才能招，决不能一下子从农村里面招很多人进城，来了又退回去。在这个问题上，本来我们是有过一些教训的，这回又有了一次教训，以后不要再重复这个教训了。"[1]1962 年，国务院颁布《国务院关于国营企业使用临时职工的暂行规定》等文件，严格控制了从农村招工规模。1962 年，公安部发出《关于加强户口管理工作的意见》，强调对于农村迁到城市的要严格控制，对于城市迁往农村的则不要限制。[2]1964 年国务院批转公安部《关于户口迁徙政策规定》，进一步控制了农民往城市的流动，强化了二元户口制度，城乡分离加剧。这种严格的二元对立的户籍制度和严格的招工制度产生了长远的影响，阻碍了城镇化的发展。

---

[1] 《建国以来重要文献选编》第十四册，中央文献出版社 2011 年版，第 316 页。

[2] 公安部治安管理局编：《户口管理法律法规规章政策汇编》，中国人民公安大学出版社 2001 年版，第 36 页。

20 世纪初大规模精简城镇人口，是一种逆城市化政策，"严重延缓"了中国城镇化进程，这是目前学术界关于这一事件评价的一个比较普遍的共识。但是，历史发展是复杂的，具有多样性。就北京地区而言，20世纪初大规模精简城镇人口，一方面确实对城镇化进程有一定的延缓作用，另一方面这种延缓又是不严重的，和全国其他地区相比较而言，具有一定的特殊性。

表 4-1　北京市常住人口状况[①]

年份	常住人口（万人）	城镇人口（万人）	农村人口（万人）	城镇化率（％）
1953	512.9	241.3	271.6	47.0
1955	563.8	287.8	276.0	51.0
1956	617.5	328.1	289.4	53.1
1957	633.4	349.1	284.3	55.1
1958	658.8	365.2	293.6	55.4
1959	706.9	421.0	285.9	59.6
1960	739.6	460.3	279.3	62.2
1961	729.2	438.7	290.5	60.2
1962	732.2	425.6	306.6	58.1
1963	757.9	439.2	318.7	57.9
1965	787.1	454.3	332.8	57.7
1967	796.4	447.4	349.0	56.1
1970	784.3	409.9	374.4	52.2
1976	845.1	456.0	389.1	53.9
1978	871.5	479.0	392.5	54.9
1980	904.3	521.1	383.2	57.6
1985	981.0	586.0	395.0	59.7

从表 4-1 可以看出，北京市 1955 年的城镇化水平为 51.0%，1985年才达到 59.7%，30 年的时间城镇化水平只提高了 8.7%。当然，这中

[①]　于秀琴主编：《北京六十年（1949—2009）》，中国统计出版社 2009 年版，第 73 页。

间发生了"文化大革命"，大批青年学生、干部和知识分子上山下乡，使一些特殊时期城镇化水平徘徊停滞甚至直线降低。但是，人口膨胀导致大规模精简城镇人口的教训，使国家一直严格执行户籍制度，这是致使城镇化水平发展缓慢不容忽视的重要因素。

表 4–1 的统计数据呈现出一个奇怪的现象：在大规模精简城镇人口的 1961—1963 年，城镇人口率分别为 62.2%、60.2%、58.1%、57.9%，虽然呈递减趋势，表明精简取得了持续的成效，但是浮动的幅度并不大，而且和 20 世纪 50—80 年代的平均水平基本持平。1958—1960 年，北京市城镇化率分别为 55.4%、59.6%、62.2%。平均每年增长将近 4%，这是"大跃进"造成的一种城市化"冒进"。考虑到这个因素，通过精简城镇人口，1963 年城镇化率降低到 57.9%，比 1957 年的 55.1%略高而已，应该说是一种比较正常的速度。因此，大致可以得出这样的结论：精简城镇人口确实降低了北京市的城镇化率，但是这种降低并不十分严重，只是使得城镇化水平恢复到比较正常的水平而已，它对城镇化进程的延缓，被限制在"一定程度上"。

北京市精简城镇人口对城市化进程的影响所具有的这种特殊性，主要原因在于：一是"大跃进"使城镇化率以异常的速度提升，精简城镇人口只是给城镇化的速度"降温"。二是为了精简城镇人口，中共中央于 1962 年和 1963 年两次强调要缩小城市郊区和调整市镇建制，全国其他城市大都通过执行这个政策大大降低了城镇化速度，而北京市则例外。前文已经提到，在统计城市人口和供应商品粮、副食等商品时，北京市并没有把郊区农民算作城市人口，而县镇的农业人口，北京市也从未作为城市人口统计，北京市并没有以撤销城镇建制和缩小城市郊区的方法来减少城镇人口，中央的这项政策对北京市城镇化率的降低并无影响。三是在精简过程中，北京市根据实际情况调整了政策，有一部分精简单位由于生产任务重、人手紧张，又重新补充了一批劳动力，一定程度上也减少了精简的人口数。

（三）延缓了文化教育的发展

为了精简城镇人口，在教育系统中，北京市采取了裁并学校、减少招生数量、精简教职工人员等措施，以减少吃商品粮人数。这些措施虽然达到了精简城镇人口的目的，但却延缓了文化教育的发展。

在精简过程中，被精简的教师除了有一部分安置到其他学校外，其余多是转行当工人或是回农村参加农业生产。例如，被精简的老师中，有一部分师范专科学校毕业的老师转行当工人。当然，其中有些老师政治思想觉悟低，道德品质差，不适合做老师，理应把他们从教师队伍中清理出来。但有些老师还是有一定教学能力的，却转行去废品公司、修理行业等当专职工人，北京市人事局也意识到"分配他们作职员或小学教员比较合适"，但是"鉴于已经作了转工人处理，而且多数人已安下心来，我们意见一般的可不再调整"[①]。这种草率的做法无疑影响了师资队伍的建设。还有部分老师回乡参加农业生产，这虽然增加了农业生产的劳动力，却使他们的专长无用武之地，影响教育事业的发展。

随着学校的裁并和招生数量、教育经费的缩减，很多具有一定知识水平的适学青年无法继续升学读书，转而上山下乡参加农业生产。这批人受过教育，而且都是年壮力强的年轻人，他们的返乡确实能在一定程度上给农村带来新面貌。但从另外一个角度考虑，这些年轻人在应该接受教育的年龄去务了农，无法接受正常而系统的教育，有的甚至在农村扎了根，这不仅影响了他们自身的成长，使得这批人整体文化素质不高，而且也降低了城市人口的整体素质。

---

① 《关于教育系统精简一部分大专毕业生转为工人的情况调查报告》，1964 年 9 月 25 日，北京市档案馆藏，档案号：002-016-00045。

有些被精简下来无法就业升学的青年，并没有到农村从事劳动，而是滞留在城市。这批滞留在城市待业的青年无所事事，有的社会青年甚至出现偷盗投机的行为，造成了严重的社会问题。

（四）挫伤了群众的积极性，积累了社会矛盾和问题

由于大招工，大批农民涌入城市寻到工作，他们大都干劲十足，过上了渴望已久的城市生活。但由于精简城镇人口，很多人并不理解国家的政策，发牢骚抱怨并不在少数。再加上有些单位在进行精简工作时，工作方法简单粗暴，这些都严重挫伤了群众工作的积极性。

在动员下乡时，有些工人抱怨说："用人的时候叫咱围着钢台转，动员参加工作，如今又叫回家，真不如那时不出来。"[①] 有的单位在精简职工时，假托名目，欺骗群众。北京针织厂为了摸清工人家庭情况，为动员还乡做准备，由工会出面，假称劳保卡片上没有家庭人口情况，要工人一律把户口本交来。广播器材厂也采用了类似的办法，他们以照顾双职工和老幼购货为名，由工会印表发给家属委员会，指示家属积极分子挨户登记。[②] 其实这种方法很容易被工人识破，到时造成的不良政治影响是无法估量的，而且还会引起工人对单位，甚至政府的不满，激化社会矛盾。还有的单位在精简时不顾被精简人员的困难，而是简单地按除名处理。如东四公社处理人员时，有 5 名社员是请事假回老家的，因故不能按期回厂上班，工厂领导不问情由，便认为是请假逾期，按旷工超过 10 天予以除名。有 9 名是孩子有病或有其他家务，暂时不能上班，请假时间长一些，但工厂领导上不照顾到街道妇女有时会有一些家务拖累的特点，就要求她们立即上班，否则就给予

---

① 《精简工作简报》，1962 年 6 月 20 日，北京市档案馆藏，档案号：165-001-00028。

② 《关于厂矿企业精减职工问题的报告》，1961 年 7 月 20 日，北京市档案馆藏，档案号：101-001-00150。

除名。①

可想而知，这些被粗暴处理的人员既没有了固定工作，也没有得到适当的安排，成为无业人员，增加了社会的负担，甚至会引起一系列的社会问题。进城务工、拥有城市户口、能吃上商品粮，这是绝大多数农民梦寐以求的生活，而精简城镇人口则把他们"打回原形"，从客观上讲，很多人是不愿意回乡的。尽管经过动员，他们服从安排回到了农村，但本人并非十分自愿，有的返乡人员是经过数次动员，甚至家属一起动员才回农村的。有的单位甚至许诺等经济好转后，再从农村招人时，优先考虑他们。所以，有部分下乡人员是抱着以后形势好转再重新回到城市的态度返乡的。然而，他们有的并没有如愿以偿，思想上自然而然产生不满和抱怨，这就为社会的安定埋下了隐患。

第三节　精简城镇人口的启示

大规模精简城镇人口是一项非常棘手的工作。尽管工作中存在不太周全完善的地方，留下了一些遗憾，但从总体而言，中国共产党能够做得如此稳妥、顺利，所蕴含的成功之道必能给后人以深刻的启示，值得深入研究和挖掘。这里主要从城镇化进程、城市人口调整和移民安置、乡村振兴战略、粮食安全、产业机构和传统体制优势六个方面，结合当前社会主义建设中存在的问题和需要处理好的一些关系，结合中国特色社会主义进入新时代后城乡发展的现状，分析总结精简城镇人口所带来的启示。

---

① 《东四公社处理人员的情况》，1962 年 2 月 14 日，北京市档案馆藏，档案号：001-028-00037。

一、城镇化进程要与国力民情相匹配，避免大的政策波动

正如前文所述，大规模精简城镇人口是两害相权取其轻，是困局中的特殊手段。因此，谈精简城镇人口的启示，首先要清醒地认识为什么要采取大规模精简城镇人口这种非常措施，如何才能避免采取非常措施，以稳定的政策让城镇化进程稳步推进。

大规模精简城镇人口的大背景就是"大跃进"。没有"大跃进"，就不会造成短时间内城镇人口的大膨胀，就不会有大困难，也不需要大精简。"大跃进"是党在探索建设社会主义道路过程中遭受的一次严重挫折。"大跃进"的挫折，究其原因，主要是夸大了人的主观能动性，从主观愿望出发去改造客观世界，违背经济建设的客观规律和社会主义建设的基本规律。为了尽快改变贫穷落后面貌，摆脱帝国主义的欺侮压迫，使人民过上幸福的生活，这是"大跃进"发动的初衷。但是，正如在发动"大跃进"时毛泽东所指出的："中国经济落后，物质基础薄弱，使我们至今还处在一种被动状态，精神上感到还是受束缚，在这方面我们还没有得到解放。"① 社会物质生产的基础没有达到跨越式发展的条件，就不能强行通过"解放精神"来摆脱束缚。

在社会主义社会，每个发展阶段有其独有的特点和需要解决的问题，经济建设有它不以人们主观意志为转移的所必须遵循的客观规律。生产力的发展也需要有一个积累的过程。就城镇化这个具体问题而言，它也是国民经济发展中的一个部分，也必须尊重客观规律。一方面，城镇化进程需要顶层设计和引导，可以通过国民经济发展计划、政策支持、配套设施建设、城市规划等一系列政策和措施，大力推动城镇化进

---

① 《毛泽东文集》第七卷，人民出版社 1999 年版，第 350 页。

程，推动经济社会发展；另一方面，城镇化进程是工业化和现代化进程的产物。它的发展也有其不能违背的自身规律，特别是城市化程度和城市化进程的速度，必须与整个国家的国力民情、整个地区的特点和经济实力相匹配。与经济发展相适应的城镇化，才是真正的城镇化，城镇化的成果才能巩固和发展，才能避免过度城镇化和过急城镇化所带来的严重弊端。

为了不断实现工业化和现代化，中共中央提出了大力推进城镇化的发展目标。中共中央反复强调，要结合各地具体实际，积极稳妥推进。但是，一些地方政府却出于政绩工程和经济利益，在推进城镇化的口号下片面地将城镇化理解为"跑马圈地"、大兴土木：一方面，为了达到所谓的城镇化目标，大搞集中居住，兴建农民社区，强制征用良田，盲目赶农民上楼；另一方面，为了安置转移出来的农村劳动力，不顾实际铺张产业发展"摊子"，大建工业园区，送农民进工厂。这一切导致了城镇化进程中出现混乱，不仅破坏农村风光和自然人文环境，导致农民失去土地与家园，而且过度的大拆大建也违背了农民意愿，造成政府与民众的对立情绪，产生了诸多社会隐患问题。对此，一些研究者指出，盲目的城镇化搬迁相当于把农村贫困人口变成城市贫困人口，所产生的负面效应是很严重的，不仅达不到城镇化的目的，而且将造成社会的不稳定。习近平总书记强调，坚持问题导向是马克思主义的鲜明特点。在推进城镇化过程中，要不断发现问题、筛选问题、研究问题、解决问题。特别是面对城镇化进程中出现的问题，要对症下药，及时处理。对城镇化进程中可能出现或者已经出现苗头但尚未显露出来的问题要加强研究，增强忧患意识，未雨绸缪，以避免犯战略性、颠覆性错误。

只有总结历史，才能更好开辟未来。我们始终要有一种历史思维和历史智慧，既要从历史中汲取智慧和养分，更要注意从历史中吸取教训，避免重蹈历史覆辙。"大跃进"造成大量农村人口盲目流入城市，造成城市人口膨胀，最终因经济困局不得不被动地大规模精简城镇人口的教训，深刻地揭示城镇化进程必须循序渐进的原则，不仅要考虑国力，还得尊重民意，否则这种城镇化的成果得不到保证。一旦地方经济出现波折，进城农民生活困难，将导致他们生产生活情绪的不稳定，形成"农民回流"。同时，"农民回流"将带来严重的土地、生活条件等问题，激发社会矛盾。总之，大规模城镇化问题，涉及千千万万的农村人口的流动，既是重大的经济问题，也是严肃的社会政治问题，必须汲取"大跃进"导致大规模精简城镇人口的教训，使其与国力民情相匹配，处理好速度和稳定的问题，避免出现大的政策波动，稳步有序推进。

二、要大力实施乡村振兴战略，增强农村的"涵蓄能力"

城市和农村是矛盾的对立统一体，是密切相关、不可分割的两个方面。解决城市问题，不能只盯着城市，解决农村问题，不能只依赖农村，必须将城市问题和农村问题统一起来考虑，统筹起来解决。1949年，中共七届二中全会决定党的工作重点由农村转向城市。新中国成立后，紧张复杂的国际形势，帝国主义的武力威胁，为了适应国防现代化的需要，选择了一条优先发展重工业的工业化道路。在当时的情况下，优先发展重工业是有道理的。但是，当时的中国发展重工业也存在很多局限。中国是农业国，这就决定了发展重工业的资金积累只能靠农业。但当时工作重心在城市，不可能像发展重工业一样去发展农业。由于缺乏资金和技术改造，农业劳动生产率低下，农业生产基本停留在靠天吃饭的阶段，农业落后状况得不到改善。尤其是"大跃进"发动后，大批农民涌入城镇当工人，农村劳动力锐减，严重影响农业生产，农村生活可想而知。20 世纪 60 年代初大规模精简城镇人口，主要就是要把"大跃进"期间进城的农民遣返回乡。尽管经过国民经济调整，农村经济有了一定的恢复，但农村生活与城市生活还是有很大差距。要让进城有了"铁饭碗"，有了工人身份的农民返乡，绝大多数人是抗拒的。农村发展的欠缺使农村对进城农民失去了吸引力。这一点也成为 60 年代精简城镇人口的一个局限。因此，大力发展农村，增强农村的吸引力，也是解决城镇人口压力的有效途径之一。

当下的北京作为现代化国际大都市，其人口与生态环境、资源承载力的矛盾也暴露出来，城镇化带来的交通拥堵、环境污染等"大城市病"日益凸显。不仅北京有"大城市病"，上海、广州等城市都存在同样的问题。如果说城市是过度发展、过度膨胀、过度集中，那么农村则恰恰相反，呈现出萎缩和空心化倾向。这些年政策上对农业的倾斜和扶持已经产生重要的积极作用，但我国农村发展形势依然严峻，农村劳动力大量外流问题，产业空心化问题依然突出，生态环境也没有得到很好地治理。所以，城乡发展不平衡是当前我国最大的发展不平衡，农村发展不充分是最大的发展不充分。因此，要解决城镇化问题，相应地就要解决好农业发展的问题，让农村发挥出它的优势和作用。党中央根据对形势的重大判断，于党的十九大上提出"乡村振兴战略"。党的十九大报告强调，要坚持农业农村优先发展，按照产业兴旺、生态宜居、乡风文明、治理有效、生活富裕的总要求，建立健全城乡融合发展体制机制和政策体系，加快推进农业农村现代化。只有实现乡村振兴，才能增强农村的涵蓄能力，即通过推进乡村现代化，坚持绿色发展，重建乡土文化，使农村不再空心化和萎缩，留得住农民，留得住人才，从而缩小城乡差距，这样才能从根本上解决城镇化一哄而上的问题及其他不合理发展的问题。我国在城镇化过程中，大量农村人口迁入城市，导致城镇人口膨胀，农村劳动力外流。如果坚持贯彻实施乡村振兴战略，乡村全面振兴，农业强、农村美、农民富全面实现，农村"涵蓄能力"增强，那么就会吸引一部分城镇人口回流农村。尤其是对从农村到城市打工的农民，如果农村能够提供更多的就业机会，无论是从情感归宿还是从生活经济上，他们将会更愿意回乡发展。

发展农村，人才先行，智力先行。60 年代初精简城镇人口时，一部分技术人员也被精简下放农村，他们给农村带去了生产技术，促进了农业生产的发展。而且，一批回乡青年通过生产技能的培训，也大大提高了农业生产劳动能力。同样，实施乡村振兴战略，也要培养人才。党的十九大报告指出，要培养造就一支懂农业、爱农村、爱农民的"三农"工作队伍。一方面，要从政策和资金上吸引一批懂技术、懂生产、懂管理经营的专才到农村；另一方面，要发挥当地农村的独特优势，培养本地专门人才。总之，努力构建一批新型农民职业队伍。

三、要重视战略物资安全，确保国家粮食安全

粮食问题是国家重大战略问题。它不仅是经济问题，更关系到国家安全、政治稳定和社会安定。对于个人而言，手中有粮，心中不慌。对于国家而言，仓廪实，天下安；粮食稳，天下定。20 世纪 60 年代初，之所以要采取大规模精简城镇人口的政策，最核心的问题是粮食供应得不到保障。因为粮食紧缺，农村出现大面积饥馑，城市粮食供应岌岌可危，严重影响国家和社会的正常运转。针对这个情况，国家采取了四项紧急措施：一是继续调整党在农村的基本政策；二是工业要大力支援农业；三是进口粮食；四是动员城市人口下乡，减少城市粮食的销量。"第

四条则是必不可少的，我们非采取不可。"①

目前，中国的温饱问题基本得以解决。粮食生产连年实现增产，农产品也丰富充裕。但是，总体上而言，中国的粮食供需总量仍然趋紧，自给率下降，进口不断增多，结构性矛盾越来越突出。而且，在城镇化进程中，耕地面积不断缩小，严重威胁到耕地的"红线"。更为严重的是，粮食的重要地位，在社会民众心中严重下降。随着饥馑记忆越来越远去，粮食问题的历史教训逐渐被淡忘，从地方政府部门到普通民众的粮食安全意识明显不足，社会上浪费粮食的风气严重，"舌尖上的浪费"触目惊心。

虽然近几年国家开展了反对奢侈浪费的系列活动，但总体上粮食浪费情况仍没有完全好转。在这种情况下，很多人甚至糊涂地认为粮食不足可以依靠进口来补充。他们没有意识到，我们国家是14亿多的人口大国，拥有世界第二的庞大经济体量，如果我们自己无法解决粮食自给问题，粮食问题单靠进口根本不可能根本得到解决，如果外国对我们进行制裁和封锁，那对国家将是灭顶之灾。虽然和平与发展依然是时代发展主题，但是国际上局部冲突和对立并无停止，非传统安全依然严峻，国际博弈和斗争依然激烈。这些斗争，从近期的中美贸易摩擦可见一斑。其中就涉及粮食作物的进口问题。所以，粮食安全问题需要引起警惕，"三农"工作要不断加强，以免因粮食困难而造成民众恐慌和经济社会问题。总之，粮食安全问题，虽然暂无近忧，但是仍需远虑，要充分吸取因粮食问题而大规模精简城镇人口的历史教训，重视国家粮食安全战略。

重农固本，是安民之基。"十四五"时期，要重视农业农村发展面

---

① 《建国以来重要文献选编》第十四册，中央文献出版社2011年版，第319页。

临的难题和挑战，千万不能忽视和放松"三农"工作，必须坚持把解决好"三农"问题，从国家安全的大局，作为战略性问题来抓。同时，随着生活水平的提高，中国人民的饮食结构更加丰富多样，粮食安全要从水稻、小麦等主要粮食作物扩展到其他粮食作物等方面，以满足人民群众的需求。农业生产一定要贯彻创新、协调、绿色、开放、共享等新发展理念，在粮食的生产、销售和管理上大胆探索，保证粮食产供销的健康发展，全方位确保国家粮食安全。

四、城市人口调整和移民安置，要注重制度化保障

中共十一届三中全会以来，党和国家确立了正确的路线方针政策，各项工作取得了巨大成绩，社会经济快速发展、人民生活水平大大提高、综合国力不断强盛，"断崖式"经济问题将很难出现，因经济困局造成被动的大规模精简城镇人口也将不会重蹈历史覆辙。但是，因城市规划、环境保护、重大项目和解决超大城市的沉重负荷等问题，对成千上万的城镇人口进行转移（并非一定转移到农村），则是必须面对的问题，比如已经出现的三峡水库、南水北调工程等项目性移民和钢铁工业等搬出北京所导致的产业性移民就是典型的事例。

就北京而言，2015 年 4 月 30 日，中共中央政治局审议通过《京津冀协同发展规划纲要》，指出推动京津冀协同发展是一个重大国家战略，核心是有序疏解北京非首都功能。2016 年出台的《北京市国民经济和社会发展第十三个五年规划纲要》，强调要积极稳妥推进北京非首都功能疏解，降低主城区人口密度，规划建设集中承载地和"微中心"。为深入推进京津冀协同发展，2017 年 4 月，中共中央做出一个重大战略决定，即设立河北雄安新区。这对于集中疏解北京非首都功能，探索人口经济密集地区优化开发新模式，调整优化京津冀城市布局和空间结

构，培育创新驱动发展新引擎，具有重大现实意义和深远历史意义。一方面，这是解决北京市城镇人口膨胀、解决大城市病的一个重大创造。通过调整经济发展战略、作出区域经济重大部署的方式，解决城市人口膨胀的问题，与通过"精简"这种"硬手段"相比较而言，显然更为高明，也更为有效，能使北京成百万地疏散人口，减轻城市压力。当然，这种大决策、大战略，是在经过改革开放40多年发展积累的经济基础上作出的，有强大的国力作为支撑。另一方面，对于需要迁出北京到河北雄安新区去的单位和个人来说，这也是一次"大规模迁徙"。这个规模，虽然没有20世纪60年代初的全国城镇人口精简那么大，但就北京市而言，则远远超出那次迁移的规模。"迁出"的条件和"精简"也是天壤之别，城市居民身份并没有改变，生活待遇所受到的影响也并不会那么大。但是，如此大规模的人口疏解，尤其在北京城市发展到今天这样现代化的地步，让他们离开北京这个大都市，到一个没有任何基础的新区去创业发展，也是一项十分棘手和困难的工作。因此，必须从20世纪60年代初精简城镇人口中汲取智慧和力量，充分汲取历史的经验教训，将城市人口调整和移民安置等工作做扎实，真正推动首都功能的转换，实现2010年上海世博会所倡导和追求的那样，"城市，让生活更美好"。

　　大规模精简城镇人口所积累的强调制度化，做到考虑周全、全方面覆盖的经验值得借鉴。在前期准备上，强调社会动员的作用，不仅做好被精简者的思想工作，还强调做好基层干部和工作人员的思想工作，最大限度减少政策贯彻的思想阻力。在贯彻执行中，要明确精简对象，分期分批分阶段执行，不要试图将精简人口一次性全部到位，"毕其功于一役"，而要先易后难，层层推进，减少阻力，分化矛盾；既要事先做好顶层设计，统筹谋划，在比较成熟的制度下开启精简工作，但因实际的发展变化和考虑问题难以万无一失，又要及时根据情况调整政策，弥补漏洞，修正偏差；政策既要做到公平公正，一碗水端平，也不能"一刀切"，一个模子适用一切，对一些特区群体、特定人群，要有针对性的政策和措施。要特别重视和做好善后安置工作。大规模精简城镇人口工作告诉我们，安置是做好精简工作的关键。只有安置好了，才能巩固精简工作成果。在安置中，要注意调查研究，注意对安置人员进行回访，根据他们的具体困难和安置中出现的问题，及时调整安置政策，确保安置工作贯彻到位。北京在疏解产业与人口的过程中，只有正确处理好疏解与社会稳定的关系，才能保证疏解工作的顺利进行，才能保证城市的稳定发展。

大规模精简城镇人口中的一些教训，也值得在城市人口调整和移民安置中予以重视。尽量减少被精简人员作出的牺牲，在经济上予以一定的补偿。20 世纪 60 年代大规模精简城镇人口，因为当时国民经济困难、国家财力有限，虽然尽力给予被精简人员经济上的补偿，但毕竟很有限，将经济困难大部分转移到了被精简者身上。而且这种经济补偿由于"文化大革命"十年的动乱导致很多被精简人员无法享受。改革开放后，虽然中央陆续出台了一些关于被精简职工的社会保障和救济问题的文件，但是这些文件只照顾到了 60 年代被精简的职工，对于 1958 年参加工作被精简的职工则没有做规定。一刀切的政策使一部分被精简人口一直得不到社会保障和救济。可以说，60 年代大规模精简城镇人口造成了一些历史遗留问题。这个教训是值得我们反思的。当前国家和地方在财政上具备充分的实力，整个国家的经济形势比较好，要吸取教训，做到统筹兼顾，尽量减少将代价转移到个体身上。当然，这种补偿一定得按政策、按程序办，而非无条件的妥协退让，那样将导致问题的复杂化。

五、借助产业结构调整的契机，控制城镇人口规模

为了加快经济发展，我国从 1953 年开始实施国民经济第一个五年发展计划。"一五"期间，我国国民经济得到了比较好的发展。就北京而言，1953—1957 年工业总产值平均每年增长 22.7%，农业总产值平均增长 5.3%。[①] 但由于走的是优先发展重工业的道路，大幅度向重工业倾斜，农业发展速度明显慢于工业发展速度，忽视了农业和轻工业，第三产业也发展不足，产业结构不合理问题已经显露。1958 年的"大跃进"造成国民经济比例严重失调，工业的大跃进使农村劳动力大幅度转向工业部门，产业结构不合理问题凸显。

为扭转这种局面，中央决定对国民经济进行调整，其中一项具体措施就是压缩工业和基本建设战线。北京市"关""停""并""转"一批工业，缩短重工业战线，加强轻工业战线，用工业支持农业，大批工人返乡参加农业劳动。这样，借助产业结构调整的契机，成功地精简了城镇人口。

当然，这次调整也存在很大的缺憾，重工业优先发展的道路使中国在产业结构上存在重生产轻服务的问题，第三产业的发展没有得到重视。1949 年，毛泽东曾指出："只有将城市的生产恢复起来和发展起来了，将消费的城市变成生产的城市了，人民政权才能巩固起来。"[②] 因此，为了保证工业生产的发展，新中国采取高积累低消费的政策，大大限制了第三产业的发展。其实，比起第一、第二产业，第三产业是最能吸收就业人口，缓解就业压力的产业。这就为以后城镇人口的就业问题埋下隐患。后来三线建设又大力发展重工业和国防工业，农轻重比例再

---

① 王力丁主编：《环渤海经济圈·北京卷》，社会科学文献出版社 1995 年版，第 38 页。
② 《毛泽东选集》第四卷，人民出版社 1991 年版，第 1428 页。

度严重失调，经济结构可谓畸形发展。重工业过分突出，农业、轻工业、能源工业、交通运输业、建筑业、商业、服务业等相当落后。再加上经济体制单一使得就业出路窄，苏联援建项目陆续下马导致大量裁减职工，就业问题积重难返。由于第三产业发展不足，城市吸纳劳动力的能力低下，国家只能采取城市青年上山下乡等措施来缓解就业问题。历史证明，要控制城镇人口发展规模，调整经济结构是一个有效的途径，但在调整中，也要注意产业结构的合理性，从而才能形成合理的人口流动增长结构。

北京作为首都，是向全世界展示中国的首要窗口，加强对北京的建设和管理尤为重要。2014 年 2 月 26 日，习近平总书记视察北京工作时强调，首都规划要贯通历史现状未来，统筹人口资源环境。调整疏解非首都核心功能，优化三次产业结构，优化产业特别是工业项目选择，突出高端化、服务化、集聚化、融合化、低碳化，有效控制人口规模，增强区域人口均衡分布，促进区域均衡发展。也就是要改变"大而全"的经济体系，构建"高精尖"的经济结构。2017 年 2 月 24 日，习近平总书记再次视察北京工作时提出了更高要求，他强调北京城市规划要着力提升首都核心功能，做到服务保障能力同城市战略定位相适应，人口资源环境同城市战略定位相协调，城市布局同城市战略定位相一致。为了"瘦身"，北京市除了对高耗能高耗水的一般性制造业企业就地清理淘汰外，还调整疏解了商品交易市场，引导服务外包行业向京外转移，并通过外迁实现产业升级。其实就是以产业的疏解带动人口的疏解。这与 60 年代北京市以产业结构调整的方式精简城镇人口有异曲同工之妙。但如今北京在疏解非首都功能时，也要吸取 60 年代精简城镇人口的教训。疏解非首都功能要与城市服务保障功能相协调。北京固然需要着力打造符合首都功能定位的"高精尖"经济结构，但也需要第三产业部门相配合，比如餐饮、零售等部门，满足人民生活的基本需求。疏解北京非首都功能，不能以提升居民生活成本为代价，反而应对城市服务保障行业进行转型升级，尽量降低居民生活成本，真正把北京建设成为和谐宜居之都。

六、要发扬党集中统一领导的体制优势，集中力量办大事

精简工作结束时，毛泽东赞扬道：我们的中国人民、我们的广大干部，好呀！叫作两千万人呼之则来，挥之则去，不是共产党当权，哪个党能办到?![1] 杨尚昆说："回顾30多年前这段历史，几千万人逆历史潮流而动，浩浩荡荡地从城市退回到农村，不能不说是一个史无前例的奇迹。这充分体现了当时全国人民同心同德，在党的领导下克服困难的决心、力量和勇气。"[2] 几千万人的大转移，相当于欧洲一个中等国家的搬家，做到如此稳定有序、没有引起大的社会震动和严重的不稳定因素，这个背后成功的原因值得探讨。前文从方法论的层面，从政策的制定贯彻上探讨了精简城镇人口成功的原因。实际上，政策和操作层面的周全有效，确实对精简城镇人口的成功产生了重要的影响，但最根本的原因不在于方法论层面，而在于制度层面。坚持党的集中统一领导，是我们最大的制度优势。正是在党的集中统一领导下，各级党组织坚持全国"一盘棋"的思想，顺利地完成了城镇人口的精简任务。正如邓小平所说的，"过去的革命问题解决得好不好，关键在于党的领导，现在的建设问题解决得好不好，关键也在于党的领导。"[3]

---

[1] 薄一波：《关于经济工作的几个问题》，《教学参考资料》1980年第17期。

[2] 苏维民：《杨尚昆谈新中国若干历史问题》，四川人民出版社2014年版，第129页。

[3] 《邓小平文选》第一卷，人民出版社1994年版，第264页。

中国特色社会主义最本质的特征是中国共产党领导，中国特色社会主义制度的最大优势是中国共产党领导，中国共产党是最高政治领导力量，坚持党中央集中统一领导是最高政治原则。党的十八大以来，以习近平同志为核心的党中央，针对党内存在的对坚持党的领导认识模糊、行动乏力问题，落实党的领导弱化、虚化、淡化、边缘化问题，特别是对党中央重大决策部署执行不力，有的搞上有政策、下有对策，甚至口是心非、擅自行事的问题，旗帜鲜明提出党的领导是党和国家的根本所在、命脉所在，是全国各族人民的利益所系、命运所系，强调党的领导是全面的、系统的、整体的，保证党的团结统一是党的生命，出台中央中央政治局加强和维护党中央集中统一领导的若干规定，严明党的政治纪律和政治规矩，着力提高领导干部政治判断力、政治领悟力、政治执行力，健全党的领导制度体系，建立健全党对重大工作的领导体制，强化党中央决策议事协调机构职能作用，完善推动党中央重大决策落实机制。通过这一系列重要举措，党中央权威和集中统一领导得到有力保证，党的政治领导力、思想引领力、群众组织力、社会号召力显著增强，为党和国家事业取得历史性成就、发生历史性变革提供了坚强政治保证！

我们党是一个拥有 9600 多万名党员、490 多万个基层党组织的大党，我们国家是世界上人口最多的国家，这既是我们办大事、建伟业的优势，也使我们治党治国面对很多独有难题。解决大党大国独有难题，坚持党的全面领导特别是党中央集中统一领导至关重要。"如果党中央不能实行坚强有力的集中统一领导，就会出现各自为政、自行其是的局面，那就什么事情也干不成。"① 新时代新征程，我们党肩负着团结带领

---

① 《坚持团结奋斗 贯彻落实好党的二十大重大决策部署》，《人民日报》2022 年 12 月 28 日。

全国人民全面建设社会主义现代化国家、全面推进中华民族伟大复兴的历史重任，只有确保党中央集中统一领导，确保党发挥总揽全局、协调各方的领导核心作用，党才能更加团结统一，中国特色社会主义事业才有坚强领导核心，全国人民才有坚强有力的主心骨，党和人民事业才能无往不胜。

习近平总书记指出："历史是现实的根源，任何一个国家的今天都来自昨天。只有了解一个国家从哪里来，才能弄懂这个国家今天怎么会是这样而不是那样，也才能搞清楚这个国家未来会往哪里去和不会往哪里去。"[①] 本书回顾 20 世纪 60 年代初精简城镇人口的历史过程，分析总结其成功的经验和历史的教训，就是要从中汲取智慧和力量，为推进中国特色社会主义伟大事业和中华民族伟大复兴中国梦做贡献。

---

① 习近平：《出席第三届核安全峰会并访问欧洲四国和联合国教科文组织总部、欧盟总部时的演讲》，人民出版社 2014 年版，第 41 页。

参考文献

《建国以来重要文献选编》，中央文献出版社 2011 年版。

《中共中央文件选集（1949 年 10 月—1966 年 5 月）》，人民出版社 2013 年版。

《中国共产党组织史资料文献选编（1949.10—1966.5）》，中共党史出版社 2000 年版。

《北京市重要文献选编》，中国档案出版社 2004 年、2005 年版。

《毛泽东文集》，人民出版社 1999 年版。

《周恩来年谱（1949—1976）》，中央文献出版社 1997 年版。

《周恩来选集》，人民出版社 1984 年版。

《刘少奇年谱（1989—1969）》，中央文献出版社 1996 年版。

《刘少奇选集》，人民出版社 1985 年版。

《陈云文选》，人民出版社 1995 年版。

《彭真年谱》，中央文献出版社 2012 年版。

中国社会科学院、中央档案馆编：《1958—1965 中华人民共和国经济档案资料选编（综合卷）》，中国财政经济出版社 2011 年版。

中国社会科学院、中央档案馆编：《1958—1965 中华人民共和国经济档案资料选编（劳动就业和收入分配卷）》，中国财政经济出版社 2011 年版。

中国社会科学院、中央档案馆编：《1958—1965 中华人民共和国经济档案资料选编（工业卷）》，中国财政经济出版社 2011 年版。

中共中央宣传部：《习近平总书记系列重要讲话读本》，学习出版社、人民出版社 2016 年版。

国家统计局国民经济综合统计司：《新中国五十年统计资料汇编》，中国统计出版社 1999 年版。

中共北京市委党史研究室编：《社会主义时期中共北京党史纪事》（第四辑），人民出版社1998年版。

北京市统计局编：《北京50年》，中国统计出版社1999年版。

北京市统计局、国家统计局北京调查总队编：《北京六十年（1949—2009）》，中国统计出版社2009年版。

周一兴主编：《当代北京大事记：1949—2003》，当代中国出版社2003年版。

北京市劳动志编撰委员会：《北京劳动大事记（1948—1990）》，中国工人出版社1993年版。

《当代中国的北京》编辑部：《当代北京大事记》，北京出版社1992年版。

北京市地方志编纂委员会：《北京志·综合经济管理卷·劳动志》，北京出版社1999年版。

北京市地方志编纂委员会：《北京志·综合卷·人口志》，北京出版社2004年版。

中共北京市委《刘仁传》编写组：《刘仁传》，北京出版社2000年版。

薄一波：《若干重大决策与事件的回顾》，中共党史出版社2008年版。

中共中央党史研究室：《中国共产党历史（第二卷）（1949—1978）》，中共党史出版社2011年版。

中共北京市委党史研究室：《中国共产党北京历史》第二卷，北京出版社2011年版。

苏维民：《杨尚昆谈新中国若干历史问题》，四川人民出版社2014年版。

邓力群：《我为少奇同志说些话》，当代中国出版社1998年版。

罗平汉：《大迁徙——1961—1963年的城镇人口精简》，广西人民出版社2003年版。

武力：《中华人民共和国经济史》（增订版），中国时代经济出版社2010年版。

柳随年：《六十年代国民经济调整的回顾》，中国财政经济出版社1982年版。

林蕴晖：《乌托邦运动——从"大跃进"到大饥荒（1958—1961）》，香港中文大学中国文化研究所2008年版。

谢春涛：《大跃进狂澜》，河南人民出版社1990年版。

连玉明：《首都战略定位——京津冀协同发展中的北京之路》，当代中国出版社2015年版。

许涤新主编：《当代中国的人口》，中国社会科学出版社1988年版。

范恒山、陶良虎主编：《中国城市化进程》，人民出版社2009年版。

何光主编：《当代中国的劳动力管理》，中国社会科学出版社1988年版。

罗平汉：《国民经济调整时期的职工精简》，《史学月刊》2007 年第 7 期。

吴家珣：《〈当代中国〉丛书编辑出版工作的回顾》，《当代中国史研究》1999 年第 4 期。

李若建：《困难时期的精简职工与下放城镇居民》，《社会学研究》2001 年第 6 期。

姜长青：《20 世纪 60 年代初期精简城镇人口对中国经济影响探析》，《古今农业》2011 年第 3 期。

责任编辑：曹　春

图书在版编目（CIP）数据

从入城到返乡：20 世纪 60 年代北京市精简城镇人口的历史与启示 /
　王瑾　著 . — 北京：人民出版社，2023.10
ISBN 978 - 7 - 01 - 025973 - 4

I. ①从…　II. ①王…　III. ①城镇 - 人口 - 研究 - 北京　IV. ① C924.24

中国国家版本馆 CIP 数据核字（2023）第 185338 号

从入城到返乡

CONG RUCHENG DAO FANXIANG

——20 世纪 60 年代北京市精简城镇人口的历史与启示

王　瑾　著

人民出版社 出版发行

（100706　北京市东城区隆福寺街 99 号）

北京汇林印务有限公司印刷　新华书店经销

2023 年 10 月第 1 版　2023 年 10 月北京第 1 次印刷
开本：710 毫米 ×1000 毫米 1/16　印张：15.75
字数：196 千字

ISBN 978 - 7 - 01 - 025973 - 4　定价：78.00 元

邮购地址 100706　北京市东城区隆福寺街 99 号
人民东方图书销售中心　电话（010）65250042　65289539